U0457938

本书部分核心内容为基于国家社会科学基金青年项目《"双碳"目标下供应链企业绿色创新协同研究（22CGL020）》的阶段性成果。

绿色供应链管理：
减排策略与协同创新

LÜSE GONGYINGLIAN GUANLI:
JIANPAI CELUE YU XIETONG CHUANGXIN

李 璟◎著

中国政法大学出版社

2024·北京

声　　明　　1. 版权所有，侵权必究。

2. 如有缺页、倒装问题，由出版社负责退换。

图书在版编目（ＣＩＰ）数据

绿色供应链管理 ：减排策略与协同创新 / 李璟著. -- 北京 ： 中国政法大学出版社，2024. 7. -- ISBN 978-7-5764-1686-2

Ⅰ. F259.22

中国国家版本馆 CIP 数据核字第 20242U9E48 号

出 版 者	中国政法大学出版社
地　　址	北京市海淀区西土城路 25 号
邮寄地址	北京 100088 信箱 8034 分箱　邮编 100088
网　　址	http://www.cuplpress.com (网络实名：中国政法大学出版社)
电　　话	010-58908285(总编室) 58908433（编辑部）58908334(邮购部)
承　　印	固安华明印业有限公司
开　　本	720mm×960mm　1/16
印　　张	18.5
字　　数	300 千字
版　　次	2024 年 7 月第 1 版
印　　次	2024 年 7 月第 1 次印刷
定　　价	85.00 元

上海政法学院学术著作编审委员会

主　任： 刘晓红

副主任： 郑少华

秘书长： 刘　军　康敬奎

委　员： (以姓氏拼音为序)

蔡一军　曹　阳　陈海萍　陈洪杰　冯　涛　姜　熙

刘长秋　刘志强　彭文华　齐　萌　汪伟民　王　倩

魏治勋　吴苌弘　辛方坤　徐　红　徐世甫　许庆坤

杨　华　张继红　张少英　赵运锋

总　序

四秩芳华，似锦繁花。幸蒙改革开放的春风，上海政法学院与时代同进步，与法治同发展。如今，这所佘山北麓的高等政法学府正以稳健铿锵的步伐在新时代新征程上砥砺奋进。建校40年来，学校始终坚持"立足政法、服务上海、面向全国、放眼世界"的办学理念，秉承"刻苦求实、开拓创新"的校训精神，走"以需育特、以特促强"的创新发展之路，努力培养德法兼修、全面发展，具有宽厚基础、实践能力、创新思维和全球视野的高素质复合型应用型人才。四十载初心如磐，奋楫笃行，上海政法学院在中国特色社会主义法治建设的征程中书写了浓墨重彩的一笔。

上政之四十载，是蓬勃发展之四十载。全体上政人同心同德，上下协力，实现了办学规模、办学层次和办学水平的飞跃。步入新时代，实现新突破，上政始终以敢于争先的勇气奋力向前，学校不仅是全国为数不多获批教育部、司法部法律硕士（涉外律师）培养项目和法律硕士（国际仲裁）培养项目的高校之一；法学学科亦在"2022软科中国最好学科排名"中跻身全国前列（前9%）；监狱学、社区矫正专业更是在"2023软科中国大学专业排名"中获评A+，位居全国第一。

上政之四十载，是立德树人之四十载。四十年春风化雨、桃李芬芳。莘莘学子在上政校园勤学苦读，修身博识，尽显青春风采。走出上政校门，他们用出色的表现展示上政形象，和千千万万普通劳动者一起，绘就了社会主义现代化国家建设新征程上的绚丽风景。须臾之间，日积月累，学校的办学成效赢得了上政学子的认同。根据2023软科中国大学生满意度调查结果，在本科生关注前20的项目上，上政9次上榜，位居全国同类高校首位。

上政之四十载，是胸怀家国之四十载。学校始终坚持以服务国家和社会需要为己任，锐意进取，勇担使命。我们不会忘记，2013 年 9 月 13 日，习近平主席在上海合作组织比什凯克峰会上宣布，"中方将在上海政法学院设立中国–上海合作组织国际司法交流合作培训基地，愿意利用这一平台为其他成员国培训司法人才。"十余年间，学校依托中国–上合基地，推动上合组织国家司法、执法和人文交流，为服务国家安全和外交战略、维护地区和平稳定作出上政贡献，为推进国家治理体系和治理能力现代化提供上政智慧。

历经四十载开拓奋进，学校学科门类从单一性向多元化发展，形成了以法学为主干，多学科协调发展之学科体系，学科布局日益完善，学科交叉日趋合理。历史坚定信仰，岁月见证初心。建校四十周年系列丛书的出版，不仅是上政教师展现其学术风采、阐述其学术思想的集体亮相，更是彰显上政四十年发展历程的学术标识。

著名教育家梅贻琦先生曾言，"所谓大学者，有大师之谓也，非谓有大楼之谓也。"在过去的四十年里，一代代上政人勤学不辍、笃行不息，传递教书育人、著书立说的接力棒。讲台上，他们是传道授业解惑的师者；书桌前，他们是理论研究创新的学者。《礼记·大学》曰："古之欲明明德于天下者，先治其国"。本系列丛书充分体现了上政学人想国家之所想的高度责任心与使命感，体现了上政学人把自己植根于国家、把事业做到人民心中、把论文写在祖国大地上的学术品格。激扬文字间，不同的观点和理论如繁星、似皓月，各自独立，又相互辉映，形成了一幅波澜壮阔的学术画卷。

吾辈之源，无悠长之水；校园之草，亦仅绿数十载。然四十载青葱岁月光阴荏苒。其间，上政人品尝过成功的甘甜，也品味过挫折的苦涩。展望未来，如何把握历史机遇，实现新的跨越，将上海政法学院建成具有鲜明政法特色的一流应用型大学，为国家的法治建设和繁荣富强作出新的贡献，是所有上政人努力的目标和方向。

四十年，上政人竖起了一方里程碑。未来的事业，依然任重道远。今天，借建校四十周年之际，将著书立说作为上政一个阶段之学术结晶，是为了激励上政学人在学术追求上续写新的篇章，亦是为了激励全体上政人为学校的发展事业共创新的辉煌。

党委书记　葛卫华教授

校　　长　刘晓红教授

2024 年 1 月 16 日

前　言

　　近年来全球碳排放量激增，温室效应所导致的环境问题不断显现，造成自然灾害频发、生态系统破坏严重，给人类社会的长期稳定发展埋下了巨大隐患。工业化发展与转型在推动社会经济快速发展的同时，也使能源过度开发和浪费、自然环境恶化，导致能源危机和环境污染问题日益严重。为了缓解这些问题，实现经济的可持续发展，低碳发展逐渐受到世界各国政府和民众的重视。中国，作为世界第二大经济体，更是提出了明确的节能减排目标，为了在2060前实现"碳中和"目标，政府提倡低碳消费和低碳生产，出台多种碳政策约束企业减排行为，不断提高全社会的节能减排水平。为了实现有效控制碳排放总量、促进绿色可持续发展的目标，政府要从激励制造端的减排投入和消费端的低碳消费入手，关注绿色供应链的碳减排行为与效率优化问题。

　　此外，我国经济正处于由高速增长向高质量发展转变的重要时期，绿色发展理念在新时期将成为实现发展转变的目标导向、动力来源和主要抓手。伴随着我国绿色低碳循环发展经济体系的建立健全，绿色技术创新日益成为绿色发展的重要动力，成为打好污染防治攻坚战、推进生态文明建设、推动绿色经济高质量发展的重要支撑。当前，绿色技术创新正成为全球新一轮工业革命和科技竞争的重要新兴领域。为此，我国积极推进绿色技术创新体系建设、技术创新水平提升和成果转化成效，但是在此过程中面临着在"人均资源高度紧张"的禀赋约束下，造成资源累积性耗竭和环境叠加性污染的双重危害，构成了对后续的工业化进程和可持续发展的严重威胁。

　　为了应对上述挑战，我国政府、供应链企业、"产学研金介"等多主体以及消费者均开始做出积极努力。首先，中国政府积极制定相关的法律法规，利用碳政策约束企业的碳排放行为、提升消费者的绿色意识，建立碳税、碳配额和交易和碳标签等低碳政策体系；其次，随着低碳政策的实行，消费者环保意识与日俱增，对绿色产品的需求也逐渐提高。面对政府的碳政策约束和消费者低碳需求的双重压力，许多企业着重考虑环境因素，采取相应的碳减排措施，不仅追求自身生产的低碳化，也对上下游合作企业的碳减排提出了要求，实施绿色供应链管理。最后，政府高度重视产业联盟和集群网络的建设，致力于推进以政府主导、园区集聚为特征的中国特色工业化，政府各部门相继出台促进产业集群发展的政策措施，旨在构建国际认可的世界一流的网络集群，强调建设科创网络组织对推动技术创新的重要性。

因此，本书以绿色供应链为研究对象，利用博弈理论和动态优化等方法，借助批发价契约、成本分担契约等协调机制，基于中国现实情景进行建模优化分析。探究如何在兼顾经济效益、政府政策约束和消费者需求的前提下达到既定的减排目标这一亟待解决的现实问题。首先，本书结合了政府碳政策约束和消费者绿色偏好，分析了绿色供应链中企业最优减排、生产、销售和回收再制造策略，构建上下游企业的合作模型，设计相应的协调机制；并通过对比不同决策模式的优缺点，解决针对不同实际情况的绿色供应链模式选择问题，实现促进社会绿色可持续发展的目标。其次，综述了绿色供应链管理发展、消费者绿色偏好影响、政府碳政策制定、闭环供应链、供应链契约协调以及绿色创新体系构建的相关文献，在此基础上研究了绿色供应链下企业减排契约优化决策问题。最后，本书重视科创网络在市场与政府之间的衔接作用、在技术创新与产业绩效之间的桥梁作用，从多个主体及多样资源协同合作角度揭示技术创新合作协同体系的发展态势，为我国培育发展世界级先进产业集群提供参考。

具体内容包括以下几个方面：

（1）非对称信息与碳约束下企业定价与减排决策。气候日益恶化，促使政府倡导低碳发展，企业既要遵从碳政策约束又要满足消费者需求才能实现可持续发展。本书考虑消费者绿色偏好差异化和非对称信息的影响，构建策略型消费者、减排企业与政府组成的带约束的两阶段博弈决策模型，首先通过逆向选择机制优化企业减排定价策略，其次设计能兼顾经济与环境效益的政府碳政策，最后针对不同市场结构进行仿真模拟。研究发现，当市场中绿色消费者更多时，碳交易价格随绿色偏好的增强而提高；而当普通消费者更多时，碳价随偏好的增强而降低；减排技术进步和信息壁垒加剧会使企业加大减排投入，当减排难度较大时，政府应提高碳配额、降低碳价或严格碳标签政策。政府对高污染制造企业制定碳政策：当以提高减排水平、降低产品差异化为目标时，实施紧缩的碳配额政策；当以提高社会福利为目标时，应放宽碳约束并提高碳价；为了激励减排投入，政府在低偏好和中等偏好市场下应提高碳价，在均匀市场下降低碳价；为了维护企业利润，政府在低偏好市场下调控碳价应低于或高于固定阈值；在均匀偏好市场下提高碳价，而在中等偏好市场下降低碳价。

（2）碳约束下企业减排与供应渠道选择决策优化。本书同时考虑双源供货和零部件回收再制造的双重影响，构建了由两个相互竞争的上游供应商和一个受碳减约束的下游制造商组成的绿色闭环供应链系统，分析供应链各成员的最优决策和利润变化，引入成本分担契约协调供应链，分别在竞争决策、合作决策和契约协调情形下的优化企业策略；接着，研究企业减排努力和回收投入对供应链绩效的影响，在不同成本结构下优化制造商的渠道选择策略。结果表明，加大回收再制造努力，可以提高制造商减排投入和利润，同时能提升低碳消费者效用和社会福利，但对新零件供应商产生负面影响；此外当回收投资成本较高时，回收再制造会损害绿色供应链的总体利润；供应链合作决策模式效率虽然高于竞争决策模式，但在实际运作中难以达成，因此，本书设计合理的成本分担契约机制，对供应链中各成员进行协调，以实现同时提高经济效益和环境效益的目标。

（3）碳约束与绿色偏好下供应链协同减排决策。绿色供应链上下游企业的合作减排模式成为提高减排效率的重要方式，因此本书将企业碳减排行为、消费者低碳偏好和政府碳政策约束同时考虑在内，设计绿色供应链中的不同合作减排模式，探讨消费者环保意识和政府碳约束对企业最优减排决策和利润的影响。首先从实际出发，构建三种减排模型：制造商独立减排、供应商成本分担合作减排和完全合作减排模式，寻求最优决策结果并对不同模型对比分析。结果表明，随着碳政策约束的加强，企业利润和减排水平均会下降，此时需利用成本分担契约进行供应链协调，以缓解对主导供应商和减排水平产生的负面影响。同时，成本分担比例的可行范围随减排成本系数的降低、消费者偏好的增强而缩小。政府以提高社会福利为目标时，应实施激励性碳政策而非紧缩政策。最后，利用数值仿真分析关键因素对供应链绩效的影响，在不同情形下优化模式选择，归纳出可供企业和政府借鉴的策略建议。

（4）多级绿色闭环供应链下企业减排与契约优化。本书着眼于构建产品销售及废旧零件回收的多级供应链体系，分别在单一回收渠道和双回收渠道两种模式下，设计"单一"和"联合"收益共享契约，对供应企业主导的闭环供应链进行协调。然后，针对供应链回收体系不完善和减排效率低下的问题，为政府碳政策的制定提供参考意见。研究表明，当回收再制造的利润空间满足一定条件时，供应商更愿意选择双回收渠道模式，并且渠道竞争的加剧，对消费者和上游企业都有利；在双回收渠道模式下，供应商同时参与正向销售、逆向回收上的收益共享契约可以实现供应链的协调，有效提高各企业利润；零件的制造、再制造成本对回收价格和企业利润影响显著，当技术革新、成本下降时，无论是企业还是消费者都可以获得更多的利润；政府通过征收碳税可以有效促进产品回收，当制造成本降低时可提高环境税收，而当再制造成本降低时可减少税收。

（5）绿色创新体系的构建与多主体协同。为了缓解环境恶化，中国向世界做出"双碳"承诺，重视企业绿色技术创新对低碳发展的推动作用。但是，依靠特定企业的绿色创新不仅会引发脱离供应链实际的"一刀切降碳"局面，且由于创新成果的公共品特性，导致企业独自创新效率不足。因此，"双碳"目标下企业延续原有自主创新发展路径不再适用，需重视供应链合作并发挥绿色创新协同效应。绿色创新合作涉及主体包括供应链上下游企业、供应链外政府、高校、科研机构、金融和中介机构等，种类多且关系复杂，使供应链企业与多主体的创新协同面临挑战：政府部门作为环境市场和回收市场的监管主体，碳减排企业为执行责任主体，科研院所、高等院校、金融和中介机构等"学研金介"为绿色技术创造的创新参与主体，进行专业化分工与网络化平台合作。在政府引导和市场主导的双重机制下，引导激励政策和市场资源调配可以有效促进绿色专利技术的应用推广、成果转化和实践应用。因此，本书探讨完善技术市场交易机制，以保障绿色技术创新外生动力的高效注入，激发市场活力，提升市场对人才、资金、场地、设施、信息等关键资源的有效配置。以构建供应链企业与链内外多主体的绿色创新合作网络为基础，以理清绿色创新协同机理为前提，在政府和市场双重导向下，设计绿色创新协同机制和协同模式，优化绿色创新资源配置，借助区块链等先进技术实现多主体创新的数字化集成网络，发挥"1+1>2"的绿色创新协同效应，助力"双碳"目标实现。

　　总的来说，本书针对碳政策约束和消费者绿色偏好影响的绿色供应链下企业的决策优化问题、绿色创新体系的构建与多主体协同问题，研究了供应链中各企业的最优定价、减排和回收再制造策略，同时对构建创新体系提出建议。

　　第一，在非对称信息与碳政策约束的影响下，研究消费者绿色偏好差异化和政府决策行为对企业决策的影响。本书将政府调控碳政策作为决策变量引入研究，设计了由差异化偏好消费者、减排企业与碳政策制定方组成的带约束的两阶段博弈模型，运用非对称信息下子博弈均衡逆向选择理论，优化企业减排定价决策和碳政策组合制定决策，拓展模型并根据市场中实际的消费者分布情况，构建均匀偏好、中等偏好和低偏好三种市场分布模式，分析不同模式下关键参数变动对均衡利润和社会福利的影响，指导政府设计并实施合理有效的碳政策。

　　第二，在供应企业竞争且开展回收再制造的情境下，优化绿色供应链中制造企业的减排和渠道选择决策。现有研究较少在正向供应渠道竞争且同时开展回收再制造和政府碳政策约束的多重影响下，分析供应端的渠道竞争对回收与减排决策的影响。因此，本书同时考虑双源供货和回收再制造行为的影响，构建由两个相互竞争的上游供应商和一个受碳减约束的下游制造商组成的绿色闭环供应链体系，运用斯坦伯格动态博弈理论，优化企业的定价、减排和回收决策，分析各成员的利润变化趋势；对竞争决策、合作决策模式下的各企业决策进行比较分析，进一步设计成本分担契约对供应链进行协调优化；研究企业减排努力和回收投入对供应链绩效的影响，为政府设计合理碳政策提供指导建议。

　　第三，在碳约束与绿色偏好下，研究上下游企业间的合作减排与契约协调问题。本书同时考虑碳政策、消费者绿色偏好与上下游合作减排等因素，在消费者绿色偏好和政府碳政策约束下，研究绿色供应链中上下游企业的协同减排策略。构建了由上游核心零件供应商主导、下游制造商实施减排的二级供应链体系，分别探讨环保意识、政府碳政策对企业减排策略和利润的影响；进一步，设计三种协同减排策略模型，包括制造商独立减排、主导企业契约减排和完全合作减排，分析不同模式下企业减排水平、利润和社会福利的变化，从中归纳出可供企业和政府借鉴的策略建议。

第四，在同时考虑减排、回收和多级决策对供应链运作效率影响的情况下，研究多级绿色闭环供应链的合作减排与协调问题。随着绿色供应链合作紧密程度、分工细致化的加强，研究多级供应链间的合作决策问题十分必要。因此，本书综合考虑多级供应链协调和闭环回收问题，构建由供应商、制造商和零售商构成的三级绿色闭环供应链，分别在单一回收渠道和双回收渠道两种模式下对各方决策进行分析，讨论不同决策模式下供应链各成员在销售、回收过程中的最优减排和定价策略；设计两种共享契约协调机制，分别在不同模式下讨论契约协调的有效性；针对废旧产品回收不善造成的环境问题，引入政府政策调控，找到实现销售和回收平衡的条件，进行最优模式选择。

第五，以技术创新的绿色化与市场化为立足点，以市场配置资源为导向，推动我国本土市场导向下绿色技术的自主与合作创新体系构建。首先，绿色技术创新依赖资源投入，为此需确立"人财物知信"各类资源类型，构建以供应链企业为核心、多主体合作的绿色技术创新体系，并对各层级绿色创新效率进行指标选取与测度评价。以此结果为基础，识别影响我国绿色技术创新效率的关键因素，即主体创新合作模式单一、资源共享程度较低，构建多主体协同创新体系以及科创平台资源共享体系，针对性解决上述瓶颈问题。同时考虑我国国情，绿色技术创新体系在市场主导、政府引导的环境中运行，因此政府有必要建立健全制度保障机制提供适当外部约束与激励，从而实现"有效市场"与"有为政府"的有序职能分工。其次，基于5G、大数据、区块链等先进信息技术，对上述研究进行技术和模式建设上的升级与改进。

总之，绿色供应链下企业的决策和契约协调优化问题不仅影响供应链绩效，也影响企业减排投入和消费者效用，制定合理的策略组合不仅能激励企业减排、回收再制造等行为，也能促进绿色消费市场的持续发展，实现提高绿色供应链的运行效率的目标。同时，在供应链企业与多个相关主体的合作创新过程中，找到合适的策略与方法以提高合作效率、创新水平尤为关键。因此，本书研究绿色供应链中企业的减排定价决策，对企业间的合作进行契约协调优化，构建绿色创新协同体系并进行优化，有利于提高社会减排程度和绿色消费水平，提高多主体创新合作效率，对经济社会发展和环境保护起到重要作用，研究结论对企业决策和政府政策制定具有一定的指导意义。

目 录 / CONTENTS

绪　论

第一节　背景与现状

　　工业化的成熟发展推动了经济和生产的全球化趋势，人类社会的频繁活动与交流，对自然环境保护和资源节约带来了新的挑战。随着社会经济的不断发展，人口规模扩张、大量石油煤炭等化石燃料的开采利用导致了极端天气和自然灾害频发、植被破坏加剧与资源枯竭，全球性的气候问题逐步显现。目前，世界各国政府已经达成共识，温室气体的过度排放是导致现有环境问题的关键因素，以 1988 年世界气象组织（WMO）与联合国环境规划署（UNEP）共同建立的联合国政府间气候变化专门委员会为起点，如何缓解与彻底解决温室效应已提上联合国议事日程。

　　早在 1992 年联合国共同提出的《联合国气候变化框架公约》中就指出，温室气体（以二氧化碳为主，也包括氮、硫和氟等有害气体）减量的政策和措施应讲求成本有效性，各国应尽全力限制温室气体排放量并展开技术合作；1997 年的《京都议定书》则进一步量化温室气体、构建减排机制，促使各国建立碳排放权交易市场、实施碳配额和交易政策，推动国际减排合作进入实质性阶段；2009 年的《哥本哈根协议》对各国的碳排放量做出了具体要求，应根据各自国内生产总值，相应地减少碳排放，即碳强度目标约束；2015 年达成的《巴黎协定》及《2030 年可持续发展议程》对 2020 年后全球加深合作减排提出了更高要求，明确规定了平均气温的上升限额。中国作为世界第二大经济体、最大制造国家，提高绿色制造水平、降低碳排放强度已成为发展的重中之重。2020 年 9 月，中国国家主席习近平在第七十五届联合国大会一般性辩论上表示，中国将提高国家自主贡献力度，采取有效的组合性政策，控制碳排放于 2030 年前到峰值，并努力在 2060 年前实现全社会的"碳中和"目标。

为了实现在 2060 年前二氧化碳的"净零"排放的目标，要求中国政府必须实施一系列措施，因此"十四五"规划明确提出，要实现碳中和目标，需要强调健全碳交易市场的重要性，碳政策则是建立在中国碳排放交易体系基础上的"能效"和"碳价"的"组合拳"。为了达到减排目标、促进绿色可持续发展，中国政府积极制定相关的法律法规，利用碳政策加强约束企业的碳排放行为、提升消费者的绿色意识，为特定技术提供支持，尤其着重生产制造行业、新能源汽车和可再生能源等领域，强化监管在引导市场向"净零"迈进的重要作用。政府对市场的管理也由传统模式向绿色管理模式转变，以绿色经济为基本，建立低碳政策体系。借鉴发达国家碳减排政策，并与中国国情相结合，政府出台并实施的碳政策主要有两类，一是碳配额和交易政策，如推动建设碳交易市场并对新能源汽车制造企业进行补贴；二是碳标签政策，如家用电器类产品必须贴有"中国能效标识"才能上市销售等。从政策角度出发，推动企业发展低碳技术、生产绿色产品。

目前，中国政府已经完善了重点城市的碳配额和交易机制，将二氧化碳排放量商业化，使相关企业可以在碳交易市场上出售或购买碳排放权，以满足政府的碳排放约束。与碳税政策的直接控制企业碳排放量不同，碳交易机制从市场总体碳排放量控制出发，当企业生产制造过程中的碳排放量超过政府碳配额时，需要在碳市场上购买碳排放权；而当企业减排程度较高，政府碳排放配额过剩时，可以在市场中出售碳排放权并获得一定利润。除了利用碳配额和交易制度约束企业外，中国政府进一步出台碳标签政策，推出绿色产品认证的管理实施办法，有效监管企业生产过程的低碳化、引导消费者认清产品特性并提高其购买绿色产品的积极性。

同时，随着社会经济和文化水平的提高，越来越多消费者的环保意识、绿色产品需求都随之提升，学术界和实业界都发现产品的绿色特性会对消费者的购买意愿产生显著的正向影响，包括产品生产过程中的低碳无污染特性、可再生材料或能源的使用比例、产品使用过程中的节能减排特性等。2024 年的一项调研结果就显示，超过 80% 的消费者愿意为绿色产品支付约 10% 的溢价[1]；根据商务部 2018 年的调研显示，中国消费者对各类绿色环保产品的需求均有上升，其中最为显著的是食品饮料、家居建材和生活用品等行业[2]。消费者环保意识的与日俱增，从消费端直接拉动了企业对节能减排、绿色生产的重视，促进了供应链的绿色可持续发展。

综上，面对着来自政府的碳排放约束和消费者低碳需求的双重压力，许多企业将环境因素纳入思考，采取相应的碳减排措施，不仅追求自身生产的低碳化，也对上下游合作企业的碳减排提出了要求，实施绿色供应链管理。例如供应链中的核心品牌企业要求其下游制造商的节能减排，或是供应链中的主导制造商要求其上游零部件供应商的材料低碳化等。绿色供应链管理涉及从供应商选择、产品设计、生产加工到市场营销的多个环节，追求降低产品全生命周期的碳排放。因此在政策制约和消费者需求的双重影响下，绿色供应链中的企业如何制定有效的碳减排和生产销售策略成为企业自身、政府和消费者都关注的重要问题。

因此，在上述背景下，本书重点关注中国绿色供应链的发展现状，结合政府碳减排政策和目标约束，分析绿色供应链中企业的最优减排、生产、销售和回收再制造策略，设计相应的协调机制，实现促进全社会绿色可持续发展的目标。研究以绿色供应链下的企业和政府作为决策主体，在兼顾经济效益与社会绿色发展的前提下，分析政府出台不同碳政策时绿色供应链的运作效率，对企业策略决策进行归纳建模与仿真模拟，进一步，关注绿色创新协同体系的构建与发展，为实现碳政策的动态调整提供理论依据和实践指导。

一、政府碳政策的实施成效

2019 年 4 月，联合国加强推进《巴黎协定》与《2030 年可持续发展议程》的协同增效，中国在积极推动该协定上展现了"负责任大国"的担当并提前完成了阶段性碳减排目标。根据《中国应对气候变化的政策与行动 2019

---

〔1〕《消费者愿为可持续产品支付多少溢价？》，http://wallstreetcn.com/articles/3715215，最后访问日期：2024 年 9 月 7 日。

〔2〕《中国消费者对绿色环保产品的需求及满意情况》https://research.hktdc.com/sc/article/NDg2NzMxOTgx，最后访问日期：2024 年 9 月 7 日。

年度报告》，中国 2018 年单位 GDP 的碳排放强度较 2005 年已下降约 46%，提前两年完成 2020 年减排 40%-45% 的目标。在加强会议后，中国更新碳减排目标，承诺到 2030 年碳排放强度下降 60%-65%；2020 年提出至 2060 年实现"碳中和"。为了顺利实现目标，政府出台并实施了多种碳政策组合以约束企业碳排放活动，促进绿色供应链的发展，但在实际运作过程中，碳政策的有效实施面临着一些瓶颈难题。

（一）政策成效提升困难

中国自 2011 年起在北京、天津、上海、广东等七省市和地区试点建设碳市场，2017 年起在全国范围内建设碳排放权交易市场，以建立健全制度体系为基础，完成完善基础设施系统为支撑，推进减排能力的建设和提升。目前，碳市场建设的主要制度为碳配额-交易政策，其核心是环境容量资源的财产权化：碳配额，即为碳排放权配额，是政府分配给企业的排放权凭证，一单位配额代表政府允许持有企业向大气排放一吨二氧化碳；碳交易，即企业间出售或购买碳排放权的行为，企业可通过两种途径补充碳排放权，一是自主减排，二是购买配额。

碳配额和交易政策是体现市场机制和政府管控双重作用相结合的机制，碳配额的合理分配是碳市场的核心，也是发挥政府作用的关键环节，其中"适度从紧"配额是基本原则：分配应在不增加企业负担的基础上，最大程度地激发企业参与碳交易的积极性，降低碳减排成本。政策在实施初期起到了一定成效：2013 年，中国首个碳排放交易市场在深圳建立，完成覆盖城市碳排放总量的 40%，2019 年配额累计成交量达 1807 万吨，煤电和气电的碳排放强度分别下降了 2.5% 和 8.9%，制造企业的平均碳强度由 0.43 吨二氧化碳每万元下降至 0.29 吨，下降幅度达 34.8%。[1]

但是，随着减排技术提高、碳市场交易量增加，碳排放权的合理分配、碳交易价格的调控等问题成为绿色发展的瓶颈：政策过于宽松会导致社会总减排水平达不到既定目标，而政策紧缩又会损害企业利润、削弱其减排积极性。因此，提升碳配额和交易政策的实施成效成为政府制定策略时需首要考虑的问题，协调碳政策与企业发展间的关系，根据对碳减排程度、企业利益

---

[1] 《中国应对气候变化，持续释放"正能量"》，载 http://t. m. china. com. cn/convert/c_ 0ga-zzGxx. html，最后访问日期：2024 年 9 月 7 日。

和环境形势的研究，制定更为科学有效的碳排放权配额制度，动态调整策略以适应不同发展阶段。

（二）政策协调难度较大

2009 年至 2019 年，中国累计碳排放总量位于全球之首，经济可持续发展的重大挑战之一就是如何在持续降低碳排放的基础上，保持经济的稳定增长。由于碳政策的制定和实施影响着经济、能源与环境间的平衡，需要在各级政府及各部门间、供应链上下游企业间进行有效协调。具体包括以下两个方面：

一是企业减排努力与碳交易市场的协调。当企业投入过高减排成本而市场碳交易价格过低时，导致企业难以通过出售碳排放权获利；当企业不进行减排但市场碳交易价格较高时，企业购买碳排放权的成本变大，这些现象均会造成企业利润的下降、削弱其减排积极性、影响供应链整体的绿色发展。因此，企业制定产品的减排定价策略时必须同时考虑政府碳政策、碳交易市场的变化等因素，进行相应的调整。

二是价格机制的协调。政府的碳排放约束要求企业投入更高的减排成本，造成其利润的下降，使产品的销售价格上升，消费者对绿色产品的需求降低。企业在碳配额和交易政策约束下，配额存在缺口或碳价制定不合理，都会造成企业利润的损失。因此，在碳政策约束下研究企业的定价策略、供应链上下游企业间的契约协调机制十分重要。

目前，碳政策制定与企业减排决策间的协调问题被广泛关注。政府应积极推动面向全行业的碳市场制度建设，从碳交易的区域性试点逐步向统一化市场发展，对不同地区的企业减排情况进行调研，针对不同发展特性和阶段设计相应的碳政策，协调制度有效性与企业利益间的矛盾。

二、绿色供应链的发展现状

上述内容阐述了政府碳政策的重要作用及其发展瓶颈，但要实现全社会的绿色可持续发展，还需依靠企业的节能减排活动，碳政策仅是辅助手段之一。在产品的生产制造、加工组装过程中，企业产生巨大碳排放量，当受政府碳排放约束推动、消费者低碳需求拉动时，许多制造企业开始考虑环境因素，采取相应的碳减排措施，不仅追求自身生产的低碳化，也对上下游合作企业的碳减排提出了要求，实施绿色供应链管理，追求产品在全生命周期中的低碳环保。

绿色供应链这一概念最早于 1996 年提出，基于对环境的影响，从资源优化利用的角度，考虑制造业供应链的发展问题。绿色供应链管理是指对从原材料采购开始到消费者使用、废弃产品为止的整条供应链的追踪和控制，是供应商合作、产品研发设计、生产加工到市场销售的多个环节的有机结合，供应链上全部企业都以降低产品全生命周期的碳排放总量为目标，追求减少产品在使用和回收过程中给环境造成的危害。

（一）企业的碳目标设定

绿色供应链中的企业制定碳目标时不仅需要考虑政府的碳强度约束，也要同时保证自身生产、制造和销售产品的经济效益。已有研究指出，制造企业的碳减排目标制定必须考虑制造生产过程中排放的全部温室气体，而当其供应链上下游合作企业的排放达到产品总排放的 40% 以上时，必须将合作企业的碳减排行为也考虑在内。因此，企业设定合理有效的减排目标，不仅能增强其业务应变能力、提升市场竞争力，还帮助企业更快适应低碳生产，避免资产风险，推动企业的创新实践和绿色技术革新，提升企业品牌的环保形象，扩大并稳固消费市场。

目前，企业设定碳减排目标一般遵循三种方法：（1）绝对排放量减排法。企业不考虑初始技术限制和排放绩效，承诺降低碳排放的绝对量。如 2014 年，雀巢公司承诺至 2020 年降低 12% 的运营和生产等环节的温室气体排放总量。（2）碳强度减排法。企业在考虑自身经济效益和行业发展标准的基础上，制定碳强度减排目标。如 2017 年，房地产企业 Covivio 提出至 2030 年前减少 35% 新建建筑的单位二氧化碳的排放量。（3）经济强度减排法。企业根据每单位增加的产值，设定相应的二氧化碳排放当量。如 2015 年，制造企业 Husqvarna 集团承诺至 2020 年降低 30% 的单位增加产值（美元）的碳排放量（吨）。

气候危机迫使政府和企业都积极地进行减排活动，设定合理有效的碳减排目标可以帮助企业优化管理、适应政策变化要求、将技术创新和绿色可持续发展融入公司战略。虽然现有三种目标设定方法的适用条件广泛，但并非所有企业都能从中获得优势，企业应综合自身的发展情况、政府碳政策和市场需求等多重因素，制定适用于不同情形的碳减排目标和策略，才能在兼顾经济效益的前提下实现碳减排。

（二）供应链的合作协调

随着生产精细化水平和信息交流效率的提高，上下游企业间的分工更明确、合作更紧密，催生了一系列供应链管理理念，其中供应链协调是提高供应链运作效率和各企业利润的有效手段。由于碳排放产生于供应链的各个环节，仅约束单一节点上的某个企业很难有效提高产品的全生命周期的减排程度，只有综合考虑绿色供应链上的全部企业行为，才能真正实现减排目标。考虑绿色供应链特性，企业在碳排放约束下，如何通过供应链上下游企业间的合作协调，既实现供应链各成员的经济效益又满足碳排放要求，显得尤为重要。

在绿色供应链的合作协调方面，需重点关注两个问题：一是考虑碳减排约束的引入对企业合作的影响。在设计传统协调契约时企业更多地关注价格、质量和服务水平等因素，但在绿色供应链中，减排技术、减排投入等因素的影响大幅提升；二是碳政策下的供应链合作协调问题。企业在面对不同的碳政策约束时，需综合考虑碳交易价格、政府配额、消费者需求和供应链合作契约等因素，做出自身最优策略决策，目前，在碳政策的影响下分析企业制定协调策略的研究较为不足。

在进行供应链合作前，企业首先要了解供应链上所有环节的碳排放水平、找出排放的主要源头或重点环节，进一步针对瓶颈所在，利用激励机制等契约对其进行协调。绿色供应链中的最佳合作协调策略因企业特性而异，如汽车动力电池制造企业一般会直接与电池材料供应商合作，设计合理的契约激励机制，促使供应商利用可再生、低污染的材料进行电池生产，从供应材料源头降低产品的碳排放；此外，国际知名品牌商或零售商会与供应商进行减排合作，通过协调机制激励供应商提高可再生能源的利用率。如耐克等知名运动品牌，为了提高品牌的绿色好感度，直接与其上游制造商合作，通过成本分担或收益共享等激励机制，提高制造商在生产过程中的减排努力，包括利用可再生能源、减少污染物的排放等。此外，供应链中的强势企业还能直接与政府达成合作，使其合作制造商可以直接与当地电力公司达成协议、获取新能源电力供电，最终达成双赢。

绿色供应链上下游企业间的有效合作，是提高产品全生命周期碳减排水平的关键，根据传统供应链管理理论，利用契约机制对供应链进行协调，不仅能实现各成员企业的帕累托改进、提高利润，还能达到供应链总体效率和碳减排水平的最优。因此，促进绿色供应链中各企业进行碳减排行为上的协调合作，是实现低碳可持续发展的关键所在。

三、回收再制造的绿色影响

随着低碳意识的快速普及，越来越多的消费者愿意支付更高的价格以购买更绿色的产品，消费者不仅会要求企业在生产过程中加大减排努力、扩大清洁能源使用比例等，还会关注产品的环境友好度、可再生材料的使用率、零部件的可再利用效率等，这要求企业必须开展回收再制造业务，扩大回收再利用的规模。例如，生产打印机和复印机的日本富士施乐公司，2008年就开始了打印机耗材回收和再制造业务，在五年内实现了节约成本超过2亿美元的目标，其制造过程中产生的碳排放总额也得到了有效降低。同样，惠普公司也在20世纪90年代开展回收业务，加大回收投入力度。早在2012年，惠普就收集了超过16万吨的耗材，其中80%以上被重复利用，极大地提高了惠普产品在低碳消费市场中的竞争能力。在中国，许多新能源汽车品牌和动力电池生产企业，如上海一汽集团和宁德时代等，都意识到回收再制造的重要性，通过对新能源汽车的废旧动力电池进行回收、拆解、清洗、提炼等，利用二次材料进行再制造并销售向市场，如图1.1所示。

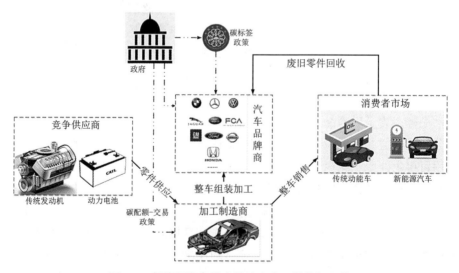

图1.1 新能源汽车供应链的生产、销售与回收

根据中国国家统计局《2018 年国民经济和社会发展统计公报》，汽车制造业国内生产总值增长约 4.9%，而回收再制造业却发展停滞，主要原因是定价和回收策略的结合效率低下。2017 年，中国新能源汽车保有量超过 153 万辆，同比增长 24.02%，并继续保持增长态势。一般来说，动力电池的使用寿命在 5 年左右，这在不久的将来必然会导致报废率的急剧上升。然而，2016 年二手车交易量仅占私家车保有量约 7.1%。显然地，如果回收再制造活动不能有效展开，将会造成巨大的资源浪费和环境污染。因此，中国政府对电动汽车企业给予补贴，支持其制造和回收利用，日后也将扩展至其他制造行业，这不仅有利于社会碳减排的发展，而且有利于不可再生资源的节约。

四、我国绿色创新发展现状

2004 年，世界经济论坛（World Economic Forum）首次推出全球竞争力指数（GCI），通过应用基本需求要素、效率提升要素和创新驱动要素将各个国家划分为要素驱动、效率驱动和创新驱动三个主要发展阶段。由于 GCI 的创新驱动指标关注的是创新和商业结合才能使科技与经济共同融合推动经济社会的发展进步，因此该指标下的商业成熟度和创新的权重都是 50%，其中创新指标包含了企业研发投入量、产学研合作、科技人员水平和百万人口国际专利申请等主要子指标，是评价一个创新体系运行现状的重要表征。

根据《中国区域创新能力监测报告 2019》中的数据可以发现，我国一直重视科技创新，近 5 年来从国家到地方对科技创新的投入与重视都在不断提升。2020 年 4 月 26 日，世界知识产权组织（WIPO）发布的最新数据表明，按照以国际专利申请（PCT）衡量的绿色技术创新，PCT 绿色专利申请总量的 76% 以上来自申请量排名前 5 的国家，即日本、中国、美国、德国和韩国。我国近年来的绿色交通技术专利申请位于世界前列，但绿色关键技术不足，绿色技术创新质量有待提高。本书对相关数据进行了进一步整理分析，总结出近几年来创新活动的规律与特点。

（一）创新投入持续增加

根据国家统计局数据中可以看出，2011-2017 年 7 年间，规模以上工业企业 R＆D 经费投入从 5 993.8 亿元增至 12 013.0 亿元，该项投入占主营业务收入的比重从 0.71% 上升为 1.06%。并且，对于科技创新研发的重视已不仅仅是国家或地区等行政主体所期望和鼓励的，企业对此也是越来越重视，投入的力度日益增加，体现在企业研发经费投入强度的不断提升。2022 年规模以上企业的 R & D 经费投入强度达 1.39%，较 2011 年提高 95.8%，由此可见，企业创新在不断蓄力。随着研发经费投入的增加，经费的利用率也在不断提高，根据《中国区域创新能力监测报告 2019》，每亿元研发经费的支出所能完成的发明专利授权数也从 2013 年的 11.68 件上升至 2017 年的 18.19 件。

除了企业投入，国家也在科创中心建设的战略框架里，通过建设与管理一系列的科创服务平台为企业科技创新提供各类服务，全国范围内各类科技孵化器，包括科技企业孵化器、国家级科技企业孵化器等的数量从 2013 年的 1972 个增加到了 2017 年的 5039 个，增长率为 155.5%，并且服务机构的从业人员配置也得到了很大的改善与提高，上升到了 2017 年的 82 849 人，充足的专业人员是提高专业服务质量的基础与保障。

（二）创新产出成果卓越

创新投入不断加码，创新产出方面近几年也有较好的收获。企业发明专利申请数从 2011 年的 134 843 件上升为 2017 年的 320 626 件，增加了 137.78%；2011 年至 2017 年间，企业的专利拥有量从 201 089 件增至 933 990 件，增加了 364.47%，这是非常惊人的增长速度，说明企业在科技创新活动中保持着良好的活跃度，在科技成果方面扩充了自己所在行为领域的科技力量，保障了后续发展的发明专利存量基础。

绿色专利是指以有利于节约资源、提高能效、防控污染、实现可持续发展技术为主题的发明、实用新型和外观设计专利，主要包括替代能源、环境材料、污染控制与治理、循环利用技术，其经常被作为绿色技术创新成果的测度变量。2014-2017 年，中国绿色专利申请量累计达 24.9 万件，占发明专利申请量的 6.2%，其年均 21.5% 的增速高于中国发明专利整体年均 17.8% 的增速。截至 2017 年底，中国专利有效量为 208.54 万件，其中绿色专利有效量达 13.61 万件，占中国有效发明专利总量的 6.5%。

（三）发明专利失效严重

令人惋惜的是如此骄人的科技投入与成果并未有效地转化成现实生产力，

并未实现成果的经济收益，导致我国长期处于成果转化率低下的困境。据《2023 年中国专利调查报告》的数据，我国发明专利实施率近 10 年来一直在 50% 左右徘徊，而专利产业化率则更低，2023 年仅为 39.6%，其余大部分科研成果专利被"沉睡"。被"沉睡"的专利阻断了科技创新与经济增长之间的联系，导致巨大的科研投入无法在生产经济活动中实现产出，这大大影响了创新知识与技术的正常传播和扩散。排除由于专利到期、未按期缴纳专利费或专利申请流程不符合要求等原因，大量专利"失效"的原因往往是从申请到产业转化历经了漫长数年，加之因资金、技术、政策等困难，研发主体放弃了专利所有权的应用型研究。

据国家知识产权局统计数据，2022 年共受理发明专利申请 161.9 万件，同比增长 2.1%；授权量共 79.8 万件，同比增长 14.7%。然而，我国的"有效专利"存量极低，根据国家专利局公布的数据，截至 2022 年底，国内有效发明专利存量为 335.1 万件，其中维持年限超过 10 年的有效发明专利为 44.4 万件，占比仅为 13.2%。我国发明专利的维持年限平均为 8.3 年，失效的专利并不意味着技术过时，而是对科研资源的极大浪费。

（四）创新成果转化率低

从上述关于创新投入、产出的数据描述可以看出，无论是国家还是企业都十分重视创新，近几年也大大提高了创新方面的投入，并且从产出上来看，每年创新活动带来的新产品销售额，包括高科技产业的新产品销售额都在上升，且销售额在企业主营收入中的占比也在增加，但单从数量进行判断存在偏颇，尚不能认定我国创新活动是成效卓著的。科技创新是为了促进生产力，通过产业、企业的转型升级，实现中国在全球价值链位势的跨越，因此，在对科技创新成效的考量上，不能仅依靠以上的数据，还需挖掘能够反映出科技成果转化成经济收益效果的指标。

根据数据分析发现，企业的研发经费费效比从 5.96% 上升至 6.64%，新产品的销售收入主要依靠创新技术的转化，而企业的发明专利保有量与新申请量是企业拥有的创新技术的直接体现。由于收集数据分类的限制，无法区分新产品销售收入是来自于企业保有的发明专利还是当年新申请的发明专利，因此，分别计算了企业保有发明专利和新申请发明专利对新产品销售收入的贡献额，以探析创新技术成果在此周期内的经济转化情况。若企业的新产品销售收入都来自企业保有的发明专利，则 2011 年企业拥有的每个专利发明对新产品销售的贡献额从约 5000 万元降至 2017 年的约 2000 万元，下降了 60%；若企业新产品销售收入取决于新申请的发明专利，则 2011 年约 7500 万元，而 2017 年该贡献额只有约 6000 万元，下降了 20%。

创新科技成果的产业转化效果并不令人满意，尤其是从 2011-2017 年的创新能力指标数据分析可以看到，科技创新成果不仅没有创造出更多的产值，还出现了下降。在持续下跌的第三年（2015 年），国家提出了建设以提升科技创新水平为目标的发展规划方案，重视以科创平台为中心，发挥技术成果转化功能。由此可以看出探寻提高成果转化绩效的作用路径，是实现产业转型升级的重要推动力。

五、绿色创新的机遇与挑战

（一）面临的现实挑战

《中国区域科技创新评价报告》显示，2017 年我国 R&D 经费投入达 17 606.1 亿元，同比增长 12.3%；国家财政科技支出 8383.6 亿元，同比增长 8%。2017-2019 年我国研发投入总额均处于世界首位。同时，《中国绿色专利统计报告（2014-2017 年）》的数据显示，2014-2017 年我国绿色专利申请量累计达 24.9 万件，保持着 21.5% 的年均增速。然而，"世界级"的科研投入并未带来"世界级"的科技成果产出，致使成果产出未能有效转化为经济发展主要的推动力，创新驱动发展无从实现。因此需要坚持以排污权和绿色技术交易为代表的环境规制政策的引导。这类交易属于一种市场型环境规制政策，即它是在政策规制下形成的交易市场，是"科斯定理"在环境问题上的应用，通过产权界定和市场交易可以解决污染这一外部性问题。通过制度规范排污权能够显著获得环境改善的"绿色红利"，并在此基础上实现经济效益的"蓝色红利"，巩固绿色创新体系有效与可持续发展的核心。由于我国的环境规制机构难免受政府相关偏好的影响，加之地区间生态补偿机制不完善，目前的环境交易就算在合理的总量控制目标下也会遇到许多实施的困难，导致交易市场的低效性，此时通过绿色生产技术创新和技术交易改善可以实现双重红利。

2014-2017 年间我国绿色专利申请量排名前 20 的申请人中，16 个为国内申请人且其中 12 家为国内高校，另外 4 个国外申请人则均为企业。由此可见我国绿色技术创新的成果多来自国内高校和国外企业，我国对于企业在绿色技术创新活动布局中的主体地位仍未有战略级别的重视。随着美国投资风险评估法案（FIRRMA）和出口管控改革法案（ECRA）的颁布实施，其关键技术（Critical Technology）、新兴技术（Emerging Technology）和基础技术（Foundational Technology）实行技术管控清单制，美国从技术封锁、技术打击、技术跨越和供应隔离等四个方面对我国的科技创新进行遏制，倒逼我国探索自主创新之路，而且从国际形势上也不难看出，技术创新将是国家取得政治优势的重要保障。而绿色技术创新从高校研究所到产业化应用需要通过市场遴选后系统化的机制和制度的推动和保障。但是《中国科技成果转化 2019 年度报告》指出：目前我国科技成果与市场需求仍存在脱节，缺少市场对资源的配置，同时技术转移机构"规模小、服务少、能力弱"，即使构建了创新体系也因多主体之间缺乏一致的发展目标造成合作成本高、效率低、科技服务缺失，最终导致科技成果转化"落地难"，无法实现产业化应用。产业实践的不足最终会使创新体系和与之相应的生产率增长的崩溃。

我国科技体制改革经历了技术引进与模仿、开放市场吸引投资、二次创新集成创新和自主创新协同创新四个发展历程，在相对薄弱的科技基础上托起了经济的腾飞，目前正进入创新国家建设的关键历史时期。但是，与建设世界科技强国的要求相比，我国科技创新体制机制和科技创新能力还存在诸多不足和亟待完善之处。例如，科技创新产业结构不尽合理、科技创新服务体系不够完善的现实问题大大影响了科技创新的动力和活力；在科技管理体制机制、政府服务机制、考核机制、激励机制、产学研协同机制、科技创新动力机制、科研成果转化机制、创新人才培养机制、金融支持机制等方面仍有需要破解的难题。面对当前新一轮的科技革命和产业变革新形势，我国科技创新任务十分艰巨，尤其需要政府在体制机制上为科技创新提供保障。

（二）未来的发展机遇

为了实现"中国 2035 年跻身世界创新国家前列"和"绿色可持续发展"的双重目标，由政府牵头、联合科研机构和企业等多主体协同合作的模式被提出，以此提升中国绿色技术创新水平。2017 年至今，我国技术创新研发投入总额始终处于世界首位，这为实现以创新效率和创新技术驱动发展目标奠定了坚实的基础。这对于以"加快生态文明体制改革，建设美丽中国"为目标、强调"构建市场导向的绿色技术创新体系"重要性的经济转型和持续发展来说，既是一个重大的挑战、也是一个难得的机遇。

进入 21 世纪后，全球竞争格局发生重大转变，经济活动的网络化和全球化已经改变了世界主要发达国家的产业组织方式，德美日等发达国家政府纷纷制定国家创新战略，将建设世界级集群网络组织体系作为提升自身全球竞争力的战略举措。因此，针对多主体绿色技术创新合作模式单一、合作过程不协调、发展目标不一致等现状，加快建设多主体技术创新合作模式并设计协调机制，就成为提升绿色技术创新成效的重要策略，需重点推进完善环境交易市场和绿色技术交易市场机制以形成市场主导力量，并以环境规制为辅助，即"有效市场"和"有为政府"共同作用下的合作体系构建，使科技创新网络发展成为联结市场、政府、企业、高校和科研机构、金融机构和中介机构等多主体的桥梁纽带。

目前，我国处于科创网络建设的初级阶段：政府高度重视产业联盟和集群网络的建设，致力于推进以政府主导、园区集聚为特征的中国特色工业化，政府各部门相继出台促进产业集群发展的政策措施，旨在构建国际认可的世界一流的网络集群，强调建设科创网络组织对推动技术创新的重要性。虽然目前政府仍没有发布实现世界级竞争力的网络集群战略和发展计划，但相关政策为后续的研究和实践积累了经验，正是在政府和市场之外构建和运行以联盟或集群组织为代表的科创网络的好时机。

因此，研究发达国家技术创新合作组织体系的发展，加强对其联盟和集群网络的合作形式、推进过程等的深入理解十分必要。本书重视科创网络在市场与政府之间的衔接作用、在技术创新与产业绩效之间的桥梁作用，结合对发达国家产业集群发展的实践与政策研究，从多个主体及多样资源协同合作角度揭示技术创新合作组织的发展态势，阐明联盟或集群网络作为科创网络的跨机构形式发挥的多样化功能，为我国培育发展世界级先进产业集群提供参考。

第二节　研究动机与意义

由于环境污染问题的日益严重，以及能源危机的不断加剧，大力发展绿色供应链成为全社会共识，政府对碳排放的约束与消费者日益提高的绿色偏好，都对企业碳减排决策提出了新的要求。目前已有较多学者围绕着绿色供应链中企业的减排策略优化、协调机制设计等展开研究，但同时考虑消费者购买决策和政府碳政策调整的研究较少。因此，本书在综合考虑政府碳政策约束和消费者绿色偏好的前提下，研究绿色供应链上下游各企业的最优生产、定价、回收再制造与减排等决策，以实现提高社会经济效益和减排总水平的目标，在理论上丰富已有绿色供应链管理理论，在实践上为企业和政府提供指导意见。具体的理论与实践意义如下：

一、理论意义

本书利用经济模型、博弈理论和逆向选择等方法，借鉴契约理论的相关知识，考虑了不同类型消费者偏好、政府碳政策约束等因素，系统地研究了绿色供应链中企业的最优减排定价策略以及其协调机制设计等问题，拓展了绿色供应链管理的研究范围，为优化企业生产、定价、回收再制造和碳减排策略组合、上下游企业间的契约合作机制、供应链运作模式等提供了参考，对企业的绿色发展具有实质性推进作用，提供了模式选择等决策参考，也为政府制定碳政策提供策略建议。同时，利用理论分析、指标体系构建、政策仿真和机制设计等方法，构建绿色技术创新协同体系，为提升绿色创新效率提供可借鉴的路径。

（一）丰富了绿色供应链的研究

不同于传统供应链管理理论，绿色供应链管理需同时关注经济效益与环境效益相结合的决策与契约协调机制优化。然而，目前针对政府碳约束下绿色供应链的契约协调研究较少，且大多只集中在正向供应链，对于同时开展正向销售和逆向回收的绿色制造企业的决策优化关注不足。

现阶段，针对绿色闭环供应链与契约协调机制相结合的研究，重点较为分散，对不同主导模式、回收渠道选择的研究较多，但大多未能将绿色产品生产、销售和回收的过程整合，构建与之对应的供应链体系；也没有将供应链核心企业的减排领导作用纳入研究，讨论其应以何种身份加入协作减排；没能探讨政府应如何在绿色供应链中发挥监督和约束作用。因此，本书结合绿色供应链特性，对其进行各成员决策优化和协调契约设计，有效促进传统企业向绿色企业的转型，为政府的绿色可持续发展政策决策提供理论支撑。

（二）补充了减排决策优化研究

现有文献对绿色供应链中低碳产品生产、定价、回收再制造和减排决策的优化研究尚不充分，结论普遍缺乏统一的认知、可继承发展性。通过利用经济学、博弈理论和优化理论等方法，构建不同情形下的与之对应的量化模型和契约协调机制，对企业的碳减排等策略进行优化。另一方面，针对传统企业的绿色转型，现有研究多集中于正向生产过程中碳减排行为，对废旧零件的回收再利用的研究不充分，本书通过拓展碳政策约束下的回收再制造环节，对企业模式选择、定价和碳减排等进行决策优化，为企业开辟新的利润空间，实现更高的环境效益和经济效益。

此外，在研究绿色供应链中企业的碳减排决策时，现有学者较多只考虑了政府碳配额和交易机制的影响，很少有文章在信息不对称下将碳标签机制与消费者绿色偏好同时引入决策进行分析。因此，本书综合考虑消费者的绿色偏好差异化、制造商的减排和定价决策以及碳交易政策制定等因素对企业运作、社会福利带来的影响，针对消费者具有私有偏好的情形，运用非对称信息下子博弈均衡逆向选择理论，研究不同模式下的企业和政府的最优决策和利润，对不同情况下的企业碳减排决策提供理论支撑。

（三）完善了碳政策制定的研究

本书不仅重点关注绿色供应链上各企业的商业模式及演变机理，也为政府碳政策的制定提供了参考价值。目前针对绿色供应链的研究多集中在企业运营环节，对政府视角的模式选择和政策组合实施的研究不足。因此，本书通过分析主体利益关系，研究传统企业在有效、快速地转型为环保企业或开展减排业务时，政府应如何制定合理有效的碳政策，监督并辅助企业的绿色转型升级。

在碳排放目标约束下，当绿色供应链中的制造企业进行碳减排决策时，严格的监管政策是否会损害企业的利润？其上下游的合作企业是否应该参与减排活动？政府应该如何制定碳政策，以适应不同的减排策略和供应链合作模式？本书以绿色供应链中的不同类型企业的合作减排作为研究对象，同时考虑消费者的低碳偏好和政府的碳政策约束，设计不同的合作减排契约并分析企业的最优决策和利润，为政府制定相关的法律法规制度提供有价值的理论依据。

（四）弥补了绿色创新体系研究

技术的绿色水平与经济发展阶段密切相关，对其理论界定需要在逻辑论证的基础上开展，因此，本书首先系统性地阐明绿色技术创新的理论机理，确立绿色技术创新逻辑框架，为研究绿色技术创新效率的提升路径提供了理论思路。另一方面，在绿色技术创新体系构建过程中，如何兼顾市场与政府的双重导向作用，对区域集群创新、创业联盟创新、企业自主创新层面的研究具有重要影响。其次，多主体绿色创新合作体系构建的理论与方法创新。绿色技术创新多主体创新合作模式建设和治理的整体思路框架，可以弥补适用于中国国情的科创网络合作模式发展理论研究的不足，解决通过构建多主体合作模式以提高技术创新能力的研究欠缺问题；着重研究影响多主体技术创新合作的关键因素，结合政府职能研究提高创新效率的合作模式问题，并基于此提出政策建议；设计能激励各主体合作积极性的协调机制，完善科创网络协同治理机制的研究，有助于实现提高各主体的技术创新能力、提升创新合作绩效的目标。最后，本书对市场导向绿色技术创新制度体系的特征进行系统识别，并研究了制度体系涵盖内容，丰富了市场化导向下绿色技术创新体系构建研究；对市场导向绿色技术创新制度体系内容进行分类设计，研究绿色技术创新体系构建过程中政府的政策保障机制，对相关理论研究具有扩展和借鉴意义。

二、实践意义

本书通过对价格机制、减排决策和协调契约等的优化研究，辅助政府进行碳政策的设计和实施；利用博弈理论、优化理论和运营模式协调和选择等供应链优化方法，最大程度地减少企业在制定减排、价格与合作等策略时可能面临的、不利于自身发展的决策问题。在关注绿色供应链下的企业决策优化难题的同时，为政府碳政策的制定和执行提供参考和指导，缓解政策低效甚至失灵带来的衍生问题。研究的预期成果可直接应用于政府在碳强度约束设置、碳配额和交易政策设计等领域，也能为其他行业的策略制定提供借鉴思路。

（一）有助于全面建设国家碳市场

根据《全国碳排放权交易市场建设方案（发电行业）》的相关规定，中国政府在建设碳排放权交易市场时，应做首先考虑重点企业识别、碳配额分配和市场交易价格调整等问题。目前，中国碳市场的建设只在特殊行业（发电行业）、个别发达省市及地区展开，全面建设碳排放权的交易市场仍面临着诸多瓶颈。

因此，为了解决政府碳政策实施效率低下、企业减排积极性不高、供应链各成员的契约合作协调困难等问题，本书综合考虑影响绿色供应链发展的关键因素，设计契约机制辅助企业的最优决策，进而为政府调整并实施碳政策提供合理思路。实现加强节能减排效率、丰富绿色供应链减排体系、有效降低产品在生产销售等环节的碳排放量、降低生产耗能和污染等目标，进一步在不同发展阶段和情形下，为政府调整碳政策、建设碳市场提供参考。

（二）有助于提高消费者环保意识

企业扩大碳减排行为必然会带来技术创新研发、升级材料和提高新能源使用比例等投入成本的上升，这与企业追求自身利润最大化的目标矛盾，最终导致企业的减排积极性下降、产品的低碳程度减弱、消费者的低碳购买主动性降低。

因此，在碳约束下研究企业的最优减排定价决策与供应链契约协调机制，可以提高绿色产品的生产和销售规模，不仅帮助企业提高自身利润、增加产值，实现其新旧生产模式（由传统到绿色）的转型，提高应对变化的灵活度，还有利于企业降低碳排放总量、增加环境绩效、塑造环境友好形象，帮助企业在面对不同生产模式、消费者差异化需求时，可及时调整应对策略。另一方面，企业对产品的减排努力提高，不仅会扩大绿色消费市场规模，还能促进消费者环保意识的进一步加强，使更多普通消费者转而购买低碳产品，形成全社会绿色发展的良性循环。

（三）有助于社会绿色可持续发展

气候环境的日益恶化使全人类对社会绿色可持续发展的追求愈发迫切。事实上，政府实施碳强度目标约束并不是为了盈利或提高经济效益，而是要作为权威方引导企业进行节能减排，从生产端给予企业减排的压力。同时，消费者环保意识的与日俱增，从需求端拉动企业碳减排的积极性，促使其加大减排努力投入。

政府制定碳政策时需要同时考虑企业利润和社会减排水平，不能一味地追求更严格的碳政策，要避免出现对企业的过度补贴或惩罚，导致碳交易市场失调或企业放弃减排的现象。此外，企业生产绿色产品时更要充分考虑消费者偏好的差异化，不能盲目地决策产品的减排投入水平和价格，否则会导致绿色消费者反而购买价格较低的高碳产品，出现柠檬市场。因此，本书重点关注在消费者偏好差异化、政府碳政策约束、上下游企业合作形式变化等因素的影响下，企业的减排、定价和回收再制造等决策优化问题，同时设计绿色供应链上下游企业间的合作减排契约协调机制，以实现同时为政府和企业策略制定提供参考的目标。

（四）有助于技术创新体系的构建

首先本书在市场主导和政府引导的双重导向视角下研究绿色技术创新体系构建，并可以多主体、多要素、多机制、多角度、系统性地考虑绿色技术创新体系的设计方案，为当前更全面认识绿色技术创新体系、更有效提升绿色技术创新活力提供了理论参考和实践路径。面对逆全球化的背景，研究园区（集群/联盟）的绿色技术创新竞争力，探寻关键组织关系与作用机制，对比国际与国内园区（集群/联盟）绿色技术创新度，为我国园区（集群/联盟）组织转型升级提供参考意见。其次，提高多主体间绿色技术创新合作的效率，需要设计相应的科创网络合作模式和协调机制。因此，本书以科创网络中的多主体为研究对象，基于联盟或集群组织理论，重点关注多主体间绿色技术创新合作模式的构建；同时借鉴国际先进创新合作模式，构建基于项目合同、企业联盟、园区集群和区块链联盟等创新合作网络组织，为参与主体设计提高运行效率的激励机制，为政府提供规范运行的管理政策导向；设计市场导向、政府辅助的科创网络治理机制，以提高各主体的技术创新效率，提升政府对多主体合作规范运行的管理能力，从而促进绿色技术创新体系的可持续发展。最后，本书从政府、企业、学校、科研机构和中介机构构成的技术创新系统视角，通过政策分类，探索不同分类下政府引导的机制设计，为绿色技术创新市场中的政府行为提供指导借鉴；在分析市场化导向绿色技术创新制度体系构建的制约因素基础上，提出制度体系构建的政策建议，为新时期绿色技术创新制度体系的系统完善提供指导，为"有为政府"的实现指明路径。

第三节　研究思路与方法

随着政府和消费者对企业节能减排、发展绿色制造的要求日益提升，促使绿色供应链中企业的减排与合作不断加深，传统供应链管理理论所关注的企业生产和销售等决策已不再适用于新形势下的发展。绿色供应链企业开始更多地关注与碳减排相关的决策，同时兼顾企业间合作减排、消费者绿色偏好和政府碳政策的多重影响。

因此，本书借助博弈理论和供应链契约理论，在不同情境下优化绿色供应链中企业的决策行为，协调供应链合作关系。同时，考虑消费者绿色偏好差异化、企业与消费者间信息不对称问题、政府碳排放政策约束、废旧产品的回收再制造和企业间的竞争与合作等现实问题，优化绿色供应链的运营模式，为企业制定适合自身发展的最优减排策略，最终实现指导政府调整政策、优化企业决策、推进社会绿色可持续发展的研究目标。

一、研究问题

本书从影响绿色供应链运作效率的关键因素、政府碳政策约束和消费者绿色偏好等侧重点入手，探索绿色供应链下企业减排决策优化及模式选择问题，指导传统企业在绿色转型发展的情况下，面对新问题时做出合理有效的决策，为政府完善碳政策、改革健全碳交易市场提供思路，实现社会绿色可持续发展的目标。

首先，通过实地调研企业，收集相关数据并从中归纳出绿色供应链发展的现存问题，从企业视角出发，梳理碳约束下常见的决策模式和绿色供应链中的企业策略；其次，通过梳理和总结大量相关文献，找出制约绿色供应链可持续发展和企业策略实施效率的瓶颈问题；然后，根据碳政策在不同供应链模式下对企业减排和定价等决策的影响，界定本书的五个专题，分别应用适合的理论和方法，对企业决策进行优化分析，得到最优策略和模式选择方案，为绿色供应链下企业的减排契约设计、政府碳政策的制定提供参考。

第三章：首先将研究侧重点聚焦于绿色供应链的下游环节，即企业与消费者间的关系，研究供应链下游企业的减排和定价决策。随着消费者环保意识的增强，市场中需求偏好差异化加剧，且大部分企业难以获取消费者准确的绿色偏好水平，信息不对称使企业生产和定价决策的难度大幅增加。此外，在政府碳政策的约束下企业需投入碳减排努力，更加剧了决策的复杂度。因此，本专题通过逆向选择机制探究信息不对称下企业的减排和定价策略，进而分析政府碳政策对企业决策、减排水平和社会福利带来的影响，根据不同市场结构优化企业策略和政府政策。

第四章：基于对消费者购买决策问题的研究，发现绿色供应链上游企业的决策活动对下游企业减排和供应链整体绩效的影响同样显著。因此，本专题同时考虑上游企业的回收再造活动和碳排放约束的双重影响，分析供应渠道竞争下的企业减排决策与渠道选择问题，设计契约机制实现供应链的协调优化。具体而言，构建由竞争型新零件和回收零件供应商、碳政策约束下的制造商组成的绿色闭环供应链体系，侧重供应链上游环节中企业的回收、减排与定价决策以及供应渠道优化问题，设计有效的契约机制进行供应链协调，为碳政策的制定和企业绿色决策提供参考价值。

第五章：随着绿色供应链发展的不断深入，单一制造商减排压力过大的弊端逐渐显现，难以满足绿色消费者日益增长的需求，上下游企业的合作减排模式开始受到重视。在供应链合作中，虽然减排约束主要在制造企业，但其上游核心零件供应品牌商为了自身形象也要考虑产品的绿色度，通过设计契约机制激励下游制造商的减排行为。因此，为了提升供应链的合作减排效率，本专题考虑消费者低碳偏好和碳政策的影响，侧重研究绿色供应链下各企业的协同减排决策优化问题，根据实际情况设计不同的减排合作模式，对比分析并选择最优的合作模式。

第六章：随着供应链合作的不断深入，上下游跨级影响的强度逐渐提高，上游供应企业不仅要考虑下游制造商的决策，也受制造商下游零售商决策的影响。同时，绿色供应链中的企业不仅关注正向生产过程中的碳减排行为，逆向回收再制造对低碳发展也同样重要。因此，本专题综合考虑绿色供应链下企业的多级合作和回收再制造行为，构建正向销售与逆向回收相结合的多级绿色闭环供应链体系，优化企业的合作减排与回收再造决策，并在不同回收模式下对供应链进行契约协调，为政府制定平衡企业生产、减排与回收的环境政策提供参考。

第七章：新形势下我国经济高质量发展路径无法依赖代工实现，亟待创新驱动转型发展。目前我国技术创新与市场需求存在脱节，创新驱动发展动力不足，其瓶颈在于多主体合作模式单一、效率不足，难以满足市场需求。创新主体在绿色技术创新过程中面临着不同问题：企业虽能实时洞察市场需求变动，但存在创新效率不足、创新资源匮乏的问题；高校和科研机构等虽拥有丰富的创新人才、设备等资源，但往往忽视创新成果的可转化性、可应用性和市场特性，存在创新资源滥用、技术成果应用性低的问题；金融机构等资金方存在投资信息壁垒、投资风险较高的问题；政府存在职能划分不明确、体制机制激发力弱的问题，且在进行技术创新合作时，各主体为己谋私、各有偏倚，导致技术创新活力严重低下。在进行技术创新合作时，各主体发展侧重点不同，使产学研一体化存在"两张皮"现象，降低了技术创新效率。因此，本专题兼顾绿色供应链各主体，构建绿色技术创新协同体系，梳理多主体合作的内涵机理和运行机制，找出提升绿色创新水平的有效路径。

二、研究方法

本书综合采用理论论证筛选、文献研究萃取、国外经验借鉴、情景仿真模拟、典型案例研究等多种方法综合，对所研究的问题进行实例剖析、因素分析、逻辑论证和理论归纳；在此基础上，综合、交叉、嵌入既有成熟的理论，将归纳总结进行逻辑推演和理论论证。针对推演和论证结果进行案例应用，根据应用效果及可行性的反馈信息评价，进一步对研究理论、方法体系和量化模型进行改进与完善。最终，将理论方法系统化、政策措施规范化，形成绿色供应链管理体系的构建思路。

采用的研究方法主要包括：博弈论、优化理论、数值仿真与算例模拟等，以"提出问题、分析问题、解决问题"的逻辑顺序展开，将绿色供应链特性、供应链运营与管理理论、契约优化理论及回收再制造等相关文献作为研究基础，针对关键问题，利用综合方法展开研究，同时引入数值仿真模拟、案例分析等，进行理论和实践的研究。

第一，基于博弈理论和决策优化方法，考虑企业与消费者绿色偏好间信息不对称的情况，运用逆向选择理论对模型进行求解，研究绿色供应链下的企业和绿色偏好差异化消费者间的博弈决策优化问题；然后，考虑绿色供应链中各企业间的合作与竞争问题，利用斯坦伯格博弈模型构建绿色供应链上下游企业间的动态决策模型，分别对企业策略和政府政策进行优化。

第二，借助契约优化理论等科学管理方法，对绿色供应链中的减排、生产、销售和回收再制造等各个环节的企业决策进行优化；利用批发价契约、成本分担契约和收益共享契约等机制，解决供应链中各企业间合作减排的不协调问题，分析不同情形下的最优模式选择。

第三，对于涉及多个主体的参与决策的问题，采用定量分析方法，帮助厘清参与各方的利益关系。其次，定量分析的方法也便于清晰准确地把握研究对象的本质规律，有助于提升本书规范性研究内容的准确性。在定量分析方法下可以引入最优化理论和博弈论方法对参与各方进行理论建模和分析，有助于实现本研究的目标。

第四，在对相关企业进行实地调研的基础上，利用数值算例模拟对模型结果进行验证，分析最优策略组合、协调契约和模式选择的合理性和有效性，基于企业最优策略设计相应的政府碳政策，根据不同情形提出合理有效的政策实施建议。

第五，文献萃取与方法提炼相结合。采用文献研究法，有目的、有计划、有系统地搜集相关产业和企业、高校和科研机构、金融和中介机构等主体的现实状况或历史状况、创新合作能力升级、多主体合作模式、科创平台网络、政府政策和激励机制影响机理等方面文献。在掌握相关经典文献和可能应用的方法基础上，追踪国际上可能出现的、与本研究相关的新观点和新理论，并根据研究需要及时考虑纳入到本书的研究观点之中。梳理研究的已有理论基础，整理形成研究思路与路径，挖掘出影响绿色技术创新体系构建的关键因素。

第六，调查研究和资料查询相结合。通过访谈（针对企业管理类与技术类员工、政府主管人员、高校研究所科研人员、行业组织等展开）、问卷调查、查找调研报告等调研手段对重点碳减排企业进行调研。随后，针对绿色技术创新的体系结构，确定关键研究内容及不同研究对象的侧重点，对应搜集整理各级政府统计年鉴、科技活动和高技术产业等专项统计年鉴、政府统计数据等，对绿色技术创新现状进行分析；同时，结合绿色技术创新等相关行业规范、实施意见等文本资料进行分析，识别不同行业或领域的绿色技术/

"卡脖子"技术等。

第四节　内容框架与创新

一、研究框架

本书以"依据现实问题、借鉴研究成果、基于理论基础、优化决策模型、提出管理建议"的逻辑架构展开论述，以绿色供应链中企业的减排决策优化和契约机制设计为研究对象，同时考虑消费者绿色偏好、政府碳政策约束、闭环回收再制造和供应链上下游间的竞争合作等关键因素的影响，构建绿色供应链的决策优化模型和绿色创新协同体系。

具体章节内容如下：

第一章，绪论。介绍本书的研究背景与研究现状，通过对相关企业的实地调研、访谈及政策分析，找出现存问题，阐明研究动机和意义，进一步理清研究思路，选择合适的研究方法、构建研究内容框架并突出研究的创新之处。

第二章，对绿色供应链管理的相关研究进行文献综述。梳理绿色供应链管理研究的产生与发展，找到影响企业决策效率的关键因素，确定绿色供应链下优化企业减排决策的重点问题，通过对已有文献中关于消费者绿色偏好、政府碳政策规制、绿色闭环供应链管理、供应链上下游的合作模型、契约协调机制与创新协同体系研究的梳理和总结，确立本书的研究方向。

第三章，非对称信息与碳约束下企业定价与减排决策。本章研究在信息不对称以及消费者绿色偏好差异化的影响下，企业减排定价决策和政府碳政策制定的优化问题。设计由低碳产品制造企业与碳政策制定方组成的带约束的两阶段决策体系，综合考虑消费者的绿色偏好差异化、制造商的减排和定价决策以及政府碳配额-交易、碳标签政策制定等因素对企业运作、社会福利带来的影响，运用非对称信息下子博弈均衡逆向选择理论，研究不同市场需求分布结构中的企业和政府的最优决策和利润，分析关键参数的影响并得到具有实际应用价值的结论。

第四章，碳约束下企业减排与供应渠道选择决策优化。本章引入竞争型零件供应商进行回收再制造的研究背景，研究绿色供应链中制造企业的减排与渠道选择决策的优化问题，构建由两个相互竞争的主导上游供应商和一个受碳政策约束的下游制造商组成的绿色供应链体系，分析各成员的最优决策和利润变化，分别在竞争决策、合作决策和契约协调模式下的优化企业策略；然后，研究企业减排努力和回收投入对供应链绩效的影响；最后设计合理的契约机制进行供应链协调，以实现同时提高经济效益和环境效益的目标。

第五章，碳约束与绿色偏好下供应链协同减排决策。本章考虑在消费者绿色偏好和碳政策的影响下，绿色供应链上下游企业间的协同减排决策优化问题。构建由上游核心零件供应商主导、下游制造商实施减排的二级供应链体系，在绿色偏好和政府约束下，分别探讨消费者环保意识、政府碳政策调整对企业减排策略和利润的影响。根据实际情况，设计三种合作减排模式，包括制造商独立减排、主导企业契约合作减排和供应链完全合作减排，分析不同模式下的企业减排水平、利润和社会福利的变化，归纳出可供企业和政府借鉴的策略建议，最后利用数值分析验证模式选择的可靠性。

第六章，多级绿色闭环供应链下企业减排与契约优化。本章将废旧产品的回收再利用情况与供应链中企业决策的跨级影响效应同时考虑在内，研究多级供应链中企业的减排、回收再制造与定价的决策优化问题。构建由供应商、制造商和零售商组成的三级闭环供应链，分别在不同回收模式下对各方决策进行分析，得到企业最优策略和渠道模式选择结果，并设计两种契约机制进行供应链协调。最后利用算例仿真分析不同成本、回收价格等关键因素的影响程度，得到有价值的结论。

第七章，绿色创新体系的构建与多主体协同研究。首先，本章构建市场导向下绿色技术创新体系的理论逻辑框架。借鉴发达国家的典型合作模式和科创网络构建思路，探究多主体间的市场化合作机制，设计多主体网络协同的平台共享机制。其次，构建多主体网络协同创新体系。针对多主体绿色技术创新合作模式单一、合作过程不协调、发展目标不一致等现状，加快建设多主体技术创新合作模式并设计协调机制，使之成为提升绿色技术创新成效的重要策略。进而，借助区块链技术的"去中心化、开放透明"特征以及其原生机制具有"共识、防篡改、共监督、可追溯"等特点，在缺乏传统信任关系的主体间搭建起战略联盟合作的桥梁，实现跨行跨区的科创企业间深度合作，进一步增加网络组织的创新动能。最后，构建环境规制与政策制度激励体系。研究环境规制、产业规制和政策激励对绿色技术创新的作用。在构建市场导向的绿色技术创新体系要求下，从政府、企业、学校、科研机构和中介机构多方参与和"有效市场""有为政府"结合的视角，对绿色技术创新制度体系建设进行研究。

第八章，结束语。归纳总结研究成果，对绿色供应链下的企业减排决策的理论研究和实践、绿色创新体系的构建和协同优化进行展望，提出下一阶段的研究目标和未来的发展方向。

二、研究创新

本书针对碳政策约束和消费者绿色偏好影响的绿色供应链下企业的决策优化问题，研究了供应链中各企业的最优定价、减排和回收再制造策略。创新之处主要体现在以下几个方面：

第一，在非对称信息与碳政策约束的影响下，研究消费者绿色偏好差异化和政府决策行为对企业决策的影响。

现有研究较多从企业减排决策优化角度出发，较少考虑消费者绿色偏好差异化对需求的影响，也较少将政府作为决策方引入模型进行分析，构建的博弈模型不能很好地刻画现实情况。因此，本书将政府调控碳政策作为决策变量引入研究，设计了由差异化偏好消费者、减排企业与碳政策制定方组成的带约束的两阶段博弈模型，运用非对称信息下子博弈均衡逆向选择理论，优化企业减排定价决策和碳政策组合制定决策，拓展模型并根据市场中实际的消费者分布情况，构建均匀偏好、中等偏好和低偏好三种市场分布模式，分析不同模式下关键参数变动对均衡利润和社会福利的影响，指导政府设计并实施合理有效的碳政策。

第二，在供应企业竞争且进行回收再制造的情境下，优化绿色供应链中制造企业的减排和渠道选择决策。

现有研究较少在正向供应渠道竞争且同时开展回收再制造和政府碳政策约束的多重影响下，分析供应端的渠道竞争对回收与减排决策的影响；已有模型较少将绿色供应链特性与供应渠道竞争、回收再制造相结合进行刻画，对企业实际运作情况的挖掘不足。因此，本书同时考虑双源供货和回收再制造行为的影响，构建由两个相互竞争的上游供应商和一个受碳减约束的下游制造商组成的绿色闭环供应链体系，运用斯坦伯格动态博弈理论，优化企业的定价、减排和回收决策，分析各成员的利润变化趋势；对竞争决策、合作决策模式下的各企业决策进行比较分析，进一步设计成本分担契约对供应链进行协调优化；研究企业减排努力和回收投入对供应链绩效的影响，为政府设计合理碳政策提供指导建议。

第三，在碳约束与绿色偏好下，研究上下游企业间的合作减排与契约协调问题。

现有研究大多针对单个企业的减排决策问题进行优化，较少将绿色供应链中的上下游企业同时纳入模型进行分析，也较少将多主体间合作对减排效率的影响考虑在内。因此，本书同时考虑碳政策、消费者绿色偏好与上下游合作减排等因素，在消费者绿色偏好和政府碳政策约束下，研究绿色供应链中上下游企业的协同减排策略。构建了由上游核心零件供应商主导、下游制造商实施减排的二级供应链体系，分别探讨环保意识、政府碳政策对企业减排策略和利润的影响；进一步，设计三种协同减排策略模型，包括制造商独立减排、主导企业契约减排和完全合作减排，分析不同模式下企业减排水平、利润和社会福利的变化，从中归纳出可供企业和政府借鉴的策略建议。

第四，在同时考虑减排、回收和多级决策对供应链运作效率影响的情况下，研究多级绿色闭环供应链的合作减排与协调问题。

随着绿色供应链合作紧密程度、分工细致化的加强，针对多级供应链间的合作效率研究越发关键，但是现有研究较少将多级供应链影响引入企业的绿色减排决策进行分析，也没有关注其对回收再制造和协调契约设计的影响。因此，本书综合考虑多级供应链协调和闭环回收问题，构建由供应商、制造商和零售商构成的三级绿色闭环供应链，分别在单一回收渠道和双回收渠道两种模式下对各方决策进行分析，讨论不同决策模式下供应链各成员在销售、回收过程中的最优减排和定价策略；设计两种共享契约协调机制，分别在不同模式下讨论契约协调的有效性；针对废旧产品回收不善造成的环境问题，引入政府政策调控，找到实现销售和回收平衡的条件，进行最优模式选择。

第五，本书针对绿色创新协同体系的构建与优化研究方面的创新包括：

首先，研究从市场主导、政府引导的"双重主次导向"视角下识别绿色技术创新体系。对于市场导向，将基于排污权交易构建环境市场交易机制，基于专利权交易构建绿色技术交易机制，将多角度考虑绿色技术创新体系的设计方案，融合"多行动主体、多要素投入、多运行机制"于一体，同时将如何提升流域网络、集群/联盟、企业的绿色技术创新竞争力的问题纳入，为更有效地提升绿色技术创新活力提供可行路径。其次，企业连同高等院校、科研院所、金融机构、科创中介等主体共同构成"产学研金介"的绿色技术创新合作体系，通过对影响多主体技术创新合作的因素及其作用机理进行剖析，借鉴国际先进创新合作模式，同时结合科创网络市场组织化结构以及智慧信息系统在促进技术创新合作中的关键作用，构建符合我国国情的科创网络多主体创新合作模式，为创新合作模式变革和产业集群转型升级提供策略建议。

绿色供应链管理相关理论与文献综述

本章首先针对研究在学科体系中所处的位置进行区分与界定，结合本书的研究方向，对相关文献进行系统性综述与分析。绿色生产和低碳经济已成为中国社会未来发展的基本纲要，使绿色供应链管理成为学术界与实业界越来越关注的热点话题。在政府和消费者对企业的环保投入提出更高要求的背景下，传统制造企业需向着节能减排、绿色可持续发展方向进行改革；绿色供应链下的减排决策与契约协调、供应链合作模式转型、正向制造与逆向回收结合发展、经济效益与环境效益协同发展、企业利益与顾客需求都在绿色供应链系统中有机统一，为企业的减排优化决策、绿色供应链合作契约设计、政府碳政策的制定与实施开拓了新的研究领域。

本书集中于绿色供应链下企业决策优化和契约协调领域，首先对已有文献进行归纳和整理，具体分为以下六个方面：（1）绿色供应链管理发展综述；（2）消费者绿色偏好研究综述；（3）政府碳政策规制研究综述；（4）绿色闭环供应链发展综述；（5）供应链契约协调机制研究综述；（6）绿色创新协同体系研究综述。

第一节　绿色供应链管理研究综述

绿色供应链下企业的决策前提与目标均发生显著变化，使企业管理与发展规划面临的挑战变大。为了促进企业的绿色发展，已有学术研究从多个角度展开分析，包括绿色供应链企业绩效的实证分析（Shafique 等，2018）、绿色供应链企业战略管理研究（Pomegbe 等，2019）、绿色供应链特性对企业组织绩效的影响（Khan 和 Qianli，2017）和绿色供应链下企业的运作决策优化。本节重点从决策优化角度对绿色供应链管理发展进行综述。

一、绿色供应链管理的产生与发展

绿色供应链管理这一概念最早在 1996 年由美国密歇根大学的制造研究协会提出，它强调在保证经济发展的前提下，企业需要同时考虑环境效益和资源利用效率（Walton 等，2006）。早在 20 世纪初期，学术界就对绿色供应链管理的概念进行了界定（Handfield 和 Nichols，1998），构建了评估绿色发展成效的指标体系（Webb，1994），针对绿色供应链管理相关研究、影响领域和所用方法的不同进行分类，系统性地总结绿色供应链的发展历程并提出未来研究的方向（Srivastava，2007）。绿色供应链是指从原材料采购、产品制造和销售到废旧品逆向回收的全生命周期的低碳化发展，供应链中各环节企业都需要以可持续发展为原则，实施必要的碳减排或合作减排策略。

早期研究中，Min 和 Galle（1997）关注供应链采购环节所忽视的环境影响因素，分析实证调研结果，总结出改变企业决策的关键环境因素，辅助企业在遵从政府低碳发展约束下，同时提高节能减排和污染治理的有效性。Handfield 等（1997）利用对家具行业的调研数据，对运营管理价值链中的环境友好因素进行分类，指出企业的环境管理战略，即绿色发展意识，必须在价值链中的各个阶段实施，才能实现真正的绿色可持续发展。Carter（1998）针对供应链采购环节中的节能减排和回收再制造问题，探究了驱动绿色采购发展的关键因素，发现通过加强供应链上下游企业间的合作紧密度，可以提高整个供应链的绿色发展水平。基于此，Rao（2002）建立了绿色采购理论架构，在供应链上游环节发挥绿色管理的战略作用，强调绿色供应链管理和绿色采购的意义。进一步，Nagel（2000）指出绿色供应链管理不仅局限于采购环节，还涵盖从产品设计、生产及销售使用的全过程管理。同时，Zsidisin 和 Siferd（2001）以东南亚各国的制造业数据为基础，为解决本土环境污染难题，提出供应商的绿色发展策略。Bowen 等（2011）则强调了供应链管理能力在绿色发展中的重要作用，企业应通过积极的环境管理和战略优化方法来提高自身的绿色水平。

随着绿色供应链管理的研究越来越受到关注，批判性地评估已有研究并明确未来的发展方向十分重要：Demeter 等（2007）将绿色管理理念引入供应链的各个环节，重点研究绿色技术创新和运营决策优化问题，以实际汽车企业作为案例研究，从实践角度评估了绿色供应链发展的有效性。武春友等（2001）结合中国的实际情况和法律法规的约束，提出适合中国企业发展的绿色供应链管理体系，强调产品全生命周期内节能减排的重要性。基于此，马祖军（2002）将绿色供应链管理目标、对象和关键技术等要素集成研究，建立了相对完善的绿色管理体系。王能民等（2007）、张秀萍和徐琳（2009）则基于国内外已有研究，进一步详实地总结了绿色供应链管理研究的特征、趋势和尚未解决的瓶颈问题。Sarkis 等（2011）使用组织理论对文献进行分类，在九种组织理论框架下探讨绿色供应链管理的实践、理论研究趋势。已有研究对绿色供应链管理的概念界定及框架构建较为丰富，但若想真正实现绿色可持续发展，必须进一步关注绿色供应链中企业的决策优化研究。

二、绿色供应链下企业的决策优化

由于绿色供应链中企业的运营与决策的研究广泛，企业管理者和学者需综合考虑环境与经济效益、多行为主体利益关系等多重因素，才能实现绿色供应链中企业策略组合的优化与改进（Porter 和 Van der Linde，1995）。因此，研究绿色供应链管理与企业绩效间的关系十分重要，当企业制定合理的发展策略时，不仅能提高自身效益，还能带来社会减排水平的提升（Carter 等，2000）。Lippmann（1999）指出在绿色发展的大环境下，企业关注自身和其所在供应链上的节能减排十分重要，给企业的运营决策带来了新的挑战。

针对绿色供应链中企业的制造和定价等决策的优化问题，Gong 和 Zhou（2013）构建了一个动态优化模型以探究碳排放约束下企业的最优生产决策，其中制造商利用传统或绿色技术生产单一产品且市场需求随机，研究结果为企业生产减排决策、政府碳交易政策的制定提供了参考价值。Xu 等（2016）分别分析了在碳排放总量限制机制、碳配额和交易机制下的两级绿色供应链企业的决策优化和契约协调机制，研究碳交易价格对集中决策和分散决策体系的不同影响程度，设计收益共享和两部定价契约机制对供应链进行协调。Xu 等（2017）则研究了由单一制造商和零售商构成的拉动式供应链运作模式下企业的生产和定价决策问题，在碳减排约束下分析零售商的最优订货量、制造商的最优减排水平和生产总量，并通过数值分析得到有实践价值的结论。

在绿色供应链决策研究中，不同学者引入不同的影响因素展开分析：Zhang 等（2019）在传统制造商向绿色生产转型的背景下，探讨了制造商的最优产品选择问题，引入制造商对产品低碳投入水平的道德风险问题，设计两部定价法进行供应链协调。Wang 等（2019）从企业的库存和定价决策展开分析，在碳约束下分别考虑单周期库存模型和政府补贴下的采购模型，同时探究消费者的绿色偏好对产品最优定价的影响，发现市场绿色度的提高会使零售商不计成本地采购绿色产品。Fang 和 Xu（2020）关注上游制造商在投入绿色运营和减排努力时，面临的资金约束问题，构建由制造商、零售商和外部融资银行组成的绿色供应链金融体系，研究绿色信贷融资等方式对企业减排和销售策略制定的影响。An 等人（2021）构建了由资金约束的制造商和供应商组成的绿色供应链体系，研究绿色信贷下的各企业减排决策问题。Li 等（2018）则考虑产品绿色特性同时影响消费者和企业成本的机制，分析不同定价策略、协调契约和信息共享环境模式的影响，构建制造商与下游竞争零售商间的博弈决策模型，利用两部定价法对绿色供应链进行协调。

对于中国的低碳发展情况，Zhu 和 Sarkis（2004）利用中国实施绿色供应链管理企业的实际数据，验证了绿色供应链管理已经成为中国企业提高绩效的重要途径。Paulraj（2011）则通过实证研究评估企业的资源和能力对绿色供应链管理绩效的影响，发现创新投资和战略采购决策是绿色发展的基础，指出企业绿色发展的首要任务是进行自身决策优化。在绿色供应链管理领域，企业不仅需要优化定价、生产及库存决策，更需要探讨企业的绿色发展和减排努力投入决策。现阶段的相关研究已有不少成果：Subramanian 等（2007）构建三阶段博弈模型优化企业减排投资决策，发现改变政府调控碳配额政策对清洁行业的影响程度大于高污染行业。Ghosh 和 Shah（2012）则以时装行业为研究对象，分析了供应链渠道的变化对企业减排和定价的影响，对减排成本和消费者偏好强度进行敏感性分析，通过两部定价契约协调供应链。Caro 等（2013）将碳足迹分析引入供应链决策模型，将碳减排形式分为两种情况：供应链各个企业获得碳配额并依据配额进行独立减排；供应链领导者统一负责碳减排，并将具体任务分配给个别企业。楼高翔（2016）在消费者绿色偏好与企业间存在信息壁垒的情况下，研究企业的减排投资决策并设计契约协调机制以激励企业投入，发现不仅政府碳政策对企业减排水平的影响显著，消费者绿色偏好强度的影响也同样巨大。Kuiti 等（2019）关注供应链中制造商和零售商都进行减排努力的情况：制造商进行产品生产环节的减排、零售商进行产品库存和运输环节的减排，两者均以自身利润最大化进行决策，设计契约合同对上下游企业间的合作进行协调。

第二节　消费者绿色偏好研究综述

消费者偏好是指市场中消费者对某种商品的喜爱程度，消费者根据自身意愿和支付水平，对商品的特征组合进行排序，反映出消费者个人的偏好。目前，随着环保意识的普及，越来越多的消费者在决策购买时，表现出更大的对绿色环保产品的偏好，引起了实业界和学术界的广泛讨论。本节主要从消费者绿色偏好及其对企业决策产生的影响等角度梳理相关文献。

一、绿色偏好对消费者决策的影响

随着碳排放量的增加和气候的变化，消费者越来越重视环境保护，尤其是开始关注企业的碳减排和低碳产品。考虑消费者的绿色偏好行为是近年来的研究热点，早期针对消费者低碳行为的研究主要以实证分析为主：Mainieri 等（1997）以美国洛杉矶的部分居民为研究对象，调研消费者环保意识对其购买行为的影响，结果发现环保意识对消费者购买绿色产品具有显著的积极作用。Choi 和 Kim（2005）则利用行为关系框架进一步确定了消费者绿色购买行为的关键影响因素，建立了解释模型，将环境因素作为影响消费者购买行为的关键前因。Vlosky（1999）利用美国木制品市场的调研数据，探讨愿意支付价格和木制产品环境友好程度之间的关系，发现消费者更倾向于购买环境友好度高的产品。Bertrandias 和 Elgaaied-Gambier（2014）进一步利用实验方法深入研究绿色购买行为的内在机理，通过构建针对性情境对受访者进行调查，发现影响消费者决策的主要因素包括产品的环境友好度因素。此外，Young 等（2009）以英国消费市场中的科技产品为例，调查绿色消费者的购买决策行为，发现产品的绿色标签能有助于消费者的集中购买，这需要政府出台相应的政策进行辅助和监督。

实证研究均指出，消费者在决策购买行为时具有低碳偏好，在经济水平允许的条件下，多数消费者会主动购买绿色产品，并且消费者的环保意识能极大地激励企业去提高减排投入水平。因此，大力普及环保意识，提高消费者的绿色偏好具有积极意义。许多学者从经济学角度进行分析，Schlegelmilch等（1996）、Mantovani 和 Vergari（2017）均指出产品的环保程度对顾客的购买意愿产生显著的正向影响，当购买符合环保标准的产品时消费者获得的效用更大。消费者在社会责任感的驱使下，愿意为价格较高但环保低碳的产品买单（Tully 和 Winer，2014）。Cao 等（2017）发现保护环境的责任心促使人们更关心绿色产品、激励企业生产和销售低碳产品。

在企业的实际运营过程中，虽然绿色环保意识的普及促进了消费者的绿色购买行为，但同时也给企业的决策优化带来了新的挑战。Salanie（1997）的研究显示，由于企业难以准确获取绿色消费者的偏好信息，导致其无法做出合适的生产定价决策，效率和利润均大幅下降。因此，进一步研究消费者绿色偏好对企业决策的影响十分重要。

二、绿色偏好对企业决策的影响

目前，已有文献针对消费者低碳行为进行大量分析，明确了消费者愿意为低碳产品付出额外的费用（Motoshita 等，2015），并且消费者的绿色偏好会显著影响整个供应链体系的运作，使企业有动力投入低碳减排努力，定价和减排的组合优化问题成为关注的重点（Cao 等，2017）。因此，消费者越来越强的低碳产品需求成了绿色供应链下企业决策时必须考虑的因素。在针对绿色供应链下企业的决策优化研究中，许多学者引入消费者绿色偏好，将其作为影响企业生产销售等决策和均衡利润的重要因素，Sarkis（2003）将环境因素纳入企业战略决策进行统一分析，构建了一个战略决策框架以辅助绿色供应链体系中的企业在新形势下优化自身决策。Ghosh 和 Shah（2015）在绿色供应链模型中，假设消费者具有环保意识和绿色行为，愿意支付更高的费用以购买绿色产品，构建博弈模型和契约机制优化企业的减排决策，探讨绿色偏好和契约机制的联合影响。

较多研究利用演化博弈模型分析企业在碳约束下的决策问题：王芹鹏等（2014）假设消费者具有低碳偏好且绿色供应链下的企业均投入碳减排努力，构建支付矩阵探讨上下游企业的减排投资行为，找到碳减排投资系数与分担投资成本比例间的均衡结果，指导企业制定契约机制进行协调。付秋芳等（2016）将消费者绿色偏好和减排的外部正效应两种因素结合，研究企业的减排决策行为并构建二级供应链体系下的演化博弈模型，发现企业的减排策略与减排努力投入收益相关度较高。进一步，焦建玲等（2017）在静态和动态的碳减排奖惩机制下，考虑政府与企业间的演化博弈问题，分析碳政策和企业减排决策之间的关系，研究表明市场碳交易价格同时影响政府监督成本和企业减排行为。

同时，许多学者利用目标决策优化模型研究消费者偏好对企业决策行为的影响：王明喜等（2015）在绿色消费市场中，重点关注不同的政府碳配额分配机制对企业减排成本和社会减排总量的影响，剖析企业减排路径和投资渠道，建立减排成本最小化模型并求解最优决策。Nouira 等（2016）在正向销售供应链设计过程中引入消费者的低碳偏好因素，发现消费者偏好对企业的设施选址、供应商选择、生产技术等决策均产生影响，并基于纺织业数据对模型的有效性进行了验证。杨宽和刘信钰（2016）关注有减排资金约束的中小企业的内部融资情况，在消费者具有低碳偏好的市场中，当零售商为供应商提供内部碳减排融资时，构建不同决策模式下的博弈模型并分别求解，发现低碳偏好和融资利率会显著影响企业利润和减排水平。李友东和谢鑫鹏（2017）在消费者绿色偏好和碳政策约束下，探讨减排成本分摊契约对供应链定价和减排决策的影响，构建博弈模型并求解，发现企业设计合理的契约协调机制不仅能提高碳排放水平，还能同时提升利润。

消费者绿色偏好不仅影响企业的减排投资决策，也会影响绿色供应链中各企业的合作效率，现有研究指出供应链成员间的合作减排能提高可持续发展性能，许多学者关注制造商与其上下游供应商、零售商的合作减排问题（Xia 等，2018；Wang 等，2018）。Luo 等（2016）探讨了两个竞争型制造商的定价及减排决策问题，并将消费者的低碳购买行为考虑在内。叶同等（2017）构建制造企业和供应企业组成的两级供应链模型，研究在消费者绿色偏好影响下的供应链联合减排动态优化与协调问题，在不同决策模式下分析企业的最优减排策略，发现与分散决策的主从博弈相比，合作博弈具有明显优势，对企业利润、社会减排和消费者均有利。李剑等（2016）基于经济订货批量模型，构建二级供应链博弈模型，同时考虑企业的碳减排决策和碳交易政策，发现除了消费者绿色偏好，合理调控碳配额和碳交易价格也能有效促进企业碳减排努力。Gerlach 和 Zheng（2017）则研究了消费者的绿色能源偏好对电力公司投资的影响，设计三种不同的激励机制对企业在绿色和非绿色能源生产决策进行监管与优化。许多研究发现，不仅消费者低碳偏好对企业决策产生影响，政府碳政策约束也极大地影响着企业的决策行为，引起了越来越广泛的关注。

第三节　政府碳政策规制研究综述

新冠疫情导致的退全球化破坏了低碳制造与跨国减排合作的良好势头，对各国政府管控制造企业的过度碳排放提出了更高要求（Goldthau 和 Hughes，2020）。首先，欧洲、北美最早提出利用碳税、碳配额-交易、碳标签等政策，限制产品生产、销售和使用过程中的碳排放（Lin 和 Jia，2020）。中国政府注重发展碳减排、提倡企业绿色制造，承诺至 2030 年单位 GDP 的碳排放强度较 2005 年下降 60%-65%，在 2060 年前实现碳中和（Smriti，2020）。因此，设计碳政策以保证在激励企业碳减排行为的同时保持经济稳定发展，成为各国学者的研究重点。

一、政府碳政策的发展

1997 年多国签订的《京都议定书》中提出清洁发展、联合履约和基于碳配额的碳权交易的三种碳政策机制，国内外学者对此展开研究：陈林和万攀兵（2019）的研究指出，碳配额-交易机制是现行能提高社会总减排水平的有效途径，政府在实施碳排放权交易政策时一定要公平公正地分配碳配额（林云华等，2008），当企业的实际碳排放量超过了政府碳配额，就需从碳交易市场购买额外的碳排放权，反之则可出售剩余碳权（Xu 等，2016）。杜少甫等（2009）研究了政府实施碳排放许可与交易政策后，对有高污染、高排放型企业的生产决策的影响，构建排放权交易机制下的最优生产模型，结果发现生产制造企业可通过权衡政府碳排放配额、碳交易市场和减排投入等多渠道来满足碳减排约束。李长胜等（2012）则以高耗能的钢铁行业为例，构建两阶段动态博弈模型，研究政府不同的碳税政策对减排成本、社会福利和企业利润的影响，发现比起统一化征收碳税，差异化碳税政策可以减低减排成本、提高社会福利。Gao 等人（2020）研究中国为应对气候变化而制定碳减排目标，其中发挥重要作用的碳排放交易机制。利用 2005-2015 年中国 30 个省份 28 个行业的生产排放数据，采用双重差分法评估碳政策的有效性，发现中国现行碳交易政策能有效降低生产环节中的碳排放总量。

随着低碳产品市场的扩张，单一碳交易政策难以使企业适应多变的市场需求，2015 年中国政府进一步出台了绿色产品认证的管理实施办法，计划利用多种碳政策组合激励企业碳减排（Liu 等，2016）。2020 年中国各省市碳排放数据显示，碳配额-交易机制对生产侧的减排激励效果高于消费侧（Guo 等，2020），研究发现政府通过调控碳市场的碳交易价格，能有效降低企业碳排放总量、加速减排目标的实现（Stern，2008）。但在碳政策约束下，企业往往要投入额外成本以实现减排目标（Figueres 等，2018），Gao 等（2020）重点政府研究针对不同绿色技术的低碳产品，制定碳标签政策的有效性，运用博弈优化理论，构建零售渠道和直销渠道不同销售模式下的最优定价策略、绿色标签标准和补贴策略，为政府碳标签政策的制定提供了参考价值。Chen 等（2021）则利用数据包络分析法和 2002-2014 年中国煤电行业的实际数据，分析影响产业产出的关键因素。研究发现，在碳减排约束下，除了技术创新和设备效率等关键因素，环境政策规制的欠缺也显著影响着企业的低碳改革和绿色发展。

二、碳配额-交易和碳标签政策

为了提高社会碳减排水平，政府需要实时调整碳政策以适应不同阶段的发展，仅根据历史排放数据制定碳配额-交易政策只能使特定企业获得利润（Fischer 和 Fox，2007；Lund，2007），目前中国主要实行两类碳政策：碳配额-交易政策和碳标签政策。首先，随着碳配额和交易政策对企业生产定价决策影响的增加，从 Benjaafar 等（2013）开始，众多学者将其引入绿色供应链体系进行分析。Girod 和 Haan（2010）通过分析消费者的低碳偏好程度，构建了低碳影响型效用函数，Du 等（2015）进一步修正提出了碳排放依赖型偏好函数。Cao 等（2017）研究碳配额-交易机制下的企业最优碳减排决策，Wang 等（2018）研究了碳配额机制对供应链生产计划和减排策略制定的影响。因此，许多学者关注碳约束下供应链中不同类型企业的决策问题（Ren

等，2015），Chai 等（2018）关注闭环供应链中再制造商受到碳约束的决策情况，Ji 等（2017）则研究双渠道供应链中企业生产决策受碳排放政策约束的影响；马秋卓等（2015）将碳配额和交易政策与企业产品定价和碳排放策略结合，为政府策略制定提供指导意见；Du 等（2016）讨论了碳排放权交易机制下消费者低碳偏好对制造商生产决策的影响。在供应链合作减排方面，Yang 等（2018）考虑主导制造商与其下游零售商，在碳排放约束政策下进行合作减排决策的模型，而赵道致等（2016）则构建了主导制造商与其上游供应商的合作减排模型。

针对碳标签政策的研究多从实证角度展开：碳标签政策是指政府通过自定碳标签标准或监督企业自行制定两种方式，授予产品碳标签，帮助企业将产品的低碳水平等信息传递给消费者。Gallastegui（2010）发现当消费者偏好多样且企业生产多类型产品时，第三授权方介入并评估产品、授予低碳标签是帮助消费者区分产品属性的有效手段；碳标签是检测产品从原料、生产、储存、运输到回收的全生命周期中的温室气体排放量、反映产品绿色程度的有效方式。Bernstein 和 Cashore（2010）指出制定合理的碳标签授予政策十分重要，标准过高或过低都会导致政策失效。调研表明，通过提高产品碳标签的信息质量，可以影响消费者偏好，信息完整的碳标签对消费者购买低碳产品的偏好有积极的促进作用；而 Emberger-Klein 和 Menrad（2018）则通过实证研究证明了改变消费者购买行为是节能减排的重要途径；Li 等（2017）指出消费者对碳标签的接受和信任程度能直接促进其绿色偏好，进而扩大绿色产品市场。碳标签的实际应用广泛，产品在被授予碳标签后，对绿色消费者需求的促进效果显著（Cho，2015）。Zhou 等（2019）深入研究了碳标签的位置效应，即碳标签在产品包装上的具体位置对消费绿色产品选择的影响，发现不同位置的碳标签对产品需求的影响具有显著差异，侧面证明了政府碳标签政策对绿色市场发展的重要性。

中国政府重视碳政策组合对绿色发展的作用，同时实行碳配额-交易、碳标签政策。Friedrich（2018）的研究表明碳政策的合理制定十分关键，当碳配额分配不均、碳交易价格不合理或碳标签信息不完整时，会引起市场需求和社会福利的下降。同时，Zhao 等（2018）调查发现，中国消费者的低碳意识虽已达到能影响购买行为和企业利润的水平，但消费者对低碳标签的理解和接受度薄弱、企业与消费者间存在信息壁垒，导致识别的碳标签信息与产品真实信息间存在差异，造成误导消费者决策的不良现状（Delmas 和 Lessem，2015）。上述研究大多在实证层面考虑政府碳政策组合对消费的影响，但同时碳政策也对企业决策产生显著影响。

三、碳政策对企业决策的影响

随着低碳政策的实施与推广，由于在碳政策约束下，企业往往要投入额外成本以实现减排目标（Figueres 等，2018），因此越来越多的学者开始讨论碳政策对企业决策和社会福利的影响效果和机制。Toptal 和 Cetinkaya（2017）在碳税和碳交易两种政策下分别研究供应链企业间的合作减排问题，在企业最小化库存成本的目标下，探讨分散和集中决策下不同补货策略的影响，设计相应的协调激励机制。Du 等（2016）则在碳政策下，考虑了低碳溢价对企业生产决策的影响，在不同条件下分析了制造商是否选择低碳生产的临界条件，发现碳政策可以有效调控碳排放量并激励企业的绿色生产。He 等（2017）在不同碳政策下重点研究制造商的最优生产计划制定问题，同时考虑企业和政府分别以自身利润和社会福利最大化进行决策。闫冰倩等（2017）考虑碳政策对不同行业的影响，以对碳政策较为敏感的电力行业、采矿业等作为研究对象，利用投入产出价格理论构建了碳交易机制下的全局价格传导模型，针对性地分析政府的补贴政策，为企业决策提供依据。

碳政策不仅影响企业决策，对绿色供应链的运营效率也产生影响。Kerr 和 Cramton（2002）指出，碳排放政策的有效制定可以减少企业在减排初期的成本、提高绿色供应链的运作效益。因此，Song 和 Leng（2012）在碳排放政策下利用报童模型进行建模分析，分别针对碳限额、排放权交易等政策展开研究，发现碳交易政策不仅能提高企业利润、减少碳排放，对整个供应链体系的运营也产生显著影响。Du 等（2013）则研究排放依赖型供应链，构建了由排放许可供应商和排放依赖制造商组成的供应链体系，研究政府碳配额和交易政策对绿色供应链下企业的影响。Cao 等（2017）的研究发现合理的碳排放权交易和碳补贴政策对整个绿色供应链的碳减排水平和绩效具有积极促进作用，Wang 等（2018）则研究了碳约束政策对供应链中各企业的生产计划和减排策略组合决策的影响。

近年来针对多种碳政策组合的研究十分丰富，Zhu 等（2019）研究政府针对再制造市场发展所制定的两种策略：补贴政策和限额政策，考虑在碳约束的前提下，不同干预手段对企业决策、利润和市场需求的影响，发现碳限额政策虽然会降低企业利润，但对社会整体减排水平的促进作用更强。Zhang 等（2019）在碳配额和交易政策下，在三种供应链博弈模式下，分别探讨企业投入减排努力和购买碳权决策，发现政府倡导消费者的绿色消费，有助于社会减排水平和企业利润。Tian 等（2019）在政府规制约束下，构建制造商在正向销售渠道竞争、逆向回收渠道合作的决策模型，考虑回收市场规模效应对均衡决策的影响，为企业在面对不同竞争情境时制定回收和定价策略提供参考价值。Xia 等（2020）分析不同生产方式下的碳政策对绿色供应链的影响，建立了企业生产绿色产品和普通产品之间的博弈决策模型，对比分析了低碳约束对售价、需求和企业利润的影响，发现当企业同时生产多种类型产品时，只有市场消费者绿色偏好达到一定规模，低碳约束才能促进企业的低碳投入。

第四节　绿色闭环供应链研究综述

由于全球气候变暖带来环境问题的急速恶化，政府加大力度控制碳排放量、出台各类碳政策已经成为世界各国的共识（Chen 等，2017；Huo 等，2018）。工业制造等活动虽有利于社会经济，但日益扩大的生产规模和新产品数量，会造成资源过度开发的不良局面（Bonney 和 Jaber，2011），若不能实现有效的回收，不仅不能达到环保的目的，还会对环境造成恶劣的影响（Chao 和 Wang，2019；Boyabatl 等，2019）。在绿色可持续发展理念下，不仅要重视企业的碳减排决策问题，构建有效完整的回收体系、制定明确的回收政策并设计合理的协调机制，也能达到保护环境、增加经济效益的目的，具有巨大的社会价值和研究意义（Liu 等，2017）。因此，现阶段的研究较多关注废旧产品的回收问题。

一、绿色供应链下企业的闭环回收

在绿色供应链的研究中，闭环供应链是必不可少的重点，许多学者在绿色闭环供应链下研究企业决策：Guide 和 Wassenhove（2002）指出闭环供应链在企业开展废旧品回收再制造业务时形成，是指企业对回收产品进行处理和重新利用的过程。Sasikumar 和 Kannan（2008；2009）关注产品的回收再制造环节，针对逆向物流供应链进行研究，通过回顾已有文献，对逆向回收相关研究进行分类，为未来研究提供明确方向。Savaskan 等（2004）指出旧产品的回收再利用具有极大的潜在价值，Rubio 等（2007）深入分析总结了运营管理领域的有关逆向物流的文献，并探讨了研究的主题、方法和技术。在其基础上，Ilgin 和 Gupta（2010）对绿色制造和产品回收的研究进行回顾总结，讨论了近十年相关研究的演化历程，将其分为绿色产品设计、闭环供应链、回收和再制造等多个方向。

根据中国的发展现状，越来越多的学者开始关注新能源汽车行业的电池回收问题，Gaines 和 Singh（1995）分析了新能源汽车不同种类电池回收对环境的影响，发现新能源汽车对环境有利，但电池回收不到位也将会对环境造成极大危害，提出了从电池设计与制造源头进行解决的建议；Jungst（2001）进一步说明电池回收再利用的必要性，并提出回收的合理方式；Beer 等（2012）研究了电动汽车电池回收利用的途径选择，认为将电池进行集中回收处理，有利于实现其经济和环境效益；此外，Sathre 等（2015）认为电动汽车电池的回收再造能实现二次重复利用的效益最高。这些研究从理论和实证上都证明了电池回收再利用的巨大社会效益和经济效益。但是，现阶段废旧电池的回收情况却不容乐观，梁玲等（2015）发现汽车旧件供给成为再制造生产的瓶颈，相应地提出了促进汽车旧件回收数量与效率的策略建议；针对中国的电池回收现状，Gu 等（2017）调研、分析了回收率低下的原因，并提出了相应的管理意见。虽然现阶段的回收面对着诸多问题，但是 Hao 等（2017）根据 2025 年中国新能源动力汽车的预测数据，发现未来的电池回收仍然将带来巨大的利润。

为了提高废旧产品的回收效率，设计合理有效的闭环供应链体系十分重要，闭环供应链凭借其在环保和资源节约方面的优越性被广泛研究，许多学者关注不同主导模式的影响，Savaskan 和 Wassenhove（2006）等发现当制造商在供应链运作中占主导地位时，由零售商负责回收废旧品是最优选择；进一步，Giovanni 和 Zaccour（2014）证明了强势的制造企业在选择外包时比较注重服务质量，在零售商和第三方企业服务质量相同的情况下，会将业务外包给零售商；而当零售商主导供应链时，Draganska 等（2010）发现零售商权力的增强会使制造商利润降低，但使供应链整体利润增加；Amrouche 和 Yan（2013）研究发现，零售商主导的供应链系统对弱势零售商有利，但不利于制造商。进一步，付小勇（2014）则研究了双回收渠道竞争下的回收模式选择问题；张福安等（2016）则在正向和逆向供应链主导企业不同的情况下，研究了闭环供应链的定价策略和协调机制；陈军和田大钢（2017）在前人研究的基础上，发现回收价格和销售价格对各方回收模式的选择有显著影响。同时，消费者的偏好程度也会影响绿色闭环供应链下的企业决策和利润。

二、闭环供应链中的消费者偏好

在绿色闭环供应链中，消费者的决策行为不仅受其绿色偏好的影响，也受其对新产品或再造品的不同接受程度的影响。Debo 等（2005）以新产品与再制造产品对消费者的不同影响程度为研究前提，利用回收再制造投入决策和价格歧视策略划分消费者市场，为闭环供应链下对消费者偏好的研究奠定了基础。程永伟（2012）考虑市场中差异化的消费者偏好，构建闭环供应链中企业合作和非合作的博弈模型，得到均衡策略，分析产品回收率和偏好程度对最优决策的影响，研究发现企业间的合作有利于降低再制造成本、扩大再制造市场，但不利于消费者剩余。刘东霞和谭德庆（2014）则针对二手市场中耐用品垄断企业进行回购的情况，利用消费者效用模型，构建两期动态决策模型并进行最优求解，结果表明只有当生产成本和再造成本低于临界值时，企业才会进行回购和再制造，同时再制造还会对二手市场造成挤兑效应，新产品成本越高，挤兑效应越明显。在绿色闭环供应链的研究中，陆瑶和李艳冰（2015）关注消费者绿色的产品需求对企业回收再制造效率的作用，设计契约机制对企业间的合作进行协调，研究发现绿色偏好消费者的市场比例越高、偏好程度越强，都会促进企业提升再制造率，同时零售商可通过实施环保补贴等策略协调供应链。

绿色闭环供应链中的不同企业均有可能负责回收再制造业务，Xiong 等（2016）指出废旧产品的再制造不仅可由制造商负责，零部件供应商也能开展回收再制造业务，对比了制造商负责再制造和供应商负责再制造两种模式，发现当再制造成本高至一定程度时，消费者和制造商更偏好于制造商再制造的模式，而成本下降后，供应链各企业和消费者均会选择供应商再制造的模式。张芸荣和陈志祥（2017）则考虑消费者绿色偏好对再制造产品需求的影响，分析两种零部件回收策略下的供应链合作模式，构建两阶段博弈模型，对比分析供应商回收和制造者回收模式下的最优决策，结果表明，在制造者回收模式下，消费者绿色偏好对价格策略的影响均与生产新产品的决策无关，而在供应商回收模式下，绿色偏好对产品售价的影响与生产决策相关。进一步，高举红等（2018）分析消费者市场的细分变化对闭环供应链企业定价决策的影响，探讨普通消费者和绿色消费者对新产品、再制造品和二手产品的偏好差异，通过求解博弈模型发现新产品和再制造品的价格随着绿色消费者占比的提高而升高，二手品价格则会降低。绿色消费者的增多和绿色偏好的提高都有利于促进废旧产品的回收效率，增加闭环供应链的整体利润。

同时，许多学者在考虑消费者偏好的基础上，研究闭环供应链下企业的差异化定价策略：Ferrer 和 Swaminathan（2006）在两阶段回收再制造供应链模型中，针对市场中不同的新品或再造品的选择策略，构建闭环供应链的差异化价格决策模型并进行均衡分析。Atasu 等（2008）则根据不同成本、技术投入和物流结构的区别，同时考虑消费者异质性、制造商间的竞争和产品生命周期的影响，研究不同模式下闭环供应链的运作效率，研究发现绿色市场细分规模在一定程度上能促进企业进行回收再制造，使企业通过制定差异化价格策略提高利润。王文宾和达庆利（2010）分别构建基于第三方企业或零售商的不同回收模式的闭环供应链体系，讨论回收努力和差异化定价策略对企业决策和利润的影响，发现零售商回收模式比第三方回收的效率更高、产品的售价更低。进一步，彭志强等（2011）考虑消费者购买决策行为影响下的闭环供应链差异化定价策略，构建三阶段动态博弈模型，研究表明消费者偏好不仅影响企业的歧视性定价策略和利润，还影响废旧品的再制造率，当消费者的接受程度更高时，再制造率的波动性更小。丁雪峰等（2013）将消费者环保偏好引入奢侈品闭环供应链进行研究，发现消费者绿色环保偏好对再制造产品的价格策略会产生差异化影响，当两种偏好消费者比例满足一定条件时，企业实施相应的价格歧视策略可提高利润，为企业提升绿色水平的实现路径提供了参考价值。近年来，随着政府对节能减排的重视，碳政策对企业决策的影响愈加显著，Yenipazarli（2016）就同时考虑了碳税政策和企业的闭环回收，研究碳政策对回收再制造企业最优生产和定价策略的影响，探究在何种碳政策条件下，企业能在降低碳排放的同时提高自身利润，为闭环供应链企业的价格策略制定和政府碳政策的实施提供参考和依据。

三、政府政策对闭环供应链的影响

在低碳发展的前提下，政府出台并实施多种碳政策以制约企业的生产制造，这对闭环供应链下企业的回收、定价和减排决策也产生影响，引起了广泛的讨论：早期研究中，Lee（2008）将政府奖惩机制引入闭环供应链中，设计由制造商负责回收再制造、零售商负责销售的二级闭环供应链模型，研究政府通过对零售商销售收取预付回收费来补贴制造商进行再制造，研究表明当政府不实施奖惩机制时，制造商的回收率和利润都会较低，不利于绿色闭环供应链的发展。同时期，Mitra 和 Webster（2008）则建立由制造和再制造企业组成的二级闭环供应链体系，分别在补贴制造商、再制造商或者共同补贴三种情况下，研究政府激励机制对回收再制造效率的作用。进一步，Sheu 和 Chen（2012）关注政府干预政策对绿色供应链竞争的影响，构建三阶段博弈模型并求解最优决策，结果表明政府采取绿色税收和补贴政策时，企业进行低碳生产的积极性会更高，同时对回收再造零部件供应商实施低价批发策略，也会提升制造商的减排努力。Ma 等（2013）指出政府在闭环供应链运作中的重要地位和作用，关注消费补贴政策对线上线下的双渠道闭环供应链的作用，发现政府补贴政策有利于回收市场的扩张，可同时提高零售商和制造商的利润，但对电商零售商产生不确定的影响。Zhang 等（2013）则在政府补贴机制下，重点研究企业回收策略对供应链的影响，发现政府激励政策虽然会提高市场回收率，但企业利润却非一直上升，可以设计收益共享契约以实现供应链的协调。

在碳政策约束下，供应链中企业的角色可能发生转变，Du 等（2015）集中在碳限额和交易政策对排放依赖型企业的影响展开研究，发现非盈利的绿色组织或企业会在碳约束下担任碳排放权供应商的角色，因此影响整个供应链的决策优化问题。Ma 等（2016）构建由制造商、零售商和竞争回收商组成的三级闭环供应链模型，设计并比较分析不同的供应链联盟机制和政策，发现合作策略不仅能提高企业利润，也能扩大回收再制造规模，促进可持续发展。进一步，He 等（2019）在双渠道闭环供应链的基础上，研究政府对竞争型新产品和再造品的补贴政策，构建三种销售和回收渠道模式，分别对企业最优决策和政府最优政策的制定提供建议。Zand 等（2019）构建了由制造商和零售商组成的线上线下双渠道闭环供应链模型，分析企业最优减排决策和政府碳限额政策的制定，发现政府提高对产品绿色水平的标准可促进废旧产品的回收，也能同时提高零售商的利润，对社会减排和企业发展均有利。Toktaş-Palut（2021）在经济效益与绿色发展相结合的政策背景下，构建了多级供应链与逆向回收相结合的博弈模型，优化制造商减排投入决策并设计两部定价法契约对绿色供应链进行协调。

第五节 供应链契约协调机制研究综述

由于供应链决策体系中普遍存在的双重边际效应，大大降低了企业决策和合作的效率，为了消除该效应对供应链中企业利润的影响，设计并实施合适的契约机制进行协调成了可持续供应链发展的必然选择，供应链契约的合理设计、选择和有效实施，能够达到协调供应链、提高运作效率的目的，从而使供应链的利润水平实现最优，引起越来越多学者的关注和深入研究。

一、契约协调机制的发展

发展初期，由 Cachon（2003）提出的供应链契约机制主要包括批发价契约、回购契约、收益共享契约、成本分担契约、数量柔性契约和数量折扣契约，不同契约机制适用于不同的供应链合作模式，其中与本书研究密切相关的主要有以下三种契约机制：

（一）批发价契约

批发价契约是供应链契约中最常见的一种合同形式，是指下游企业向上游供应企业支付一定的批发价来获取产品的模式，市场需求变动的风险全部由零售商承担，而供应商能够获得确定性的利润。批发价契约以其简洁且容易实施的优势引起了广泛讨论：Bresnahan 和 Reiss（1990）以博弈理论构建供应链模型，研究市场需求确定情况下的批发价契约，并对契约的形式和效果进行了分析。Lariviere（1999）则进一步在市场需求随机的条件下对批发价契约展开研究，构建单期报童模型，结果发现当市场需求单调递增时，制造商存在最优批发价策略，且批发价契约下零售商的需求量总小于供应链的最优需求量。在其基础上，Qi 等（2004）引入需求中断现象进行统一研究，发现生产计划中断会使供应链系统的成本急速提高，因此需利用批发价契约和数量折扣契约，求解供应链协调下的利润最大化条件，为企业决策提供指导意见。Cho 和 Gerchak（2005）则同时考虑供应链下游企业的运营成本，基于报童模型下关于批发价契约的研究，讨论能降低投资成本的企业最优策略，为了提高批发价契约下的供应链效率，设计回购、收益共享和固定费用契约进行协调。此外，于辉等（2006）聚焦于实施批发价契约的企业面对紧急事件的情况，在需求随机的假设下求解企业的最优决策。毕功兵等（2013）关注传统批发价契约难以协调供应链各成员的现状，在市场需求随机的情况下研究不公平厌恶因素的作用机理，构建模型并分析不同情况下的均衡结果，拓展了批发价契约的适用范围。

但是，在批发价契约合作下的供应链极易出现双重边际效应，美国经济学家 Spengler 在早期产业组织行为学的研究中发现，当供应商和零售商具有不同的边际成本且各自以自身利益最大化进行决策时，供应链系统会经历两次加价现象，引发渠道冲突，使利润下降，因此需要设计并实施不同的契约协调机制以消除双重边际效应。

（二）收益共享契约

供应链实现协调的关键是找到一种有效的激励机制，消除上下游企业合作时的双重边际效应，达到整体的最优利润。其中，有效且被广泛应用的机制包括收益共享契约，它是指供应链中的某一企业，根据契约合同，将其一定的收益给予其合作企业，作为合作补偿或获利前提。Cachon 和 Zipkin（1999）发现在一定条件下，合理的供应链契约可以给各合作企业都带来经济效益。Cachon 和 Lariviere（2005）认为收益共享契约是零售商向供应商支付批发价格的同时，再给予供应商自身销售收入的一定百分比，与批发价契约相比，这种合作模式在特定行业具有更大优势，能提高供应链运作的整体利润水平。Chauhan 等（2005）构建制造商和零售商组成的两阶段供应链模型，求解均衡决策并分析各方效益的变动情况，发现收益共享契约可以有效地提高各参与方的利润。Yao 等（2008）则关注由垄断制造商和竞争零售商组成的供应链的收益共享契约协调机制，在报童模型基础上，研究制造商作为主导方决策收益共享系数的情况，发现收益共享契约比批发价契约能更好地提升供应链绩效。Giannoccaro 和 Pontrandolfo（2004）进一步拓展至三级供应链的协调问题，通过理论模型优化和数值模拟分析，证明收益共享契约的有效性。Gerchak 和 Wang（2009）则在装配系统和随机需求的背景下，对比收益共享契约和批发价契约的协调效率，研究表明批发价契约下的渠道绩效随供应商数量的增加而下降，收益共享契约则不会造成利润损失。

近年来，研究更多地在不同的供应链体系下设计契约协调机制：林志炳等（2010）在同时考虑企业具有损失厌恶的基础上，研究离散供应链体系中的最优订购策略，利用收益共享契约协调企业合作问题，发现企业不仅共享其利润，还会对可能存在的损失风险进行共担。胡本勇和王性玉（2010）则在传统收益共享契约基础上，构建演化契约模型，利用委托代理机制进行分析，同时研究销售商的最优共享比例和成本分担比例决策，证明收益共享契约的有效性。Zhao 等（2020）研究在两个制造商和一个零售商的二级供应链中，制造商在不同合作与竞争模式下制定货架布局与价格策略，通过设计收益共享契约下的寄售合同实现供应链的协调。Vedantam 和 Iyer（2021）在闭环供应链体系下设计收益共享契约，研究供应商和第三方再制造商的预付款与收入分成合同机制，探讨风险规避和质量不确定因素对最优合同的影响。Li 等（2018）考虑供应商与零售商共同投资的情况，由于不同企业对项目的选择和投资决策差异较大，因此需设计收益共享契约对合作进行协调，模拟结果发现收益共享契约比批发价等契约更具优势，在一定分成比例下，供应链可以实现完全协调。

（三）成本分担契约

成本分担契约与收益共享契约相似，也是消除供应链合作中的双重边际效应的有效契约机制，它是指供应链中的某一企业主动或被动地分担其合作企业一定比例的成本，以激励合作的积极性。Chao 等（2009）针对企业提升产品质量的途径，指出制造商与供应商共同分担一部分的产品召回成本，可以激励质量改进努力。在考虑道德风险的影响下，设计两种成本分担契约机制对供应链进行协调，实现供应链整体利润的最大化。姬小利（2006）将市场需求刻画为受零售商促销活动影响的内生因素，分别构建集中、分散和成本分担契约协调下的决策模型，优化企业的促销水平努力和订购量决策，对比分析不同契约下的供应链效率。禹爱民和刘丽文（2012）则针对线上线下双渠道销售的供应链体系，在随机需求和联合促销策略的影响下，设计成本分担契约机制以协调制造商和零售商之间的价格竞争问题，发现分担比例会在一定条件下激励零售商的促销努力。进一步，刘学勇等（2012）讨论产品召回情况下的成本分担和质量激励机制，发现成本分担合同能够使企业的努力水平、产品质量、定价和市场份额达到最大化，实现供应链的协调。

此外，越来越多的学者在不同供应链合作模式下研究成本分担契约：王道平等（2016）在双渠道供应链中引入供应商管理库存模式，考虑联合促销策略和双渠道下的搭便车效应，研究发现当制造商承担一部分零售商的促销成本后，双渠道间搭便车效应会被放大。针对绿色供应链的协调问题，Ghosh和 Shah（2015）探讨成本分担契约对各企业减排努力决策的影响，明确契约机制对产品绿色度、价格和企业利润的作用，设计零售商提供成本分担、制造商与零售商协商成本分担两种类型的契约模式。进一步，Li 等（2019）则将收益共享和成本分担契约机制相结合，研究其对企业绿色减排努力的影响，指出零售商为了激励制造商参与低碳供应链，在不同市场环境下应实施不同的激励机制的组合。工业 4.0 发展强调企业的分散决策行为，因此设计合理的契约机制对供应链进行协调十分必要。Ghosh 等（2020）指出影响绿色供应链可持续发展的因素还包括企业品牌战略推动的溢价效应，研究发现设计成本分担契约，可以有效提高价格敏感消费者的效用和企业减排水平。Sharma 和 Jain（2020）将公平关切引入绿色供应链进行分析，构建制造商投入减排、零售商负责销售的供应链模型，分析公平厌恶特性对均衡决策的影响，设计成本分担契约可有效协调供应链合作。

二、供应链的合作减排契约

对绿色供应链中的企业来说，上下游企业间的合作减排是低碳可持续发展的重要途径。Vachon 和 Klassen（2008）以北美部分制造商为研究对象，关注绿色合作活动对企业绩效的影响，合作是多维度的，包括联合目标设定、共享环境规划以及共同努力减排等，研究发现供应链上下游间的合作减排的优势明显，有效的合作能显著提高企业利润。Gilbert（2009）研究则表明上下游企业建立合作关系后，减排效率与利润水平都会有所提升。Gold 等（2010）则针对企业间的绿色合作行为对企业间的合作竞争模式展开研究，研究表明供应链中的有效合作模式将成为企业的核心竞争优势来源，有利于企业同时实现经济和环境效益的最大化。谢鑫鹏和赵道致（2013）聚焦于清洁发展机制，探讨在碳政策约束下供应链各企业进行合作生产和减排决策的问题，构建博弈模型分析上下游企业在不同合作情境下的减排效果和利润，结果发现当企业在减排和生产两个维度上均达成合作时，减排水平和企业利润均能达到最高，指出供应链合作减排契约的合理设置对社会福利和减排总量的提升均有促进作用。

同时，许多研究者考虑不同类型供应链中的合作减排模式，Xu 等（2017）在闭环供应链中讨论合作减排策略的影响，构建模型并分析不同情境下的最优减排策略的制定与调整。Du 等（2017）通过研究发现，当企业进行合作减排而非独立决策时，减排效率更高，因此设计合理的供应链合作契约，对企业利润和减排效率均有积极影响。Zhou 等（2016）关注通过契约优化供应链决策的问题，同时考虑合作广告合同和减排成本对企业决策的影响，分析不同模式下的最优策略，并设计收益共享契约实现供应链体系的协调。在此基础上，Yang 和 Chen（2017）则在考虑政府碳税政策和消费者低碳偏好时，分别研究收益共享和成本共担契约对制造商减排努力和企业利润的影响，结果表明无论零售商采取何种契约以激励制造商减排，只要消费者具有低碳偏好或政府实施碳政策，制造商均会进行减排努力。游达明和朱桂菊（2016）同时研究绿色供应链的研发、合作促销与定价的问题，综合考虑价格和非价格因素对市场需求的影响，对比不同情形下的企业均衡决策，发现集中决策可以同时实现经济和环境绩效的提升。赵道致等（2016）研究由单一制造企业和供应企业组成的绿色供应链中的合作减排与协调机制，结果发现合作减排能有效提高企业的减排总量及利润。

在低碳发展目标下，供应链中各成员均会受到绿色发展要求的约束，但由于企业普遍进行分散决策且均以自身利润最大化为目标，导致难以实现供应链整体利润的最优。因此，许多学者开始讨论绿色发展下企业间的合作与协调问题，通过设计有效的契约机制，实现供应链的整体最优。

三、供应链契约协调机制设计

研究发现，当供应链中多方企业合作时，企业或渠道间的竞争会使供应链利润下降，需要契约进行协调。Cachon（2003）指出，供应链协调的实现就是达到分散决策与集中决策下个体行为的一致。早期对协调机制的研究普遍集中于传统供应链：Kunter（2012）设计了零售商向制造商支付费用、双方共同分担制造商的努力成本的供应链契约；同时，针对供应商分担零售商成本的情况，Tsao 和 Sheen（2012）指出若该分担比例的范围合理，双方均可获利。Xie 等（2017）针对回收率变动影响企业策略制定的现实问题，在双渠道闭环供应链体系下，通过设计收益共享契约实现供应链的协调，同时提高企业回收效率和利润。刘宇熹等（2018）则针对由再制造企业和消费者组成的租赁服务系统，构建产品租赁服务下的收益共享契约优化模型，制定企业的最优策略。谢家平等（2017）在正向、逆向两阶段的供应链下设计收益共享契约，研究正、逆供应链的分成比例对于制造商、零售商的利润最大化策略的影响。

随着绿色可持续发展重要性的提高，碳政策约束下供应链的合作与协调问题成为企业面临的主要难题，引起了国内外学者的关注：周艳菊等（2015）针对减排成本过高导致的绿色产品需求较低的问题，构建制造商和零售商组成的两级供应链，设计减排成本分担契约对供应链进行协调，发现合理的契约可使低碳产品的订货量增加、价格降低，并能提升企业的利润。在低碳供应链中，碳排放权成为契约优化与协调的主要对象，刘琦铀等（2016）在碳交易政策下，同时考虑企业减排和公平关切行为，讨论不同分配方式下的制造商设计两部定价契约以实现供应链的协调。杨仕辉和王平（2016）在碳配额和交易政策下，利用收益共享契约优化绿色供应链，结论指出该契约能在降低碳排放的同时提高各企业的利润，为供应链上下游企业通过契约展开合作提供了理论依据和政策建议。Wang 等（2016）考虑消费者低碳偏好对合作减排水平的影响，设计成本分担和批发价契约，促进零售商与制造商的联合减排效率，提升供应链总体利润。徐春秋等（2016）则进一步考虑下游零售商宣传上游制造商的减排行为以获得更大市场这一情况，消费者同时受制造商减排投入和零售商宣传投入的影响，结果发现设计合适的成本分担契约可以实现供应链的帕累托改善，且随着制造商边际收益的提高，改善效果越明显，越有动力分担零售商的宣传成本。Wang 等（2017）聚焦于政府碳税政策，构建分散式三阶段博弈和集中式两阶段博弈模型，分别求解政府和企业的最优决策，发现集中式供应链对政府和企业均更有利，但现实中的集中合作模式难以达成，需要设计契约机制进行协调合作。Xu 等（2018）研究了碳配额和交易政策下的双渠道供应链协调问题，设计改进收益共享契约对供应链进行协调，结果表明，政府严格的碳约束可有效降低碳排放总量，供应链利润随着消费者低碳偏好的增强、协调契约的实施而提高。

第六节　绿色创新协同体系研究综述

1912 年，奥地利经济学家 Schumpeter 在《经济发展理论》一书中首次提出了创新理论，自此之后，对创新的研究越来越丰富，直到 1987 年，Freeman 首次提出国家创新体系概念，引发了国家创新体系研究的热潮。随后，Nelson 在国家创新体系的基础上进一步发展，由他所编著的《国家（地区）创新体系：比较分析》一书，被誉为创新体系研究的奠基性著作，该书重点考察了产业、大学、政府政策、研发配置、资金来源和公司特征六个方面，这一创新体系的划分也为后来的研究者提供了主要的理论分析框架。此后，随着东亚地区经济的快速崛起，以日本、韩国和中国为代表的国家逐渐从技术模仿者向技术创造者转变，引起国际学术界对这些区域创新体系的广泛关注，许多研究开始聚焦于为什么这些国家能够实现从技术模仿者到技术创新者的转变，研究结果大都强调技术创新体制在技术后发国家实现赶超的过程中发挥的重要作用（Sakakibara，2002）。

创新体系的研究具有显著的时代特征，在《2008 国家创新体系发展报告：国家创新体系研究》发布后，有学者进一步结合金融危机的背景对以企业为主体的技术创新体系建设从创新体系的概念、内在构成、体系结构等方面进行了研究（刘志春，2010）。

一、绿色创新相关概念界定

（一）绿色技术、技术创新、绿色技术创新

Brawn 和 Wield 于 1994 年首次提出绿色技术的概念，认为绿色技术是能够减少环境污染、降低能源及原材料消耗的技术、工艺或产品的总称。发达国家对该概念的界定较为严谨，一般仅将可再生能源、可持续建筑和能效管理等技术或行业包含到绿色技术范畴之内。只有对可再生能源、能源效率技

术、可持续交通和固废处理等领域的投资可视作绿色投资（World Economic Forum，2013）。我国学者对此界定较为宽泛，将能够节约能源使用与降低单位能耗的技术都纳入到绿色技术的范畴。这扩大了绿色投资的范畴，但难以聚焦，导致盲目投资而使绿色投资效率低下（尤喆等，2019）。本书采用国家发改委和科技部的定义，即绿色技术是指降低消耗、减少污染、改善生态，促进生态文明建设、实现人与自然和谐共生的新兴技术，包括节能环保、清洁生产、清洁能源、生态保护与修复、城乡绿色基础设施、生态农业等领域，涵盖产品设计、生产、消费、回收利用等环节的技术（发改环资〔2019〕689号）。

技术创新源于熊彼特的创新理论，学者们对于技术创新的内涵在不同层次和角度上进行了界定，但存在较大差异，主要从技术创新的首创性、过程性和应用性三个方面进行界定，但目前尚没有严格和统一的定义。广义上技术创新是指人们在生产实践活动中重新组织生产条件和要素，创造性地运用在科学实验和生产活动过程中用以积累知识、经验和技能的过程，并由此取得显著的经济效益或具有潜在的、长远的经济效益，通常包括产品创新、过程（工艺）创新、市场创新、组织创新和制度创新等（Lundvall，1992）。

绿色技术创新也称为生态技术创新，属于技术创新的一种。一般把以保护环境为目标的管理创新和技术创新统称为绿色技术创新。具体包括绿色技术、绿色产品、绿色服务以及对环境有积极影响的商业模式的创新（Seebode等，2012）。绿色技术创新的目的是实现经济社会生态等可持续发展。具体方法不仅仅包括为了降低能源的消耗，提升资源利用效率的一些关键技术本身的创新，同时还应该伴随社会观念的变革、生活方式和消费模式的改变。绿色技术创新是为了减少产品全生命周期过程中所消耗的成本而进行的一种创新，包括从形成绿色技术创新的观念思想开始，一直到将相关产品销售出去的整个过程（许庆瑞和王毅，1999），包括产品生产过程中的根本性或渐进性的创新（Horbach，2008）。

本书所研究的绿色技术创新是指从创新主体组织酝酿绿色观点、绿色思路、绿色产品或绿色工艺的设想产生到市场应用的全过程，包括绿色设想的产生、研究、开发、商业化生产到产品的市场销售和转移扩散一系列的活动。

（二）创新资源、创新能力、创新网络、创新效率

中国经济要实现高效环保与可持续的共同发展，向高端制造转型，必须

加大对绿色技术创新资源的投入，提升绿色创新体系的绿色创新能力（毕克新等，2014）。由于创新资源的稀缺性，企业自身无法拥有创新需要的所有关键资源，在网络化创新情境下从外部其他组织获取必要资源已成为必然。创新企业需要与供应商、中介机构、政府部门、客户、行业协会、科研机构等外部组织进行联系，交换各种知识、信息和其他资源从而获得发展。因此，创新资源是指为实现技术创新所需的存在于创新网络之中有价值的关键信息、知识、技术、设施设备、科技人才及创新资金等关键资源。

创新能力是运用知识和理论，在科学、艺术、技术和各种实践活动领域中不断提供具有经济价值、社会价值、生态价值的新思想、新理论、新方法和新发明的能力。本书关注的重点是绿色技术创新体系，因此创新能力是围绕技术创造价值展开的，涵盖了能力发展的层次性和阶段性，主要包括探索性和利用性两种能力（许庆瑞，2009）。

创新网络是高技术企业、科研院所、创新服务机构和政府相关部门在特定区域地理集中所形成的完整网络体系。创新网络是一个动态、开放的复杂系统，注重协同创新（许强和应翔君，2012）。不同的集群创新网络在网络成员、网络结构和互动行为方面存在明显差异，创新网络规模显著影响网络内企业的创新产出，原因在于企业可以通过网络得到更多的支持。

创新效率被定义为创新投入与创新产出的比率，是一种"质"或"结构"上的反映（王正新和朱洪涛，2017）。创新不仅是一个新知识与技术产生与应用的过程，还是一个复杂的商业化过程，是多个创新主体交互协同的结果，所以包含多个创新过程的创新体系需要重视内部自主研发创新也要重视外部知识的整合利用。创新效率具体涉及创新活力和转化效率两项内容。创新活力可以利用研发费用或研发资本衡量的专利或专利引用来反映，即创新效率衡量每单位研发投资产生专利或引文的能力；转化效率可以通过单位创新投入所创造的产出（新产品产值）来反映（刘和旺等，2015）。效率提升可以体现在同等创新投入获得更多的创新产出，或更少的创新投入获得相同的创新产出，与企业价值创造相关，关系到企业未来的盈利能力。因此国内外学者通常采用非参数的 DEA 方法或 SFA 方法，对不同国家及地区的创新效率进行测度（史修松等，2009）。

（三）创新体系的内涵界定

对创新体系的相关研究最早源于 Freeman 在 1982 年经合组织（OECD）

专家会议上提出的"国家创新体系"概念。创新需要高度发展的垂直分工经济体系，并依托于有组织的市场以及市场中供应链成员之间的互动，从而提升创新效率与效益，这必然要求形成一定的创新体系。体系是一定范围内或同类的事物按照一定的秩序和内部联系组合而成的整体，因此，Lundvall（1992）将创新体系看作是由创造、传播、使用新的以及对经济发展有利的知识等各种要素及关系构成的统一体。创新体系的研究具有显著的时代特征，并且创新体系研究往往需立足于一定的情境里或边界内，比如国家创新体系、区域创新体系、协同创新体系。创新体系就是围绕技术创新而设定的一系列制度或机构，提高创新体系运行效率的关键在于制度改进及机构优化（Freeman，1995），包括国家创新体系、区域创新体系、产业或企业部门创新体系等不同层次。

国家创新体系是由政府和社会各部门组成的推动技术创新的组织和制度网络（柳卸林等，1999）；区域创新体系是指在地理空间临近的分工与关联的生产企业、研究机构和高等教育机构等主体之间构成的区域性组织系统，比如著名的德国巴登州地区创新体系；企业创新体系面向企业内部的相关要素，创新驱动经济发展的微观基础，不能单纯理解为技术创新，也需要扩大到囊括市场、组织、制度、文化等要素的全面创新范式（许庆瑞和吴志岩，2014）。

尽管企业是核心创新机构，但是企业之外的大学、科研院所等也在国家创新体系中起到重要作用；中介机构扮演着重要的联结纽带的角色，市场机制、制度体系和组织模式也起到重要作用，创新活动多主体合作可提升创新能力（宗凡等，2017）。创新体系必须实现从"技术管理"向"创新管理"的理念转变，才能在当今产业融合和跨界竞争趋势明显的竞争环境中保持可持续的竞争优势。

关于创新体系的现有研究多分为面向创新活力和转换效率及其影响因素（苏屹等，2020）、创新持续性问题（盛宇华和朱赛林，2020）、创新资源配置（戴静等，2020）、创新绩效及创新能力评价（邵云飞等，2020）等多个层面。由于区域间的制度、资源禀赋、基础条件等不同而呈现不同创新效率，知识基础状况决定区域向哪个方向发展，资源配置又受制度因素影响，应与知识基础和制度相匹配（牛盼强，2016）。由于区域经济基础和科技实力差异性较大，不存在普适性的区域创新"理想模式"。依据创新体系按照系统中的知识、参与者、制度三个子系统的分类方法，技术创新体系涉及创新目标体系、创新资源投入体系、创新主体组织体系、运行调控体系、政策制度体系以及基础条件体系等（黄鲁成，2002）。

二、市场导向的绿色技术创新体系

（一）市场导向机制

创新导向机制即指政府主导或市场主导，其主导性问题的讨论在中国创新体系中体现尤为明显。中国创新体系在主导方式上经历了政府主导、政府+市场主导、市场主导三个阶段。在技术体系尚不完善的初级阶段以及事关国家战略地位的重大技术攻关阶段，政府主导效率更高。尤其在重大技术攻关层面，如中国高速列车的创新体系及其演进，就是依赖政府调控下的竞争与合作实现（李国武，2019）。政府主导主要表现在于支持性与保障性的创新政策制定，如财政政策、税收政策和金融政策等，对创新效率有显著促进作用。但是从长期效果来看，政府主导下的创新效率呈倒 U 型效果，且地方政府间的竞争不利于科技创新效率提升（田红宇等，2019）。另外，政府主导在创新资源配置方面也存在"选择性偏见"、低效率和寻租腐败等问题（周海涛和张振刚，2016）。而随着创新体系的不断完善以及市场和技术不确定性程度的降低，创新体系如何从政府导向逐步向市场导向转变就成为关键问题。

当前，我国绿色技术创新已经越过初级发展阶段，应转向以市场需求和市场竞争作为主要驱动因素的时代。绿色技术创新是一项复杂的系统工程，既包括前端的研究开发，也包括后端的市场化应用。市场导向的绿色技术创新体系的建立，能够充分发挥市场对资源配置的决定性作用，使整个创新链上的资源实现优化配置（朱泽钢，2022）。此时市场导向引入竞争过程是推动绿色技术创新最为重要、最为有效的机制，政府角色应从创新组织者向创新协调者转变。因此，绿色技术创新市场导向需要从政府制定的环境规制出发，通过环境市场交易机制和绿色技术交易机制，将生态环境外部性作出内化交易处理，驱动绿色技术交易与创新资源市场化配置。

总体而言，绿色技术创新体系的市场导向是与政府导向下所强调的以行政力量来对创新活动进行全面的指令性管理，体现为面向生态文明建设的重大现实市场需求，以奠定绿色技术创新方向、以市场机制配置创新资源并激发企业为核心的各类创新主体活力、强化技术标准引领并推动绿色技术创新成果转化。还需注意的是，市场导向的绿色技术创新体系并非完全脱离政府的引导与支持（李正风和张成岗，2005）。在市场主导阶段，企业是绿色技术创新的主体，市场是要素配置的主要力量，而政府的职责更多是建立、维护公平和谐的市场环境，比如提高公共服务水平、完善激励和风险防范机制、加强知识产权保护、规范市场行为、强化金融支持等，以应对市场的失灵（汪明月等，2019）。

（二）绿色技术创新体系运作机理

创新体系包含着创新参与主体、创新投入要素、创新运作机制等诸多内容，有学者将上述内容进一步细分，并认为创新体系主要是由创新主体、创新基础设施、创新资源、创新环境、外界互动等要素组成，可以看作是各构成要素之间相互作用而形成的创新驱动网络（李正风和张成岗，2005）。如果创新体系的目标是开发、传播并利用创新，那么在实现这一目标过程中，各创新主体可能会受个体目标的驱动而采取与整个体系目标不匹配的行为（Johnson，2001），比如政府主导下的创新体系可能更关注于社会福利，而企业创新的目标更倾向于对自身的经济回报等。因此，无论是什么层次的创新体系，要达到整个体系内目标一致、资源合理配置及高效利用、创新机构相互协调及有效互动的标准，必须具备相应的运作机制且与创新环境相匹配。

本书认为创新体系的运作机理体现出创新体系的互动性特征，可以看作是贯穿技术创新全过程的不同主体及创新要素间的相互作用机理。遵循"引导——组织——制度"的思路，创新体系的运作涉及创新的导向机制、创新成果传播及转化机制、创新主体培育及合作机制、创新要素投入及共享机制以及特定的创新环境制度保障机制。

（三）绿色技术创新效果测度

构建一个科学的绿色技术创新能力评价体系，能够更加精准地对区域、网络组织（园区集群/联盟）和企业的绿色技术创新能力进行客观评价及合理定位，帮助分析其在发展过程中的优势和薄弱环节。

第一，区域层面。创新能力是产业/区域进行绿色技术创新的必要条件，基于对技术创新能力认知的不同侧重，可以从三个角度来构建评价指标体系：一是技术创新能力的过程观，即技术创新能力在创新全过程中的体现，可以从资本能力、研发能力、创新决策能力、生产制造能力、营销能力几个方面对技术创新能力进行评价（Wang 等，2008）；二是技术创新能力的要素观，即从技术创新实现过程中所需要素的质量和数量的角度来构建技术创新能力的评价指标体系，可以从投入要素、过程要素、产出要素三个维度对技术创新能力进行评价；三是创新能力的系统观，即在评价中引入环境要素评价指标，可以从技术溢出、环境技术耦联、环境规制角度去评价技术创新能力（陶长琪和周璇，2016）。在开放性经济条件下，一个产业或地区绿色创新绩效将越来越多地受跨国公司技术转移的影响，它已成为我国制造业绿色创新活动的重要投入要素，因此在目前开放性经济条件下评价行业或者区域的绿色技术创新应考虑跨国公司技术转移这一指标（毕克新等，2015）。

国际上主要将衡量区域创新能力的指标分为四类：侧重投入类指标（如教育水平、科技人才、研发投入等）、侧重过程类指标（关注技术进步与扩散中的动态学习机制）、侧重产出类指标（如批准专利数、能源消耗系数、高科技产品出口占比等）、技术成就水平指标（如技术创造、新技术扩散、人力技能等）（许治和陈丽玉，2016）。绿色技术创新的发展要经历一定的演进过程（初创、形成、成长、成熟与转移），具有动态演化及阶段特征，因此可以通过绿色创新投入、创新效益、经济效益、环境效益、绿色制造、绿色产品市场开拓、绿色管理和绿色政策以及环境支持八个方面来构建区域绿色创新系统成熟度的评价指标体系（黄晓杏等，2019）。

第二，网络组织（园区集群/联盟）层面。园区作为地区企业聚集地，依托产业集群、企业联盟有助于提升园区内整体绿色技术水平，基于此，可以重点围绕国内外集群/联盟技术创新文献构建园区层面的指标体系。集群/联盟网络组织是市场和政府外推动国家创新转型的第三只手。关于集群创新评价研究，国外主要集中在集群创新网络结构的核心组成要素、空间属性、网络要素协同三个方面。最具有代表性的是集群创新系统 GEM 模型，该模型由基础—企业—市场三要素和六因素指标组成，其六因素包括资源、设施、供应商与相关企业、厂商的结构与战略、本地市场和外部市场（Padmore 和 Gibson，1998）。基于创新集群核心组成要素视角，有国外学者通过高技术产业体系专业化程度、人力资源质量和金融体系完善程度三个维度构建集群创新网络指标体系（Filippetti 和 Archibugi，2011）。从集群创新网络结构的空间属性出发，有学者采用社会网络属性的中心度、紧密度指标构建了评价模型；随后有研究指出，在考虑集群空间属性时应从网络聚集程度、路径长度和分布广度三个指标，并强调了集群网络的网络结构功能（Akbar 和 Bell，2005）。还有的基于网络要素协调视角，从创新资源质量和创新参与主体之间的合作度两个维度对欧洲创新集群进行了评价；三螺旋理论（Leydesdorff）提出了"大学-产业-政府"三方密切合作、互相作用的三螺旋创新模式来评价集群协调创新体系（Leydesdorff 和 Meyer，2003）。

国内学者对集群创新评价则主要通过构建协调能力评价体系开展，分别从创新主体、创新支撑和创新环境维度（解学梅和曾赛星，2008）、学科集群和产业集群的协调程度（殷春武，2013）、三螺旋模型（康健和胡祖光，2014）、资源投入-产出、创新生态系统结构、关系与开放性、创新环境、创新产出能力（欧光军等，2018）等指标来构建评价体系。关于联盟组织评价研究，研究主要围绕知识基础观开展，普遍认同联盟构建的基础是参与主体间存在知识异质性（殷俊杰和邵云飞，2017），从知识异质性、技术、人才和资本、各国企业互动活跃度来构建评价体系。更多学者研究则集中在资源基础观，并从网络要素协调视角，提出资源互补度、文化协同度和联盟前联系度等关键指标（孙永磊等，2014），并引入异质性资源、联盟协调维度丰富了指标体系（杨磊和侯贵生，2020）。国内外关于集群/联盟相关的评价研究主要集中在组织网络绩效，然而对集群/联盟整体创新绩效、绿色技术创新效率并没有进行系统性研究。

第三，企业层面。企业作为绿色技术创新的主要承担者，应在研发投入、专利申请及成果转化中起到关键作用。绿色技术创新可以通过节能减排、提高生产率等方式节约资源、降低环境污染，在符合可持续发展要求的同时还能培育企业新的经济增长点，提高企业的竞争优势（王海龙等，2016）。最常见的是利用投入产出指标对企业的绿色技术创新进行评价，绿色创新产出常见指标包括环境绩效、经济绩效、社会效益、生态绩效、知识产出水平、直接绩效水平等（毕克新等，2013），绿色创新投入常见指标包括环境创新资金投入、环境创新人力投入、环境规制投入、技术水平等（程华和廖中举，2011），此外，也可以用单指标来评价企业的绿色创新绩效，例如绿色专利、污染物排放量等。

目前关于创新技术评价指标已经开展了大量研究，各类指标体系也相对成熟，但由于技术的"绿色程度"难以量化，导致绿色相关的指标体系建设尚不成熟，另外有关市场导向的绿色技术创新评价研究较少，有部分学者认为供应商环境友好性、竞争者环保压力和客户环保需求可以作为企业绿色管理行为市场特征的三个维度（武春友和吴荻，2009）。随着世界经济的一体化和消费者需求的多元化，市场竞争日益激烈，企业的绿色技术创新也势必要遵循市场导向，而市场导向中能够评价绿色技术创新的指标还需进一步细化，如何量化此类指标也是亟需解决的问题。

三、创新体系的多主体合作

（一）科创网络的组织体系研究

随着全球化发展，合作创新网络成为企业技术创新活动的重要组织形式，对企业获取外部知识资源起到至关重要的作用（林润辉等，2013）。创新网络组织体系是创新的重要载体，因此构建网络组织体系成为企业提高创新能力的必要手段，能激发企业获取并整合创新资源，并通过交流、合作、学习和吸收等方式不断提高技术创新能力（高良谋和马文甲，2014）。

网络能力通过影响网络结构对创新能力产生间接影响，应注重合理的结构安排和治理系统设计，主体的联盟能力与联盟效率会影响其合作方式和范围（龙勇等，2012）。在网络组织体系中，占据有利网络位置可以加快技术创新发展，但若网络核心主体的权力过高，反而使网络组织体系中的技术创新效率降低（孙永磊等，2015）。因此，在同时考虑各主体网络能力、技术创新效率等关键因素下，协调各主体合作关系并构建合理的网络组织体系，找出影响网络能力的关键因素，如知识资源、网络位置和信任度等，对构建绿色技术创新体系具有重要意义。

随着网络理论在技术创新领域研究的深入，网络与创新的关系成为研究热点，构建网络组织体系成为企业创新的必要前提。在网络组织体系中，多主体间的创新合作作为能降低企业创新风险和不确定性、提高企业的创新绩效的一种形式，受到了广泛关注，其能促进外部信息和知识资源的获取，促进主体间知识和信息的流动，进而提高技术创新绩效（Wei，2000）。单一企业间的合作反而由于研发成果外部性而阻碍创新（廖中举等，2019），技术创新组织体系需要政府、企业、高校、科研机构和中介组织之间的跨部门协调。政府应着重营造良好的创新环境，通过创新资源共享、共性技术创新平台建设等，减少组织障碍，鼓励企业自主创新和市场竞争（于文浩，2018）；还可以通过知识产权等政策维护创新体系的良好运行（阳晓伟和闭明雄，2019），纠正合作中的错误。绿色技术创新网络组织体系应以市场为导向，以企业为核心，带动联结政府、科研院所等相关创新主体协同参与，促进供应链的协同合作，才能实现绿色技术创新有效对接市场需求、提高应用和扩散的效率（尤喆等，2019）。

（二）影响创新合作效率的因素研究

企业为提升科技创新能力，需积极寻求外部资源合作，催生了企业间开放式的科技创新合作模式，对于网络组织体系中的核心企业，科创网络带来的战略潜力至关重要。但科创合作活动必须在信息与能力协同、资源分配平衡等前提下，才能有效进行。在创新合作中，企业重视自身关系、联盟、网络和合作等能力的发展，在企业能力的演化发展不同阶段，影响科创合作的关键因素各不相同（郑胜华和池仁勇，2017）。因此，找寻影响科创合作的关键因素及其作用机理，成了学术界讨论的热点话题。

科创网络分工合作：在技术创新领域，产业间的分工合作体现出高效率特性，带动了技术创新的高质量发展（张永恒和郝寿义，2018）。经济全球化使全球产业空间关联更密切，全球空间价值产生了高增值和低增值的空间配置，高增值代表高效率，高效率表征高质量（邵朝对等，2018）。因此，如何通过各主体或产业的分工合作，提升技术创新水平，成了研究趋势。研究表明合作措施可行的基本前提和"市场"与"政府"在职能分工中形成的特定体制机制有关，在中国经济由效率驱动和创新驱动高质量发展的转型阶段，实业界和学术界都意识到各自为政的行政体制会降低配置效率、阻碍创新集成。因此，打破行政区划界限、构建区域一体化的技术创新合作体系成为关键。目前对于技术创新合作体系一体化发展的研究，大都集中在技术创新、人才共享、公共服务协同、环境治理与生态管控、基础设施贯通等方面展开的地区合作（曾刚等，2019），对各主体间的分工合作、构建科创网络组织体系的体制机制设计研究相对缺乏。

创新资源的影响：专业化分工合作的深入发展导致企业可能缺乏创新所需要的关键资源，需要通过建立战略联盟或集群网络，与其他主体合作才能解决这一问题。资源是企业自主拥有或控制的要素，需在日常生产经营过程中积累；创新资源是企业创新的基础，资源越丰富，创新绩效越高；而绿色科创资源作为我国制造业进行绿色创新活动的基础，是绿色创新体系下绿色技术创新能力提升的关键要素。然而，中国大多企业面临着绿色创新资源短缺问题，需通过合作获得外部创新资源，为技术创新注入活力（Slaughter，2000）。因此，多主体间的创新合作形式成了技术创新的重要方式。影响绿色技术创新绩效的科创资源包括绿色创新人力、物力、技术、知识和资金资源，技术资源对研发效率、生产制造能力及创新绩效都发挥着积极影响。根据中国技术创新现状发展，绿色技术创新资源的累积并没有给专业化制造带来预期的提升，反而使企业在产量增长的同时，利润越来越薄弱（李延朋，2014）。因此，研究应重点关注中国技术创新行为与创新绩效脱节的原因，找出影响科创合作的关键因素及其作用机理，构建能突破现有格局的技术创新体系。

（三）科创网络资源聚集和利用效应

随着技术创新活动的深入开展，企业等主体所在的外部知识网络和社会关系网络逐渐嵌入，使原来简单线型联系结构呈现出丰富而复杂的社会网络特性（谢家平等，2017）。科创网络是在技术创新过程中围绕核心企业形成的多种合作关系的总体结构，由于科创网络在聚集创新资源、激发创新活力、产业转型发展和建设技术创新体系中发挥着特殊作用（孔令丞等，2019），成了学术界和产业界的关注焦点。

构建有效的科创网络体系，首先要明确产出目标、任务分工和权责利体系，制定合理的契约机制，满足多主体共同的技术创新需求（胡枭峰，2010）；其次，探索技术创新中资源禀赋、创新动力和能力、创新行为与创新绩效间的关系（许庆瑞和吴志岩，2014）；最后，根据不同类型合作主体，以市场为导向，确立网络组织模式、发展机制和利益分配机制等（洪银兴，2012）。研究绿色环境下的科创网络发展有助于突破技术限制、加速成果转化、提升创新竞争力（赵雨涵和宋旭光，2017）。现有研究集中在网络绩效、结构、关键影响因素、演化机理与治理等方面，虽研究较为丰富，但仍存在概念界定模糊、情景模拟欠缺、创新范式不确定、政策体系不健全等问题，有待深入研究。

科创网络嵌入和外部效应：企业的经济效益和创新绩效是由其在科创网

络中的嵌入性决定的，借助网络可以融合异质性、互补知识提高创新能力，并且网络主体间的关系质量与结构能帮助各参与主体共同实现创新知识价值，提高技术创新能力（杨虹，2008）。当企业追求技术创新时，需依靠科研机构、企业、金融机构以及其他相关利益者所构成的网络获取更多的异质资源，以应对更大的技术与市场的不确定性。在多主体创新合作中，企业将创意价值、生产制造供应网络嵌入；高校和科研机构将人才与知识资源嵌入；政府则将社会网络和制度保障嵌入。进一步，网络形态的创新活动给企业带来的关键优势资源不仅体现在企业内部的自网络体系，更体现在超越组织边界的交叉网络和外部网络中（Gulati 等，2007）。科创网络联结着多个主体并聚集大量资源，使其具有网络外部效应，会对各主体决策行为、利润和用户行为产生影响。已有研究多从网络效应对网络结构和合作关系的影响、网络效应对各主体创新绩效的影响（许冠南等，2011）两方面展开，而忽略了具有网络特征的运行治理模式设计。本书将着重联盟或集群式网络组织体系，深入分析网络效应的作用机理，借助一系列的治理机制，以实现绿色技术创新体系的构建和绿色创新能力的提高。

科创网络的资源聚集效应：要实现经济发展的创新驱动、产业结构的转型升级和技术创新的能力提升，离不开大量的高素质创新创业人才聚集、充足的科创设备等固定资产和充沛的资金支持三个关键因素（常爱华等，2011）。在多主体合作中，资源往往存在着流动性不合理等问题，导致资源紧缺与浪费现象并存、供给与需求失衡。研究发现设计合理的协调机制和引进机制，是解决资源分配不合理的有效途径（齐善鸿和周桂荣，2008），同时市场导向环境、政府制度环境、科技创新水平和社会文化环境等也影响着聚集效应（牛冲槐等，2006）。科创网络的协同创新需要多方面资源的聚集，利用科创网络特有的合作模式、制度和信息的优势，辅助以资源流动政策、激励机制和区域法规制度，能有效促进各主体间的人才、资金或资产等资源的流动，解决闲置与浪费的现象，最大程度发挥资源聚集效应（解学梅等，2013），为技术创新能力的提升奠定基础。

科创网络的知识溢出和吸收效应：科创网络的知识效应通过管理网络、协调创新活动显现出来。多主体合作中，知识资源丰富的主体能决定合作模式和规范，也能引导网络发展方向并进行网络治理（魏江和徐蕾，2014）。科创网络中的企业以创新为目的进行交流合作，知识溢出现象更为显著，核心企业分享网络内有价值的知识，获得知识优势和竞争优势（李浩，2012），而资源有限的中小企业则能通过网络关系实现信息共享和资源聚集。知识资源在网络内的溢出有利于提高整体创新水平（王崇锋，2015），网络交互效应能提高知识转移效率，使知识溢出效应对技术创新能力产生积极影响。提高创新绩效，不仅需要获得多样性的知识和资源，还要能有效地吸收所获得的知识，将其转化为自身能有效利用的知识。科创网络中各主体间的弱联系可以促进企业获得新知识，而强联系则能提高知识吸收效率。因此建立强联系合作，如联盟或集群网络合作模式，可以使主体间信任度更高，提高知识资源共享的意愿以及相互学习的主动性，提高企业的知识吸收利用能力（郑传均和邢定银，2007），从而提高技术创新水平。

（四）科创网络治理机制研究

科创网络治理内涵：根据网络组织结构将网络治理分为网络整体治理、结点关系治理及结点治理，其中整体治理侧重环境、组织和产业聚集效应，结点关系治理重点根据网络结构特征指标进行关系管理（党兴华和肖瑶，2015）。网络治理的目标在于协调合作与优化资源要素，使其能够适应多变的环境，实现协作创新和适应性创新，提高网络绩效（林润辉和李维安，2000）。网络绩效是各主体通过合作创新而增加的价值总和，包括创新成本降低、技术水平进步、区域经济发展等方面（党兴华等，2014）。创新网络绩效可从整体专利数增量、新产品和技术的开发速度、企业创新价值增量等方面进行衡量。科创网络治理通过资源集聚和技术共享，提升资源利用效率与技术创新能力，促进经济转型升级发展，其重点在于设计合理有效的网络治理机制以此提高网络绩效。科创网络作为资源配置的方式，可从公共治理、网络治理、供应链治理等方向展开（孙国强和范建红，2005）。因此，当科创网络中的各主体进行不同模式的合作时，如何共享资源并规避风险、识别关键影响因素，以及如何建立运行治理机制和激励机制，是科创网络运行治理的关键所在。

科创网络治理机制：科创网络下的多主体创新合作，具有跨区域、跨产业、高风险和长周期性的特点，受政府政策的影响较大（赵喜仓和安荣花，2013）。政府作为监管科创网络合作的主要负责方，为了激励技术创新的积极性，可利用补贴、金融和税收机制等政策来管理市场（肖文和林高榜，

2014），通过相应的政策调整，实现不同合作模式下对科创网络的治理和技术创新的激励（陈永泰等，2019）。制度变革推动技术创新，技术创新也会促进制度变革，包括补贴机制、税收制度、公共采购机制、多主体合作和激励制度、知识产权保护制度、研发投资制度等，都会对技术创新产生影响（狄增如和樊瑛，2015）。随着政府政策对多主体合作的影响深化，单一政策对绿色技术创新的效果减弱，因此政府差异化调整政策才能实现经济和社会绩效的双重帕累托改进（游达明和朱桂菊，2014），设计多种政策以防止市场失灵、降低政策实施成本，进一步激励企业的绿色技术创新（赵爱武和关洪军，2018）。但是，简单增加政府的约束或激励机制，反而会降低策略组合的有效性。因此，如何协调政府与其他主体之间的合作关系，设计相关激励机制，建立完善的政策支持体系，是健全绿色技术创新体系、持续推动经济稳定发展的关键（刘瑞明和赵仁杰，2015）。

市场导向的网络治理：早期对技术创新治理机制的研究大多从政府政策角度考虑，强调创新体系中资源要素在政府政策下的整体性和协调性对经济发展的作用。在经济进入转型发展的新时期，政府资源、环境政策的约束反而会对绿色技术创新产生消极影响，政策在不同地区的实施效果也呈现不一致特性（沈能和周晶晶，2018）。因此，应着重考虑更利于渐进式创新的市场导向网络治理机制（李晓冬和王龙伟，2015）。市场导向是促进国家经济、科技发展的核心动力，是与政府一样不可或缺的技术创新参与要素，技术创新受市场结构变化的影响。由市场导向的个性化定制和服务能驱动各合作主体及时感知市场需求、获得市场反馈、并不断调整自身创新方向，获得更多的技术创新优势。从绿色技术创新体系建设的长期发展来看，坚持市场导向是基本要求（尹思敏，2019）。市场导向下的绿色技术创新，借助市场机制优化创新资源配置效率，充分发挥市场的供求机制、竞争机制及价格机制来降低绿色技术创新的不确定性和多重外部性，才能提高企业绿色技术创新的投入，推动绿色技术创新的绩效提升（汪明月等，2019）。

市场导向、政府引导下的科创网络治理：技术创新是经济升级与结构调整的关键，政策刺激型经济增长方式正在向自主型增长方式转变，市场主导和政府引导相互作用，共同构成绿色技术创新主体生存和发展的关键外部因素（李晓冬和王龙伟，2015）。因此，绿色技术创新体系依据发展历程可分为三个阶段：政府主导的初始阶段、参与主体协同作用的过渡阶段、市场化运作的成熟阶段（汪明月等，2019）。在过渡阶段，市场导向、政府引导的"双导"作用下，技术创新活动和科创组织体系面临诸多问题：技术的进入壁垒较高、投入产出周期较长；产权界定不明确、收益核算体系不健全；企业主体地位不确定、产学研融合不足（尤喆等，2019），最终影响企业创新的积极性和技术创新绩效的提高。经济转型时期，市场和政府呈现共存性与互补性两大特征：共存性特征是指组织同时追求两种不同事物的能力，共存的均衡状态不是一种零和博弈，而是两种战略导向同时实现资源整合与环境适应创新体系可持续发展的正和博弈；互补性特征是指市场主导下创新主体可以通过市场机制优化企业绿色创新技术的要素投入产出效率，政府引导下则通过政策措施激励更多企业和资本进入绿色技术创新合作（李全升和苏秦，2019）。因此，以市场为导向、政府政策为辅助的科创网络的构建和治理机制的设计，才能实现技术创新能力的升级和转化绩效的提高。

（五）科创网络下的典型合作模式研究

在开放式创新的经济环境下，原有单一、线性、小范围的创新模式越来越表现出不适应性，而集成化、系统化、网络化的多主体协同创新模式日益彰显其优越性，成为创新型国家建设及增强核心竞争优势的捷径（杜斌和李斌，2017）。多主体协同创新是复杂的创新组织方式，是以大学、企业、科研机构为核心，以政府、金融机构、中介机构、创新平台、非营利性组织等为辅助的多元主体协同互动的网络创新模式，它通过知识创造主体和技术创新主体的深度合作和资源整合，产生系统叠加的非线性效用（陈劲和阳银娟，2012）。多主体协同创新的目标是通过体制机制创新突破阻碍产学研合作创新的各种障碍，使不同创新主体为了共同目标而高效地发挥作用。多主体协同创新与传统意义上的"产学研一体化"有着本质的不同，复杂性、动态性、系统性、开放性、中心性、协同性等构成了协同创新网络的主要特点，通过协同网络可以实现各个主体间的资源共享、知识传递和技术扩散，实现知识、技术的增值和创新成果的产出（刘丹和闫长乐，2013）。

多主体绿色技术创新合作需要国际化发展，构建适用于中国国情的创新合作模式，可从借鉴国际先进合作模式入手，针对不同合作现状构建相应的合作模式：如国际化产学研合作模式（王小勇，2014）；银企合作下的融资合作模式；"一带一路"下的绿色创新合作模式；以美国为代表的联盟网络合作模式；以德国为代表的集群网络合作模式等（刘生远，2016），为不同层级下的多主体创新合作设计合适的合作模式，以及有针对性的设计差异化的治理机制和政策建议（霍光峰和张换兆，2010）。

（六）不同情境下的创新合作模式

"产学研金介"合作创新模式：中国绿色技术创新的主要障碍包括企业自主创新能力弱、高校知识保护力度不够、企业管理模式陈旧、政府政策支持强度低、信息沟通不及时、合作目标不统一和金融机构投资效率低等问题。因此，当多主体进行创新合作时，需构建合理的创新制度，使区域内的各创新主体进行全方位、网络化的协同创新，最典型的范式是"产学研金介"合作创新体系（汪明月等，2021）。高校和科研机构作为创新人才和知识创造的主体，能有效推动技术和产品的创新，首先明确影响创新绩效的关键因素并构建评价指标体系，然后选择在资源和技术上互补的合作主体构建创新体系，优化产学研合作模式下的技术创新绩效。产学研合作过程具有较强的复杂性和系统性，构建多主体协同创新体系，才能使合作发挥最好的效果。经济转型新时期，应重点发展产学研合作模式、项目模式、政府计划模式、战略联盟和集群网络等模式（李梅芳等，2012），由以科研机构为核心的合作，转变到以企业为主导的合作模式，由通过交易合同进行合作，转变到构建联盟和集群网络进行合作的模式。

银企合作下的金融机构融资模式："产学研金介"合作模式中的金融机构在创新合作中发挥关键作用，能同时为高校和科研机构、企业等合作主体提供资金支持和融资服务（宫建华和周远祎，2018）。其中，供应链融资能够通过运用新兴技术，链接企业、高校和金融机构等多主体，实现产融结合，共同推动技术创新发展，具有理论与实践共同发展、互利共赢的优势。近年来，科创网络中的银企合作研究发展较快，许多学者分析融资模式，设计基于多主体合作的融资业务活动（黄明田和储雪俭，2019）；进一步融合互联网技术、大数据和区块链技术、物联网技术等新兴技术手段，弥补传统金融合作模式的不足，提高其普适性和有效性（姜浩和郭顿，2019）。资金短缺问题制约了绿色技术创新的发展，应尽量发挥绿色金融体系作用，解决绿色技术企业面临的一系列融资问题。

"一带一路"下的绿色创新合作模式：多主体创新合作在"丝绸之路经济

带"建设中发挥着关键作用，"一带一路"作为中国主导的区域经济合作倡议，把发展绿色低碳经济纳入到合作重点中。现有研究表明，科研创新能够显著提升"一带一路"共建国家的绿色全要素生产率，支持共建国家科研合作，倡导建立"一带一路"国际科学研究院，对"一带一路"共建国家的经济发展有着重要意义（葛鹏飞等，2017）。"一带一路"共建国家间技术创新的交流与合作，对我国技术创新水平的提升有着积极的影响。聚焦"一带一路"下的绿色创新合作模式，探究科创网络的构建与优化问题："一带一路"政策下，外商投资、对外投资和国际金融合作都对我国区域创新模式的优化带来新活力（李延喜等，2019）；共建国家的一体化程度越深入、合作越密切，对科创水平的促进效果越明显（郑建和周曙东，2019）。研究"一带一路"发展背景下的创新合作模式，首先需要明确影响其合作与创新效益的关键因素，利用实际数据，构建测算模型并进行优化分析。"一带一路"策略同样影响国内区域间的创新合作，各省份根据发展水平和地理位置优势进行分工合作，东部沿海地区负责全球社会分工环节，中西部地区则利用区位优势深化与周边贸易伙伴国家的合作（张红霞和王丹阳，2016）。因此，考虑"一带一路"等新时期政策对创新合作的影响，构建适用于不同发展阶段的技术创新合作模式十分必要。

区块链与数字化驱动绿色创新合作：中国政府提出要积极发展各类技术市场，健全并完善技术交易市场，保护知识产权，加速技术创新成果的转化，实现市场导向的绿色技术创新。随着信息技术的成熟和普及，区块链技术降低各主体间技术创新合作、协调、通信和信息处理成本的优势愈发显著。但在科创网络创新合作中，当企业、高校和科研机构、金融机构、中介机构和其他组织主体进行技术创新合作时，各主体的信息数据库若不能及时更新和共享，会阻碍深入合作发展的可能性（孙淑生和刘会颖，2016）。数字化驱动发展下，以互联网、人工智能、云计算和5G等信息技术为基础，大数据分析与区块链技术相结合，依靠智能合约等功能自成一套存储系统，能在无人操作的情况下，通过预先编制的代码自动执行设计好的功能（曾诗钦等，2020）。因此，利用标准化程度极高的区块链与数字化技术组合，能够实现多主体创新合作的互通，提高信息共享的准确性和及时性，消除各主体合作时产生的信任危机问题。

科创联盟网络合作模式：为了应对经济转型发展的挑战，企业纷纷通过建立战略联盟合作模式，获取更多市场机会，构建联盟网络有助于获取依靠单一合作难以实现的利益。国内外学者就联盟网络如何影响新创企业绩效开展了大量的理论和实证研究：多数学者认为联盟网络有助于新创企业绩效的提升，有助于企业实现战略目标进而获得成长空间（易朝辉，2012）。但也有学者研究发现联盟网络对新创企业绩效的影响并非都是积极的。因此，联盟网络对技术创新绩效的影响是高度情景依赖的，不仅受制度环境、资源禀赋等外部因素的影响，还受联盟类型等联盟本身特征的影响（Lin 等，2012），针对性地研究联盟网络对技术创新影响的作用机理十分必要。构建联盟网络有助于企业从多个渠道获取组织外部的资源，强化联盟网络与资源整合活动间的联系（Sepulveda 和 Gabrielsson，2013）。在多主体绿色技术创新合作中，通过科创联盟网络合作模式，能够实现资源整合、提高创新绩效的目的（蔡莉等，2011）。

科创集群网络合作模式：经济活动普遍体现着空间集聚性，因此产业集群理念对经济发展的优势明显，能起到降低交易成本、实时掌握前沿信息及国家政策、吸引创新人才等作用，而产业集群是指产业内的竞争性企业以及其合作企业等多主体，聚集在某特定地域的现象。在多主体创新合作模式中，引入产业集群理念构建科创集群网络合作模式十分必要，由于集群网络具有多样性和复杂性，构建科创集群网络合作模式首先需要明确主体间的关系，具体可从五个维度展开（Kiese，2008）：（1）横向维度。价值链上的同级企业之间，一方面形成相互竞争的压力，另一方面也产生直接合作的机会。（2）纵向维度。价值链上的不同级企业之间进行合作，使产业集群中的企业能通过更专业的分工和密切合作来实现技术创新。（3）对角线维度。产业集群中的企业、政府、高校和各类机构间的关系。（4）外部维度。产业集群内部参与者与集群外部的企业、行业、市场以及技术之间的关系。（5）机构维度。对产业集群内各参与者之间的主流标准和规则的定义。集群网络组织是不同于市场、政府的组织形式，能够有助于解决经济社会发展中面临的许多市场和政府都不易解决的难题（张丹宁和唐晓华，2012），如提升创新能力，以及加强市场与政府联系与分工、科技与产业融合、"产学研金介"合作等（王卫东，2010）。

因此，集群网络的强度和开放程度影响着集群绩效，集群治理应当采取以网络治理为主、市场治理和层级治理为辅的多元治理模式（孟韬，2006）。

目前，我国创新集群网络发展仍处于起步阶段，非政府组织发育缓慢，中介机构服务不足（周思凡等，2017）。发展科创集群网络合作模式应从借鉴发达国家的先进集群网络模式入手，以拓展市场多主体在多维度的创新合作网络，释放多主体协同的创新活力和溢出效应。发达国家的集群网络组织的功能多样，主要包括研发合作、网络化、技术支持、集群组织管理、国际合作、孵化创业支持、政府公关、基础设施等（Rampersad，2015）。比如，20世纪90年代，德国政府提出了BioRegio集群发展计划，利用构建产业集群组织合作模式，提高在生物技术上的创新能力；2014年又提出关注基于技术联盟的研发合作、科研网络、国际合作及集群之间合作的领先集群竞争（LECC）计划，并关注科技创新平台等发展热点。因此，借鉴发达国家的先进集群网络模式，并针对我国创新集群网络发展的瓶颈问题设计优化合作模式，有利于拓展市场多主体在多维度的创新合作网络，释放多主体协同的创新活力和溢出效应。

四、科创平台资源共享效应

（一）科创平台的内涵

科创平台的产生背景：市场需求的多样化和复杂化对企业的技术创新速度提出了新的要求，企业已难在封闭式环境下保持可持续创新能力，这种困境萌生了企业寻找外部资源合作的动力，进而实现了开放式创新。国家和各科技创新机构早已重视科技创新成果的市场转化效率，国务院、教育部、科技部等部委均出台了大型科学装置开放共享的政策和指导意见，要求各地方建立以科创服务平台为代表的专业化科技服务机构，为各类科技成果市场转化提供有力支撑。最初的科创平台由政府主导搭建，主要是通过整合各类创新相关的科技资源对接供需市场，为全社会科技创新活动提供资源共享、研发协作等促进专利成果转化的专业服务机构（苏朝晖和苏梅青，2015）。2016年上海市政府发布《上海市科技创新"十三五规划"》也提出：为协助企业提升科技成果转化的创新活力，上海将推动建设各类研发与转化功能型平台，并重点推进科创平台资源配置的市场化运作。

科创平台的基本内涵：科创平台是加速科技专利的产业转化进程、促进产业技术创新资源共享化、一体化、集成化的网络支撑体系，是支持国家产业升级、企业产品更新换代的重要技术平台（汪秀婷和胡树华，2009）。作为支撑创新活动的重要载体和核心力量，科创平台是集聚国家科技创新资源、服务并连接科学研究与技术转化等创新活动的服务组织（谢家平等，2017），在区域科技和经济发展中发挥重要作用。尤其是在国家发展战略推行低碳经济的大背景下，绿色技术创新在产品开发、技术设计、材料应用和制造工艺等方面都颠覆了传统技术体系，对低碳经济起到了推动和促进作用。科创平台对科技成果市场转化的促进作用在于打破绿色技术的合作壁垒，进而提高绿色技术的创新效率与绩效水平，从而加快绿色技术创新的商业化运作（李昆，2017）。

（二）科创平台的特征研究

科创平台特征主要包括资源整合、功能性、协同性、衍生性等（华中生，2013）。区别于一般服务产品共有的无形性、不可分离性、易逝性、差异性等基本特征，科创平台服务还具备开放性与共享性、综合性与专业性、公益性与市场性等特征。科创平台的服务共享主要聚焦在仪器设备共享平台、信息服务平台、成果转化服务平台、科技咨询服务平台、知识产权公共服务平台和科技企业孵化器平台等。一般服务型平台的服务共享在"需求识别—资源整合—服务匹配"的基础之上，还要遵循"综合性基础式服务—专业化集成式服务—生态化智能式服务"的演化路径（王宏起等，2019）。大数据时代的到来为科创平台的服务发展带来挑战与机遇，平台运用大数据、物联网、云存储等先进信息技术的水平越高，越有利于实现跨平台科技资源的互联互通与高效流动（李佳等，2018）。

作为平台类型的服务组织，科创平台同样具有普通平台的特征与属性。当平台用户所获得的效用会随着其他用户规模（数量）的增加而增加时，平台即产生了网络外部性。平台的网络效应在决定其用户需求市场结构中发挥着关键作用。根据其形成机理，网络效应可被具体分为同边网络效应（又称直接网络效应、自网络效应）和跨边网络效应（又称间接网络效应、交叉网络效应）（徐晋和张祥建，2006）。当网络外部性为正且强度较大时，将其内化能为平台带来显著收益，由此产生网络间需求功能的整合并引发平台竞争与合作。由于网络效应的存在，平台需要拥有足够数量的卖方才能够吸引买方加入，然而卖方通常仅在观测到买方已具一定规模的前提下才会加入平台，由此形成经典的"鸡蛋相生"问题（Caillaud 和 Jullien，2003），同样科创平台作为平台类组织也会存在此类问题。由于平台网络特征影响平台服务效果，平台需要对用户需求进行识别、描述和统计分析，聚集人力、物力、财力等科技资源并进行拆分重组，实现与用户需求的匹配对接（王宏起等，2015），才能提高平台服务共享的效率。

（三）科创平台的运营模式研究

（1）科创资源自有模式

科创平台本质上是科学研究与技术开发活动的支撑与服务机构（谢家平等，2017），通过集聚、整合、共享创新资源，协助企业进行开放式创新，进而完善社会公共创新体系。如何通过科创资源共享促进开放式创新，关键在于利用平台形式整合社会化资源。资源是组织核心竞争力的重要来源，资源共享则是集聚外部性的体现。而科创资源作为推动科技发展的基础要素，具有高增值性特征，其开放共享与有效利用是加快推动科技创新、提升竞争力的关键（王宏起等，2019）。科创平台的资源涵盖科创人才、科创资金、科创场地、科创设施设备以及知识产权信息等一系列内容，而市场化运作机制下的科创平台通过大型科研设备的开放共享，为社会公共研发活动提供硬件资源及附属服务（王宏起等，2018），因此其核心资源的具体表现形式为拥有大型设备的类型和数量。

为促进科创资源共享市场的快速建立，科创平台在发展初期以科创资源自有为主要运营模式。科创资源自有模式下，平台通过向设备制造商直接购买大型科研仪器设备，获得设备所有权并以一定收费标准对外提供设备使用权。科创资源自有模式与资源共享的本质相契合，在不改变科创资源所有权性质的基础上，通过资源的合理配置实现价值传递以及再创造，进而提高科创资源利用率。平台的资源整合能力决定了平台的设备服务能力，进而决定了平台运营的成败。基于科创资源自有模式，科创平台结合市场中的科创资源需求进行设备订购，并利用平台这一创新集群形式，让不同种类的科创资源在社会的不同主体间实现共享公用，由此充分实现资源的外部化效应（谢家平等，2017）。

科创资源共享是为实现科创资源价值最大化，将资源进行有效整合与优化配置的一种互惠互利模式。近年来，科创资源的市场化配置逐渐走向成熟

（翟静和卢毅，2015）。在科创资源供给方和需求方之间，科创平台同时扮演连接者、匹配者和协调者角色（陈威如和王节祥，2021）。科创平台采取资源自有模式运营，其优势在于能够通过前期市场调研摸清当前需求、挖掘潜在需求，从而有针对性地购入设备进行投放，优化科创资源供给与需求的匹配效果，有利于提高设备后续的共享利用率，提高平台科创资源采购资金的投资回报率，进而促进平台自身的可持续运营。

（2）科创资源托管模式

科创平台的服务供给形式多样，兼具网络外部性、科技资源整合性、功能性和衍生性等特征。随着科创平台凭借资源自有模式逐步打开市场，平台上的设备资源需求不断增加。与此同时，伴随社会公共研发活动的持续推进，高校、科研机构及研发型企业相继建立具有一定规模的实验中心，导致大型仪器设备资源在社会中的闲散分布问题日益凸显（张景兰等，2002）。这些现状一同催生了科创平台资源托管模式的产生。在该模式下，上述研发主体（统称为闲置设备商）将各自设备托付至科创平台代为运营，成为科创平台在自有资源之外的重要资源补充渠道，进一步提升平台服务潜能。

当闲置设备商与科创平台达成托管协议，双方构成委托—代理关系。作为委托方的闲置设备商，同作为代理方的科创平台之间通常存在信息不对称，并由此引发潜在利益冲突，因此委托方需要设计针对代理方的激励机制以优化其行为策略（柳瑞禹和秦华，2015）。合理的激励机制能有效增强双方合作关系，提升相互信任进而促进知识转移、降低谈判成本。科创平台和闲置设备商具体需就合作方式、绩效目标、报酬分配等内容达成协议，进而签订契约。为充分提高合作绩效，契约内容可以设计为一套具体的奖惩机制，闲置设备商对平台科创资源共享收益中超出或低于事先设定标准的部分按相应的奖惩系数计提奖励金或惩罚金（高晓宁等，2019），从而激励平台努力推广科创资源共享服务，进一步开拓市场。

科创平台不同的发展阶段适用不同的运营模式，在平台搭建完成并有效运营的基础上，实施科创资源托管模式既能为闲置设备商提高科创资源利用率进而实现资源价值变现，又能为平台自身拓宽供应渠道以满足更多设备需求，有效提高全社会科技成果转化效率，并通过正反馈机制完善科创平台结构，进一步打造创新生态圈（洪闯等，2018）。闲置设备商加入平台的动机强弱取决于其所能获得的预期效益，平台既可按固定佣金提供转移支付，也可按商定共享比例提供收益分成。当平台所提供的收益不足以吸引闲置设备商加入平台时，政府可采取补贴等方式给予外部激励，提升闲置设备商加入平台的意愿。总体而言，利用科创资源共享机制打破产学研壁垒，有利于在更大的区域范围内构建产学研协同创新平台（唐震等，2015）。

（四）科创平台市场机制

（1）科创平台定价机制

平台合理制定双边定价：市场导向下的科创平台具有典型的"双边市场"特征，科创平台吸引的一边用户越多，平台另一边用户的效用越高，更愿意到平台上进行交易（纪汉霖和管锡展，2008），因此对平台企业的有效规制应有别于传统单边市场。由于价格在吸引用户加入平台、促进平台各方形成合作博弈和激励平台参与主体分享价值等多个方面扮演着重要角色（段文奇和柯玲芬，2016），直接关系平台的生存和持续发展，因此设计合理的科创平台定价机制对平台的市场化运作具有重要作用。

网络外部性影响双边定价：自网络外部性概念提出以后，平台双边定价问题受到了广泛关注。网络外部性对科创平台双边定价的影响兼具直接效应和间接效应，平台的双边定价通常呈现出不对称性，而其本质属于平台利润最大化的实现手段，利用高弹性、低价格的市场一边吸引另一边，而这也是平台普遍和理性的定价行为（纪汉霖，2006）。网络外部性还通过影响双边用户的归属选择间接影响平台的双边定价。在市场化竞争环境下，科创平台的双边用户既可选择单归属，也可选择多归属。当网络外部性较强时，用户的多归属行为会导致平台对此类用户的收费提高（曹俊浩等，2010）。

双边平台常见收费模式：科创平台需要针对不同的发展阶段动态调整价格结构，以确保平台各方收益最大化。平台对双边用户的收费模式主要有以下三种：①收取注册费模式。注册费是指用户为取得在平台上交易的资格，向平台缴纳的固定费用。该模式适用于平台不易监控双边用户交易次数的情形（纪汉霖和管锡展，2006）。由于注册费决定了科创资源需求方进入平台的门槛，因此可以有效消除其道德风险，减少用户"搭便车"等机会主义行为。平台将缴纳注册费的用户（个人或企业）视为平台成员，提供设备共享服务，而未缴纳注册费的非成员则无法使用平台设备及配套服务，进而控制用户规模及所得收益。平台收取的注册费一定程度上成为用户的转换成本，能有效阻止用户的多归属行为，当该成本较高外加网络外部性较强时，用户便被平台自然锁定从而使平台获得垄断地位（Hagiu，2009）。②收取交易费模式。交易费是指平台基于交易量或者交易次数，对双边用户收取的费用。平台两边用户预期增加交易数量能促使平台注册费和交易费水平降低，随着用户预期的交易次数增加，交易费逐步成为吸引用户参与平台的工具（纪汉霖，2006）。伴随网络经济时代的到来，交易成本和维持成本持续降低，规模经济逐渐让位于范围经济，平台科创资源需求方的范围经济形成长尾效应。长尾以其总量而非单品规模巨大、成本极低使个性化定制需求形成规模优势。平台逐步倾向于取消注册费而只收取交易费获取盈利，同时减少单位交易费用从而增加交易次数，利用长尾效应实现盈利（Anderson，2007）。③两部收费模式。注册费和交易费的组合构成两部收费模式（朱振中和吕廷杰，2007）。平台通过注册费对先入用户进行质量筛选，用户所付费用决定其转换成本，从而杜绝用户多归属甚至流失问题；并通过后续的交易费用，作为平台的长期收益来源。转移成本引发的市场锁定效应使得优势企业的规模经济效应被成倍放大，从而使网络效应显著的产业存在很高的进入壁垒。在两部收费模式下，平台收取的注册费与交易费呈负向相关，平台可以通过降低交易费用来提高注册费用。随着平台服务质量提高和用户预期交易次数增加，平台倾向于以收取交易费为重点（纪汉霖，2006）。为抑制用户多属行为，平台仍然可能收取一定额度的注册费，但其收费水平比平台导入期低，以吸引更多用户在平台上注册交易（Armstrong，2006）。

（2）科创平台治理机制

基于网络治理视角：科创平台网络作为资源配置的方式，网络治理是对其治理机制研究中的重要内容（孙国强和范建红，2005）。科创平台网络治理的目标在于协调合作与优化资源要素，提升组织对于外部环境的适应能力，统一各成员的行动目标，实现协作创新和适应性创新（林润辉和李维安，2000），进而巩固参与者之间的交易关系并最终达成利益均衡。科创平台网络治理的核心在于通过资源集聚和技术共享，提高科创成果转化效率，真正让"世界级"的科研投入带来"世界级"的科技成果产出。现有科技创新治理的研究多从企业创新治理角度讨论制度安排对内外创新资源进行优化配置、协调企业利益，从而实现共创价值（李维安等，2014）。但随着科技创新平台网络化发展，仅从企业层面讨论治理是不够全面的，应从科创平台这一创新服务载体自身出发，探索其所搭建双边乃至多边网络中的多主体利益协同问题。

基于生态系统视角：随着商业模式的转型升级，价值创造方式逐渐从传统的产品导向（P-D）过渡至服务导向（S-D）。平台生态系统的概念源自商业生态系统，指由彼此互动的组织或个体组成的经济共同体，其核心在于强调个体效用水平在系统中的彼此联动。科创平台生态系统能协调系统中多主体间的复杂互动，包括交易、竞争与创新，因此基于该视角的科创平台本质上属于多功能组织，能有效促进企业创新（Autio 和 Thomas 等，2014）。平台生态系统的治理分为三个维度：决策权分配，获利机制，以及利益分配。由于以服务于社会公共研发活动为目标，科创平台本身兼具"经济人"和"社会人"的双重属性（李广乾和陶涛，2018），在探索其治理机制设计时应兼顾平台自身的社会责任。

五、绿色创新的制度体系

（一）绿色技术创新激励政策

优化绿色技术创新的市场环境，需借助政策激励、金融、财税支持、服务体系构建等服务支撑，为绿色技术创新营造良好的市场环境。第一，人才资源是推动地方经济发展的重要资源，由于人才市场的盲目性与滞后性，特别是在各地区经济发展的高度不平衡背景下，政府对人才的培育、人才流动的调控必不可少（张辉和赵琳，2015）。科技创新人才政策按照基本政策工具划分为供给型、环境型和需求型三种（曹钰华和袁勇志，2019）。政府不断出台供给型政策，提高政策实施效力，可以形成人才聚集效应，推动高技术中小企业引进人才，提高人才整体学历水平、优化专业结构（牛冲槐等，2015）；政府重视对需求型政策的应用能够促进企业人才发展，如鼓励高技术中小企业开发新岗位引进优秀人才、改善人才聘任制度、培养和起用青年人才等；环境型政策有利于充分发挥社会资本对人才结构优化的支持作用。

第二，政府支持在创新资源配置中发挥重要作用。政府为企业研发提供补贴以及金融、税收激励政策，可以降低企业的研发成本（肖文和林高榜，2014）。同时，政府支持可以在一定程度上缓解企业的外部融资约束。此外，与政府保持良好的关系不但有助于提高企业的政治合法性和企业正面形象，为企业带来一些间接支持，企业也可以更及时准确地把握政府政策的发展动向，迅速调整企业创新活动，从而最大可能地利用政府提供的政策优惠或机会（陈启杰等，2010），政府可以通过补贴、税收政策、公共采购等手段激励企业进行绿色技术创新。

第三，要加快推动绿色技术创新，构建一个有效支持绿色技术创新的金融服务体系，为市场化的绿色技术创新体系带来可持续的发展推动力（卓志衡等，2019）。现有金融体系不能满足绿色发展的内在需求，绿色金融供给不足制约了绿色发展，政府需要根据绿色技术创新的金融服务体系具有的特点，建立一套适合于绿色技术和绿色 PE/VC 基金的界定标准和环境效益评估标准，利用数字技术提升绿色评估能力（马骏等，2020）。中国在构建科创网络中的融资模式时应主动借鉴国际先进经验，如英国的绿色投资银行（GIB），针对基础设施融资中市场缺失问题；欧盟的全球能效和可再生能源基金（GEEREF），重点面向中小型可再生能源和绿色基础设施项目。科创网络下的供应链融资的发展方向是建立跨行业、跨组织和跨区域的多主体合作模式，构建联盟或集群合作模式，建立大数据金融生态系统，使其能够服务于技术创新体系的广大参与主体。

（二）政府环境规制政策

政府环境规制政策主要可分为正式型和非正式型两类。正式型的规制政策既包括命令—控制型规制政策，如"三同时"制度、限期治理、排污申报登记等，也包括以市场为基础的规制政策，例如排污费、环境税、排污权交易等（张嫚，2005）。而非正式型的规制政策则主要是基于信息披露和参与机制的一些制度设计，如环境信访、宣传教育等。政府环境规制与技术创新具有千丝万缕的联系。按照波特假说理论，适当的环境规制在一定条件下可以促进企业技术创新。但是，根据相关学者研究，中国情境下波特假说是否成立仍然存在很多争议（伍格致和游达明，2019）。

学界研究结论的差异化，其原因在于环境规制对技术创新的关系并不是简单的线型关系，而是呈现出 U 型关系。对于经济发展水平较低、资源禀赋较差、创新动力不足的国家和地区，环境规制强度的提升会阻碍科技创新；而当要素水平超过一定的阈值之后，环境规制会显著促进科技创新能力的提升（沈能和周晶晶，2018），我国环境规制与科技创新的作用亦存在地区差异

（齐亚伟和陶长琪，2014）。此外，各地区为了获得相对竞争优势而使用的规制工具对技术创新的影响也具有显著差异。以强制手段为主的命令—控制型环境规制方式成本高昂、效率低下，难以满足更高的环境保护要求，对技术进步无显著正影响，甚至会产生负向影响（王小宁和周晓唯，2014）。而基于市场的环境规制政策，则可以通过市场手段对企业产生持续刺激，促进企业通过创新手段寻求高效利用和减少污染排放的技术方法以最小化其污染成本，对企业创新具有正向影响作用。因此，在构建绿色技术创新体系过程中，政府规制应当是具有针对性和策略性的，并通过控制地方政府环境治理投资与经济发展激励系数的相对大小，促进政治竞争对企业绿色技术创新最优水平的正向影响。

（三）技术创新的协同机制

政府在协同创新中发挥重要作用，创新驱动发展需要依靠政府与科技型企业高度协同，推进大学、企业和政府间的合作互动，建立协同创新共同体，提高协同创新的深度与广度，能够实现创新效率的提升（蔡翔和赵娟，2019），主要通过两个方面进行实现。首先，能够为企业提供及时的信息，获知政府创新产业政策变化与创新战略举措等方面的相关信息，使企业尽量避免风险的不可预知性；其次，带动产学研以及金融机构一起与企业协同发展，增加企业的信息技术来源，改善企业的贷款现状，为企业的不同创新阶段有针对性地做出融资优惠、财政补贴和救助以及其他政府支持。因此，有学者曾提出，应该在政府积极支持下，通过企业、大学、研究院所、中介组织等区域民生科技创新主体的协同合作和共同参与，建立民生科技的创新服务体系。并且，在创新网络内部，还要以企业为主体，分别构建"企业—企业""企业—政府""企业—科研机构""企业—中介服务机构"等协同创新机制（崔永华和王冬杰，2011）。

（四）技术创新的国际合作机制

加快绿色技术创新体系建设应该加强对外开放与国际合作力度。中国绿色技术的创新需要加快机制创新，并充分借鉴国际经验（孙艳，2014）。开放的制度有利于促进进口贸易并刺激工业绿色转型（彭星和李斌，2015），跨国企业的技术溢出能够帮助东道国企业提升绿色技术创新效率，贸易对中国产生的国际前沿环保技术溢出效应，有助于碳减排，对我国的产业结构有明显的促进作用（袁丹等，2016）。对外直接投资（OFDI）能够促进母国绿色生产率，而且，OFDI 投向研发密集型国家更有利于促进东道国绿色生产率。有研究表明，国际研发资本技术溢出比国内研发资本能更好地促进绿色技术创新效率的提升，国内研发资本甚至还会阻碍绿色技术的创新效率（梁圣蓉和罗良文，2019）。因此，通过收购外资企业、投入跨国研发成本都能够提升本土国绿色技术创新效率。开放的制度有利于促进进口贸易并刺激工业绿色转型（彭星和李斌，2015），在国际合作中，政府需加强国际技术引进，并与自主创新相结合，构建国际科技合作知识产权制度，积极开展绿色金融领域的国际合作（李美洲等，2017）。

（五）绿色技术创新体系的组合政策情景

绿色技术创新受资源和环境约束、市场需求、企业竞争、技术条件等因素的共同影响，因此单一的政策难以反映出不同的施政机构及不同侧重点的政策之间的相互作用，需要利用政策组合才能反映出情景对创新过程的影响及政策之间相互作用的动态性。政策组合的概念于 20 世纪初被引入创新领域，该领域的经济学家普遍认为多种政策的同时实施是实现绿色技术创新的最佳策略（贾军和张伟，2014）。政策组合的作用机理可以通过研究环境规制、利益相关者压力、市场营销能力与企业绿色技术创新战略之间的关系来揭示。

（1）产业层面

中国在绿色技术创新政策的制定中需要重视地域差异性及产业发展的阶段性，应针对某一特定区域、特定行业、特定类型企业的绿色技术创新绩效进行试点评估，通过实施差异化对策来实现企业绿色技术创新绩效的最大化（汪明月等，2020）。从行业层面来看，税收优惠与减免政策对于行业开展创新活动的影响较大，如高新技术行业的所得税减免政策组合：对技术转让免征增值税和所得税、对技术开发收入免征增值税、对研发费用加计扣除的税收优惠政策（郭丕斌和刘宇民，2019）。对于污染密集型工业行业，严格且适宜的环境管制能够激励企业发展和采用新的生产技术组合，从而能够提高企业的生产效率和竞争力（李树，2013），而过于严格的环境管制可能会产生较高的成本，因此可以利用绩效导向和市场导向来设计"适宜的"环境管制以配合使用。

（2）区域层面

如果单独应用环境规制，会抑制区域的绿色增长绩效，因此在制定环境规制时需要考虑如何驱动绿色技术创新，而且研究表明绿色集聚水平越高，区域内企业越倾向于绿色技术创新（贾军和张伟，2014）。政府在制定政策组合时应兼顾环境政策与科技创新政策、创新过程支持和扩散激励政策、研发政策与环境规制对绿色创新效率的影响，最大程度提高区域整体的创新效率、降低不确定风险（李树，2013），例如，严格的环境税费制度与绿色创新产品的价格补贴政策组合可以有效促进企业绿色技术的创新，为减轻企业负担，帮助企业逐步实现绿色技术创新，实现区域内新旧技术的更替；同时，政府也可使用宽松的环境税费制度与绿色创新产品的价格补贴政策组合以促进区域内创新技术的推广。此外，政府支持政策在区域内的组合使用更能激励创新活动的开展，如技术开发收入免征增值税和技术转让减免所得税，科技开发用品免征进口税政策，高新技术企业所得税减免政策，企业研发活动专用仪器设备加速折旧政策等（郭玊斌和刘宇民，2019）。

（3）企业层面

进行绿色技术创新需要兼顾经济绩效、环境绩效和社会绩效，完全由市场机制引导的绿色技术创新为企业所带来的私人回报小于社会回报，因此需要政府制定必要的政策以促进企业实施绿色技术创新。科技型中小企业在进行创新活动时往往会面临巨大的资金约束，政府的财税政策能够提供一定的扶持，财税政策一般包括财政补贴和税收优惠，其中财政补贴包括研发补贴和利息补贴，税收优惠包括直接优惠和间接优惠，值得注意的是，在企业创新发展的不同阶段，财政补贴和税收补贴的效果不同，在创新投入阶段，研发补贴和直接优惠对企业创新的激励更大，而在创新产出阶段，研发补贴和间接优惠对企业创新的激励更大。虽然财政补贴和税收政策都能激励企业进行创新，但是在创新投入阶段，政策补贴的效果更好；在创新产出阶段，税收优惠的效果更好（宁靓和李纪琛，2019）。

另有研究表明，创新性政府采购比研发补贴更能刺激企业进行创新投入，将供给侧政策和创新性政府采购组合使用对创新性投入增长的影响显著，因为供给侧政策能够降低创新活动的成本，而需求侧政策可以增加创新动力，因此将税收减免、补贴政策和政府采购政策相组合能够更好地刺激企业的创新行为（Guerzoni 和 Raiteri，2015）。此外，环境政策组合工具对企业绿色技术创新具有积极影响，将研发政策与环境规制结合使用能够形成互补耦合来激发绿色创新（何小钢，2014），但不能所有企业一刀切，应当因企施策，比如为促进企业进行绿色技术创新，对技术溢出效应高的企业应采取研发补贴和排污税结合的政策，对于技术溢出效应低的企业则应采取研发税与排污税结合的政策（郁培丽等，2014）。由于绿色技术创新具有"双重外部性"（即创新知识溢出的正外部性和污染排放给社会带来的负外部性），因此需要研发补贴政策和环境规制政策组合应用，才能更好地激发企业进行绿色技术创新，政策之间的相互作用可以加强单个政策的影响或弥补单个政策可能产生的负面作用。

目前，关于促进绿色技术创新的政策情景大致可以分为四类：一是财政补贴和税收优惠组合，根据创新发展不同阶段的侧重点不同实施的政策组合，在创新投入阶段侧重于财政补贴，在创新产出阶段则侧重于税收优惠；二是价格补贴和环境税费组合，针对不同企业类型实施不同的环境规制，如针对资金充足抗风险能力强的企业，实施严格的环境税费；针对资金基础薄弱且抗风险能力较差的企业，实施宽松的环境税费；三是研发补贴和环境规制组合，对技术溢出效应高的企业采取研发补贴和排污税组合，对技术溢出效应低的企业采取研发税和排污税组合；四是财政补贴、税收优惠和政府采购组合。本书认为将财政补贴、税收优惠、政府采购、环境规制的政策组合使用，根据不同产业、区域、企业的绿色技术创新发展的不同阶段实施不同的政策组合，更能促进绿色技术创新的发展。

第七节　本章小结

从已有文献的研究现状可以看出，国内外众多学者对绿色供应链管理及决策优化问题进行了丰富的研究，主要集中在绿色供应链管理研究的产生与发展、绿色供应链下企业的决策优化分析、消费者绿色偏好研究、政府低碳政策的制定、绿色闭环供应链研究和供应链契约协调机制研究等方面。上述研究领域能总结绿色供应链的发展，从不同的角度对企业碳减排决策、政府碳政策制定和契约机制设计展开阐述，展示绿色供应链发展过程中的关键影响因素以及相关研究结论，对于绿色供应链管理及决策优化的快速发展提供了一定的参考借鉴价值。对于绿色供应链中的策略决策方和政策制定方均具有一定的指导意义，也给未来学者展开深入研究提供了一定的理论依据。

在节能减排目标约束下的绿色供应链研究中，如何促进传统企业的绿色转型升级和可持续发展，已在学术界和实业界达成共识。但是，基于绿色供应链视角，在考虑消费市场和政策变化的实际情况后，如何优化供应链中各成员的碳减排决策、制定有效政府碳政策、设计针对性的契约协调机制等问题，现阶段仍缺乏严密的理论逻辑、系统的研究方法和科学有效的解决思路。具体而言：

第一，根据现有针对供应链碳减排决策优化的研究，较多学者只考虑了碳配额-交易政策的单一影响，而很少文章在市场信息不对称情况下，将碳标签政策与消费者绿色偏好差异化同时引入分析。此外，较少文献在兼顾碳配额-交易政策影响的同时，考虑政府作为碳标签授权方进入绿色产品市场后，对供应链决策和协调机制设计造成的影响。

第二，在碳政策约束下，现有研究较少同时考虑企业的逆向回收和碳减排决策优化问题，大多集中在传统闭环供应链中，讨论下游企业与消费者间的回收决策。很少研究在考虑正向供应渠道竞争和逆向回收的供应链体系中，同时引入企业碳减排行为和政府碳政策制定进行分析，构建由竞争型新零件和回收零件供应商、碳约束下的制造商组成的绿色闭环供应链体系，并设计契约协调机制。

第三，目前的研究较少将政府碳政策、消费者绿色偏好、回收再利用与供应链合作减排契约同时考虑在内，较少研究构建完整的绿色闭环供应链博弈模型，并将多重影响因素以及因素间的关系统一整合进行优化。

第四，目前针对供应链协调契约设计的研究往往局限于传统闭环供应链，在绿色闭环供应链视角下，探讨企业间合作碳减排契约优化的研究不足。

此外，在绿色创新体系构建和协同的过程中，为了推动绿色可持续发展，政府、产业界和学术界开始重视绿色技术创新体系的构建。但现有研究较少关注创新主体间的合作单一甚至欠缺等问题，使绿色技术创新面临着"卡脖子"技术难突破、创新绩效差、成果转换效率低、科创合作难协调、政府政策和市场导向力度弱等瓶颈问题。同时，市场需求进一步多样化和复杂化，对技术创新速度提出了新的要求，封闭式创新难以应对新发展形势。因此，研究绿色技术创新合作体系建设与评估、科创网络下多主体创新合作模式构建与协同治理机制设计、政府政策保障体系建设等成为本书的研究重点。具体地，针对这三个方面的研究现状如下：

第一，内涵尚不明确，绿色指数不完备。在概念界定方面，已有研究给出了绿色技术、技术创新、绿色技术创新、创新网络、创新效率、创新体系等概念，将创新体系分为国家创新、区域创新、产业创新和企业创新四种体系，但关于绿色技术创新体系概念的界定仍不清晰；而在市场导向机制方面，相关研究主要聚焦在优化创新资源配置、平衡供需关系等方面。然而，如何运用大数据技术分析绿色技术市场的供需结构、预测供需未来走向进而优化匹配效果，尚未得到学者们的重视。随着创新体系的不断完善以及市场和技术不确定性程度的降低，创新体系从政府导向逐步向市场导向转变成为关键，但政府主导如何向市场主导平稳过渡，二者之间的职能分工与协同机制仍不明朗；在绿色技术创新效果测度方面，已有研究从不同层面构建指标体系，各类指标体系也相对成熟，但由于技术的"绿色程度"难以量化，导致绿色相关的指标体系建设尚不成熟，另外有关市场导向的绿色技术创新评价研究较少。

第二，合作模式与治理机制的多主体特征不明确。新时期下构建市场导向的绿色技术创新体系，需要充分了解企业、科研机构、高校、政府、金融和中介机构间的合作现状，着重以科技创新推进绿色发展，突出绿色技术创新中的市场导向作用。然而已有研究对市场导向下的多主体创新合作模式的研究，大多集中在技术创新、人才共享、公共服务、环境治理与生态管控等方面的地区合作，对各主体间的分工合作、构建科创网络组织体系的体制机制设计研究相对缺乏；现有研究未能关注中国技术创新行为与创新绩效脱节的原因，找出影响科创合作的关键因素及其作用机理，构建能突破现有格局的技术创新体系；针对科创网络构建和治理机制设计的研究仍存在概念界定模糊、情景模拟欠缺、创新范式不确定、政策体系不健全等问题。而且，提高技术创新能力，应着重以科创网络为核心的发展模式，构建联盟和集群网络发展的新形式，汇集创新资源；应着重发挥政府的政策辅助作用，协调政府与其他主体的合作关系，设计激励机制，建立完善的政策支持体系。但现有研究均未能提供系统的思路和方法，也未能构建适用于不同发展阶段的多主体技术创新合作模式，形成科创网络模式建设与治理的理论借鉴。

第三，政策体系与市场配合度低。构建市场导向的绿色技术创新体系需要政府的优质体制供给，要求"有效市场"和"有为政府"的共同作用。前者在私权领域提供资源配置的效率优势；后者为市场机制高效运行、比较优势动态培育、高端资源整合与共享、配套设施等提供有效供给，因此，绿色技术创新制度供给是"有为政府"激励绿色技术创新的重要任务，该制度体系是一个涉及政策激励制度、现代市场制度、法律保障制度等多种制度在内的复杂系统工程。通过文献梳理发现，政府规制组合的创新协同效应研究不足，以提升创新协同效应为目标，在不同合作创新场景下对政府规制组合调整和实施的研究欠缺。同时，如何构建更为完善的法律保障制度以高效促进绿色技术创新中涉及的关键节点的完善，如绿色技术标准修订、知识产权的优化等也是政府亟需考虑的重点。但现有的研究均未能提供系统的思路、方法并形成全面的绿色技术创新制度理论借鉴。

非对称信息下碳约束企业的定价与减排决策

　　设计合理有效的碳政策，保证在激励企业减排行为的同时，保持经济稳定发展已成为政府和社会关注的重点。但是，在碳约束下，企业往往要投入额外成本以实现减排目标：如电子电器产品制造企业需进行废旧产品的回收、筛选和再处理，以实现资源再利用、提高产品的环境友好度；动力电池生产企业需投入大量研发成本，以提高电池的充电效率、材料环保水平等特性；汽车制造企业为了满足不同消费者需求，需拓宽生产线，制造并销售纯电动车、油电混合车和燃油汽车等多类型产品。在实际生产销售中，企业投入减排不仅带来高成本，也面临着低回报率的现实问题。例如，电器产品制造企业虽能通过多级能效标识，使消费者在搜索、购买产品的过程中展示部分偏好信息，但当产品的定价与减排水平不匹配时，往往会使绿色消费者选择节能效果差的低价产品。这是因为企业减排虽能提升产品的绿色特性，但消费者各异的需求特征导致其偏好存在差异，同时由于市场中各参与者拥有的信息不同，企业难以获知消费者的真实偏好，导致非对称信息下制定差异化生产销售策略的效率大幅下降（Salanie，1997）。

　　当产品增加低碳特性且企业难以准确获知消费者偏好时，需求差异化和信息不对称造成低碳产品市场柠檬化，即劣币驱逐良币。此现象在二手车交易市场中尤为明显，奔驰公司为了防止中间商以次充好，实施官方二手车认证，进行权威车检以缓解非对称信息下消费市场的流失。在非对称信息的影响下，企业无法制定针对性的减排定价策略，使绿色消费者选择低价的高碳产品的剩余更高，出现"高碳驱逐低碳"现象。

　　当企业减排投入无法完全通过提升产品价格进行弥补时，会打击企业减排积极性且降低消费者绿色偏好，由此形成本章研究的第一个关键问题：企业在政府碳配额-交易、碳标签政策组合的约束下，如何兼顾自身经济效益和外部环境效益的共同发展？碳约束强度如何影响企业均衡决策、利润和消费者剩余？非对称信息下，企业如何针对不同减排程度的产品制定与其相匹配的价格？

在减排目标约束下，不仅企业面临着优化决策的难题，政府也需实时调整碳政策以适应不同发展阶段。现有研究大多局限于碳配额-交易政策对企业单一决策的影响，并未分析非对称信息下的消费者偏好差异化、企业策略组合决策以及政府碳政策组合调整的影响。因此，研究政府在平衡绿色需求和企业效益、兼顾经济增长和环境保护的双重目标下，设计并实施合理有效的碳政策成为本章研究的第二个关键问题。

在研究企业减排决策优化时，大多学者只考虑了政府碳配额-交易政策作为外生变量的影响，很少在非对称信息下同时考虑多种碳政策组合、消费者绿色偏好差异化和政府碳政策决策行为等因素的作用。因此，本章同时考虑碳政策约束和非对称信息的影响，设计由差异化偏好消费者、减排企业与政府组成的两阶段博弈模型，运用非对称信息下子博弈均衡逆向选择理论，优化企业减排定价决策和碳政策组合制定决策，拓展模型并根据市场中实际的消费者分布情况，构建均匀偏好（各类消费者数量相当）、中等偏好（中间偏好类型消费者更多）和低偏好（低绿色偏好类型消费者更多）三种市场分布模式，分析不同模式下关键参数对均衡利润和社会福利的影响，指导政府设计并实施合理有效的碳政策。

第一节　绿色供应链模型构建

一、研究问题

本章针对在碳政策约束下的风险中性制造企业，研究其在信息不对称和消费者绿色偏好差异化下，如何有针对性地生产并销售产品，在实现减排目标的基础上最大化自身利润。同时，研究政府在激励企业节能减排、促进绿色产品市场发展的目标下，如何制定并实施合理有效的碳政策组合。构建政府、企业和消费者的两阶段博弈决策模型：首先，政府在考虑消费者效用、企业利润和减排水平后，以社会福利最大化为目标制定碳政策；其次，制造企业在碳政策约束下决策产品的减排和定价策略，面向差异化偏好消费者进行销售；最后，消费者根据自身效用决策购买行为，如图3.1所示。

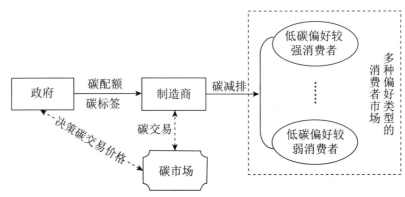

图3.1 绿色供应链的两阶段决策模型

综合考虑低碳市场现状并构建模型：（1）政府作为权威决策方，通过调整碳政策组合，实现对企业碳减排行为的监管与激励；（2）企业通过制定产品减排与价格的策略组合，实现碳政策约束下的利润最大化；（3）市场中消费者的低碳偏好多样且私有，存在信息不对称现象，其根据自身效用、产品减排和价格信息决策购买行为；（4）根据实际低碳市场类型划分三种消费者分布情况，对比不同消费市场下的均衡策略并分析利润变化，指导企业决策和政府政策制定。

二、决策时序

首先，政府监督企业的减排行为并制定相应的碳配额–交易等政策；其次，制造商根据消费者的购买偏好信息，判断市场需求，制定产品减排和定价策略组合，面向不同偏好类型消费者进行差异化销售；最后，消费者根据产品价格、减排程度和自身的效用水平决策购买。三方的决策时序如图3.2所示。

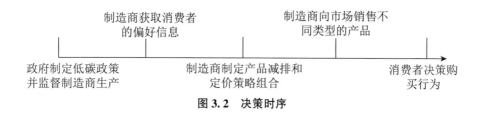

图 3.2　决策时序

三、参数符号与函数关系

本章所使用的符号说明如表 3.1。

表 3.1　参数符号说明

参数	
u	消费者剩余函数
v	消费者效用函数
θ	消费者偏好强度系数
δ	制造商减排努力系数
q_0	企业的初始碳排放总量
q_G	政府给定的碳排放权配额总量
α	制造商可购买碳权上限
β	制造商可出售碳权上限
λ_i	市场中 i 类型消费者的数量
决策变量	
p_i	制造商决策产品的销售价格
q_i	制造商决策产品的减排努力
p_c	政府决策的碳交易价格
下标	
i	不同偏好类型的消费者 $i = 1, \ldots, n$
$-i$	除 i 之外的其他类型消费者
上标	
F	对称信息下两种产品的均衡

S	非对称信息下两种产品的均衡
G	非对称信息下多种产品的均衡
U	区间上限
L	区间下限
GU	均匀偏好市场
GD	低偏好市场
GC	中等偏好市场

（1）消费者剩余函数，即消费者购买产品获得的效用减去购买成本后的剩余 $u_i(\theta_i, q_i, p_i) = v_i(\theta_i, q_i) - p_i$，其中消费者效用函数形式假设为 $v_i(\theta_i, q_i) = \theta_i q_i$，函数满足条件 $\partial u_i / \partial p_i < 0$，$\partial u_i / \partial q_i \geqslant 0$，$\partial u_i / \partial \theta_i \geqslant 0$。

（2）制造商的减排成本包括减排努力成本与购买（或出售）碳排放权成本（或收益），根据文献（Ghosh 和 Shah，2012）的假设，产品的低碳程度与减排努力呈非线性、正相关关系，满足 $\partial C_i(q_i, p_c)/\partial q_i > 0$，$\partial^2 C_i(q_i, p_c)/\partial q_i^2 \geqslant 0$，即成本随减排努力的提高而增加，且增长速度随减排努力的增加而逐渐提高。假设产品 i 的单位成本函数为 $C_i(q_i, p_c) = \delta q_i^2 - p_c q_i + (q_0 - q_G) p_c / \sum_{i=1}^{n} \lambda_i$，第一项为产品 i 的单位减排努力成本，δ 为减排成本系数，受技术水平限制 δ 不能过低；第二项为企业减排后可向市场出售的碳排放权获利；第三项为企业生产单位产品的初始碳排放成本，q_0 表示制造企业生产所有类型产品的初始碳排放总量，q_G 表示政府对企业所有生产活动进行评估后，分配的碳排放配额，满足条件 $q_0 > q_G$。

（3）若制造商减排强度不足，使排放量超出政府碳配额量，则必须遵从政府约束购买碳排放权，假设制造商一定遵从政府要求且无法承受惩罚；政府为防止企业为了追求大量减排而缩减生产规模，导致碳交易市场因供大于求而失效，约束企业的碳减排总量，即企业可出售碳排放权额度 β；同时为避免企业过度依赖购买排放权而不进行减排，约束企业的碳减排总量下限，即可购买碳排放权 α。企业的可交易碳配额总量满足约束 $-\beta \leqslant q_0 - q_G - \sum_{i=1}^{n} \lambda_i q_i \leqslant \alpha$，排放总额可为正（企业需购买额度），也可为负（企业可出售额度），为保证存在均衡解并简化结果，上下限分别满足 $\alpha > q_0 - q_G - \sum_{i=1}^{n} \lambda_i p_i /$ θ_i，$0 \leq \beta \leq B$，其中 B 为常数，表示政府设定的、企业在减排后可出售的最大碳排放额度。

（4）为了维持碳市场稳定，结合中国碳交易市场发展不成熟、尚未形成自由市场的现状，政府介入调控碳交易价格是维持碳配额–交易政策有效运行的主要手段；碳标签政策则是消费者判断产品低碳水平的主要方式。

四、模型构建

首先，政府以社会福利最大化为目标、企业的减排定价策略为约束，决策碳交易价格。然后，制造商根据消费者行为决策减排和价格，减排努力程度大的产品环境友好度高，为低碳产品，反之则为高碳产品。制造商成本 $C_i(c_i, q_i, p_c)$ 一般与传统生产制造成本 c_i（如空调风机、管路等非核心组件的制造成本）、减排努力 q_i（将传统空调压缩机升级为不同等级变频电机的投入成本）和碳排放权交易价格 p_c 相关，由于本书重点研究差异化减排与定价策略的影响，不失一般性可令 $c_i = 0$。

绿色产品市场中存在多种偏好类型消费者，假设消费类型 i 在市场中的数量为 λ_i（$i = 1, 2, \ldots, n$）；每个消费者只购买一单位产品，消费者 i 购买产品 i 的剩余为 $u_i(p_i, q_i, \theta_i)$，其与产品销售价格 p_i、减排程度 q_i 和消费者自身偏好强度 θ_i 相关。消费者 i 根据自身效用决策购买行为，当 $u_i(p_i, q_i, \theta_i) > u_i(p_j, q_j, \theta_i)$ 时购买产品 i，当 $u_i < E$ 时退出市场，不失一般性地假设退出成本 $E = 0$。由于在非对称信息下，市场中不同参与者拥有的信息不同：消费者的偏好为私有信息，企业无法获知其准确偏好，只能根据有限偏好信息制定生产计划。此时，无论企业采取何种减排定价策略，消费者都会选择最大化自身剩余，因此企业必须通过设计合理的激励机制以使不同消费者选择与其偏好相匹配的产品。

考虑非对称信息的影响，构建带约束的两阶段博弈决策模型，目标函数与约束条件分别为，

$$\max_{p_c} SW = \pi_m + CS = \pi_m + \sum_{i=1}^{n} \lambda_i \cdot u_i [p_i(\theta_i), q_i(\theta_i), \theta_i]$$

$$s.\,t.\,\max_{p_i,\,q_i} \pi_m = \sum_{i=1}^{n} \lambda_i \cdot [p_i(\theta_i) - C_i(q_i(\theta_i),\,p_c)]$$

$$s.\,t.\,\begin{cases} u_i(p_i(\theta_i),\,q_i(\theta_i),\,\theta_i) \geqslant 0 \\ u_i(p_i(\theta_i),\,q_i(\theta_i),\,\theta_i) \geqslant u_i(p_i(\theta_i),\,q_j(\theta_i),\,\theta_i) \\ \alpha \geqslant q_0 - q_G - \sum_{i=1}^{n} \lambda_i\,q_i \geqslant -\beta \end{cases}$$

第二节　对称信息下逆向选择决策

博弈决策模型中，政府首先制定并实施碳政策，制造商进而决策产品的减排与定价，消费者获取产品信息后决策购买。本节首先建立偏好差异化维度较低的基础模型：市场中存在数量相同 $\lambda_i = \lambda_{-i}$、偏好强度不同 $\theta_i \neq \theta_{-i}$ 的两类消费者，求解模型并分析企业均衡决策与利润。

一、企业均衡决策

对称信息的情形下，制造商能够获知差异化消费者的全部偏好信息 θ_i 并有针对性地进行销售，实行一级价格歧视（Stole，2007），即企业在完全掌握消费者信息并垄断市场的条件下，能为每一位顾客及其所购买的每一单位产品制定不同的价格，由此获得消费者的全部剩余。当企业生产两种类型产品：一种为减排程度较高的绿色产品，另一种则为环境友好度低、面向普通消费者的一般产品时，根据逆向归纳思想，首先分析消费者个体理性下的购买决策，制造商进行减排定价决策。构建模型，求解制造商的最优决策。

$$\max_{p_i,\,q_i} \pi_m = \sum_{i=1}^{2} \lambda_i(p_i - \delta q_i^2) - (q_0 - q_G - \sum_{i=1}^{2} \lambda_i q_i) p_c$$

$$s.\,t.\,\begin{cases} \theta_i q_i - p_i \geqslant 0 \\ -\beta \leqslant q_0 - q_G - \sum_{i=1}^{2} \lambda_i q_i \leqslant \alpha \end{cases} \tag{3.1}$$

制造商的目标函数中，第一项为进行生产和销售后的净利润；第二项为碳交易政策下的利润（减排量大则可出售剩余碳排放权）或成本（减排量小则需购买碳权）。约束条件中，第一式约束消费者的个体理性行为，即剩余不小于零；第二式约束企业的碳减排投入：过量减排会导致碳交易市场供大于求而失效，过度依赖购买碳权则会使社会减排总目标难以实现。为了重点分析差异化偏好、碳政策等因素对企业减排和定价决策的影响，不失一般性地令 $\lambda_i = \lambda_{-i} = 1$。

根据假设 $\partial\, C_i(q_i, p_i)/\partial\, q_i = 2\delta q_i - p_c > 0$ 条件，由 $\partial\, \pi_m/\partial\, q_i = p_c - 2\delta q_i < 0$，$\partial^2 \pi_m/\partial\, q_i^2 = -2\delta < 0$，制造商利润为减排决策的凹函数，且随减排努力的提高而降低，因此在价格满足 $\theta_i q_i \geq p_i$ 临界值时利润最优，即 $p_i = q_i \theta_i$。代入（3.1）中并用一阶条件 $\partial\, \pi_m/\partial\, q_i = 0$ 求解，得到最优减排量、定价和制造商利润分别为：

$$q_i^F = \frac{\theta_i + p_c}{2\delta}, \quad p_i^F = \frac{\theta_i(\theta_i + p_c)}{2\delta}$$

$$\pi_m^F = \sum_{i=1}^{2} \frac{(\theta_i + p_c)^2}{4\delta} - (q_0 - q_G) p_c \tag{3.2}$$

定理 3.1 对称信息下，产品减排和价格均与消费者的偏好强度、碳交易价格正相关：消费者绿色偏好越强，获得产品的低碳性越大，但产品价格也会更高，制造商从中获得更多利润；对称信息下的碳交易价格越高，产品减排程度越高，消费者面临更高的价格。

由定理 3.1 可知，虽然 $\theta_2 q_1^F - p_1^F > \theta_2 q_2^F - p_2^F = 0$，但由于企业具有垄断市场的能力，使消费者要么选择接受其减排定价策略 q_i^F，p_i^F，要么退出市场。因此对称信息下，垄断制造商的最优定价减排策略，能使其获得全部消费者剩余，达到最大利润，如图 3.3 所示。当制造商可以准确获取消费者偏好时，绿色偏好越强，企业越会加强绿色产品的碳减排并相应提高价格，从中获取更高的利润。因此，在对称信息下，为了提高全市场的减排水平和企业利润，政府应大力普及环保理念，提高消费者对低碳产品的消费意识；政府也可通过调控碳交易价格影响减排总量和社会福利，下面进一步分析。

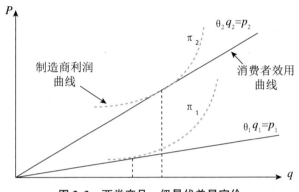

图 3.3 两类产品一级最优差异定价

根据 $\partial^2 \pi_m^F / \partial p_c^2 = 1/\delta > 0$，制造商的最优利润为碳交易价格的凸函数，且由 $\lim_{p_c \to 0} \pi_m^F = (\theta_1^2 + \theta_2^2)/4\delta > 0$，$\lim_{p_c \to +\infty} \pi_m^F = +\infty$，可知利润函数在定义域端点取值均大于零，利用一阶条件 $\partial \pi_m^F / \partial p_c = 0$ 求得最小值点的碳交易价格满足 $p_c' = \delta(q_0 - q_G) - (\theta_1 + \theta_2)/2 > 0$。因此，当 $\pi_m^F(p_c') < 0$ 时，制造商最优利润存在不可行区间（均衡利润为负），如图 3.4 所示。此时满足条件 $(\theta_1 - \theta_2)^2 / 4\delta(q_0 - q_G) + (\theta_1 + \theta_2) < \delta(q_0 - q_G)$，由 $(\theta_1 - \theta_2)^2 / 4\delta(q_0 - q_G) > 0$，可化简条件满足 $\delta > (\theta_1 + \theta_2)/(q_0 - q_G)$。

政府为了激励企业进行碳减排并销售低碳产品，必须保障其有利可得，碳交易价格的合理范围应满足 $p_c \notin (p_c^L, p_c^U)$。这是因为，当碳交易价格低于 p_c^L 时，企业可买入不足的碳排放权，通过节约更多的减排成本获得利润；当碳交易价格高于 p_c^U 时，企业加大减排力度虽会使成本提高，但可通过出售碳排放权获得额外利润。求解碳交易价格的合理区间端点值分别为 $p_c^L = \delta(q_0 - q_G) - (\theta_1 + \theta_2)/2 - H/2$，$p_c^U = \delta(q_0 - q_G) - (\theta_1 + \theta_2)/2 + H/2$，其中 $H = \sqrt{4\delta(q_0 - q_G)[\delta(q_0 - q_G) - (\theta_1 + \theta_2)] - (\theta_1 - \theta_2)^2}$。

性质 3.1 虽然市场碳交易价格的提高会促使制造商加大减排努力，但当制造商初始碳排放量高，而碳配额较低且消费者绿色偏好较弱时，制造商决策受碳交易价格影响时存在利润为负区间。只有当碳交易价格区间满足 $p_c \notin (p_c^L, p_c^U)$ 时，制造商才有投入减排的动力。

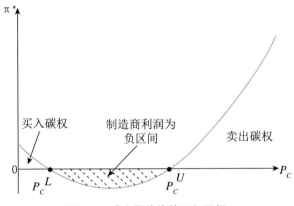

图 3.4　碳交易价格的可行区间

根据性质 3.1，政府在制定碳配额-交易政策时需考虑企业的利润变化，针对初始排放较高的制造企业，当消费者低碳偏好较弱且企业所得碳配额不能完全满足，即 $\delta(q_0 - q_G) > \theta_1 + \theta_2$ 时，所得结论较为出乎意料：政府调控碳交易价格时需维持碳价低于或高于某一特定阈值，而非追求常理上的价格适中原则，如图 3.4 所示。这是因为，当企业减排难度较大且消费者购买低碳产品意愿不足时，较低碳交易价格可以满足企业购入足够碳权而不付出过高成本的需求，较高碳价则能弥补企业的减排投入成本，激励企业利用减排并出售碳权获得利润。总的来说，在市场绿色偏好程度不足、高碳排放企业所获碳配额较低的情况下，适中的碳交易价格反而会使企业陷入进退两难的局面，导致其失去利润空间，最终放弃减排。

二、政府策略制定

第二阶段，求解政府的最优政策制定：政府以社会福利最大化为目标，以调控市场中的碳交易价格为手段，以维护企业利润和碳交易市场稳定为约束，其目标函数与约束条件分别为：

$$\max_{P_c} SW = \pi_m^F + CS = \pi_m^F + \sum_{i=1}^{2} u_i^F$$

$$s.t. \begin{cases} 0 \leqslant p_c \leqslant p_c{}^L \\ p_c{}^U \leqslant p_c \leqslant \infty \\ -\beta \leqslant q_0 - q_G - \sum_{i=1}^{2} q_i{}^F \leqslant \alpha \end{cases} \tag{3.3}$$

由式（3.3）和性质 3.1，可知目标函数 SW 在其定义域上随碳交易价格的增长而先减后增，且碳交易价格在约束条件下满足 $0 \leqslant p_c \leqslant \overline{p_c}$，$\overline{p_c} = \delta(q_0 - q_G + \beta) - (\theta_1 + \theta_2)/2$，当 $SW(p_c = \overline{p_c}) \geqslant SW(p_c = 0)$ 时，最优碳交易价格为 $p_c{}^{*F} = \overline{p_c}$；当 $SW(p_c = \overline{p_c}) < SW(p_c = 0)$ 时，最优碳交易价格为 $p_c{}^{*F} = 0$。由于碳价存在不可行区间，因此在满足约束条件和 $\overline{p_c} \geqslant p_c{}^U$ 时，$\beta \in [H/2\delta, B]$。得到政府最优碳交易价格满足 $p_c{}^{*FL} \leqslant p_c{}^{*F} \leqslant p_c{}^{*FU}$，$p_c{}^{*FL} = \delta(q_0 - q_G + H/2\delta) - (\theta_1 + \theta_2)/2$，$p_c{}^{*FU} = \delta(q_0 - q_G + B) - (\theta_1 + \theta_2)/2$。

定理 3.2 对称信息下，碳交易价格过低会削弱企业的碳减排投入积极性，但高碳价容易造成企业过度减排，导致碳交易市场失衡，因此政府调控碳交易价格需满足 $p_c{}^{*F} \in [p_c{}^{*FL}, p_c{}^{*FU}]$。

根据定理 3.2 发现，政府在制定碳政策时需同时考虑碳交易市场的稳定性和企业利润：在维持碳市场供求稳定条件下，应适当降低碳交易价格；在追求社会碳减排目标约束下，应提高碳价。因此在对称信息下，政府在合理区间内调控碳交易价格既可以提高减排水平，又能促进碳交易市场发展。

将 $p_c{}^{*F}$ 代入（3.2）和（3.3）中，得到制造商最优定价和减排决策、利润分别为：

$$q_i{}^{*F} = \frac{\theta_i - \theta_{-i} + 2\delta(q_0 - q_G + \beta)}{4\delta}$$

$$p_i{}^{*F} = \frac{\theta_i[\theta_i - \theta_{-i} + 2\delta(q_0 - q_G + \beta)]}{4\delta}$$

$$\pi_m{}^{*F} = \frac{(\theta_1 - \theta_2)^2 + 4\delta^2(\beta^2 - (q_0 - q_G)^2) + 4\delta(\theta_1 + \theta_2)(q_0 - q_G)}{8\delta} \tag{3.4}$$

当 $p_c{}^{*F} > 0$ 时，满足 $\delta(q_0 - q_G) > (\theta_1 + \theta_2)/2$，企业最优决策随关键参数而变化：减排程度 $\partial q_i{}^{*F}/\partial \theta_i = 1/4\delta > 0$，$\partial q_i{}^{*F}/\partial \theta_{-i} = -1/4\delta < 0$，$\partial$

$q_i^{*F}/\partial\ q_G = -1/2 < 0$；产品价格 $\partial\ p_i^{*F}/\partial\ \theta_{-i} = -\theta_i/4\delta < 0$；企业利润 $\partial\ \pi_m^{*F}/\partial\ q_G = \delta(q_0 - q_G) - (\theta_1 + \theta_2)/2 > 0$，$\partial\ \pi_m^{*F}/\partial\ \theta_1 = (q_0 - q_G)/2 + (\theta_1 - \theta_2)/4\delta > 0$，$\partial\ \pi_m^{*F}/\partial\ \theta_2 = (q_0 - q_G)/2 - (\theta_1 - \theta_2)/4\delta > 0$。

性质3.2　对称信息下，最优碳交易价格随消费者绿色偏好的增强、政府碳配额的提高而降低；产品 i 的减排程度随消费者 i 偏好的增强而提高，但随消费者 $-i$ 偏好的增强而降低；紧缩的碳配额政策虽能刺激企业加大碳减排力度，但会导致其利润的下降。

分析性质3.2可知，当企业可获知全部消费者偏好时，产品 i 的减排投入随消费者 i 偏好的增强而提高，但随着其他消费者偏好的增强，该产品的价格和减排程度均降低。这是因为对称信息下，企业能够有针对性地生产并销售产品，当消费者购买一般产品的意愿增强时，削弱企业生产绿色产品的主动性，使绿色产品的减排和价格都下降。因此，市场绿色偏好的整体提高并不一定能促进企业对绿色产品的减排投入，政府应首先激励绿色偏好消费者，以促进企业的减排投入，再通过绿色消费带动一般消费。此外，企业利润随全体消费者偏好的增强而提高，因此当政府普及绿色消费意识时，企业应主动配合。

企业的减排投入随政府碳配额的紧缩而提高：当政府减少配额时，企业虽会加大减排努力，但其利润下降，因此政府应适当提高碳交易价格以维持企业的减排积极性，在制定碳配额-交易政策时，政府需要考虑减排总量和企业利润的平衡：在紧缩的碳配额政策下提高碳交易价格，而在宽松的碳配额政策下降低交易价格。在对称信息下，企业可以进行差异化销售，而当消费者偏好信息难以获知时，政府制定严格的碳标签标准、完善标签信息就有助于企业判断消费者类型，促进绿色生产。因此，下一节讨论非对称信息下企业的策略组合优化和政府碳政策的制定。

第三节　非对称信息下逆向选择决策

当绿色企业无法准确获知消费者的低碳偏好信息时，最优差异化定价策略难以实行，制造商与消费者之间存在的信息壁垒导致绿色偏好消费者反而购买价格较低的高碳产品，抑制社会低碳发展和企业节能减排，因此政府作为第三方权威机构，制定并实施碳配额-交易、碳标签等政策，监督并激励企业的减排行为十分必要。

一、企业均衡决策

非对称信息情形下，根据逆向选择理论，企业能通过对历史消费记录的分析和预测等方法，以一定的概率估计出消费者的偏好信息。消费者通过识别不同类型产品上不同等级的碳标签，对产品的低碳性做出判断，该信息可被企业获知并据此进行生产和定价。例如，当消费者通过电商平台购买家用电器产品时，高绿色消费者更多地搜索"一级节能标识"类产品，一般消费者则更多地搜索价格较低的产品而不考虑能效等级，制造商通过消费者搜索历史数据，可以预估市场中不同种类消费者的占比。事实上，估计结果不一定与消费者的真实市场数量（$\lambda_i = \lambda_{-i} = 1$）相符，如果企业仍实施对称信息下的减排定价策略，$\theta_2 q_1^F - p_1^F = (\theta_2 - \theta_1)(\theta_1 + p_c)/2\delta > 0$，$\theta_2 q_2^F - p_2^F = 0$，使 $u_2(q_1^F, p_1^F) > u_2(q_2^F, p_2^F)$，导致绿色消费者反而购买高碳产品、企业期望利润下降。因此，企业在非对称信息下重新制定减排定价策略十分必要。

在非对称信息下，假设企业估计消费者 θ_1 的市场占比为 $\varphi \in (0, 1)$，制定减排定价策略 (p_i, q_i) 以激励绿色消费者购买低碳产品，而非价格较低的高碳产品，同时以消费者个体理性行为、激励相容条件和政府碳政策为约束进行决策：

$$\max_{p_i, q_i} \pi_m = \varphi(p_1 - \delta q_1^2 + q_1 p_c) + (1 - \varphi)(p_2 - \delta q_2^2 + q_2 p_c) - (q_0 - q_G) p_c$$

$$s.t. \begin{cases} \theta_2 q_2 - p_2 \geqslant \theta_2 q_1 - p_1 & (a) \\ \theta_1 q_1 - p_1 \geqslant \theta_1 q_2 - p_2 & (b) \\ \theta_1 q_1 - p_1 \geqslant 0 & (c) \\ \theta_2 q_2 - p_2 \geqslant 0 & (d) \\ -\beta \leqslant q_0 - q_G - \sum_{i=1}^{2} q_i \leqslant \alpha & (e) \end{cases} \quad (3.5)$$

其中，约束条件（a）和（b）限制了绿色偏好消费者购买低碳产品的效用大于购买一般产品；条件（c）和（d）满足消费者个体理性决策，即购买产品的剩余不小于零；条件（e）是政府的碳排放约束。

非对称信息下，制造商根据消费者提供的偏好信息进行决策，首先由附录 A 的证明可知，消费者向企业传递的信息能反映其真实的偏好强度。进一步根据条件 (a, b)，得 $\theta_2(q_2 - q_1) \geqslant \theta_1(q_2 - q_1)$，由 $\theta_2 > \theta_1$，得 $q_2 \geqslant q_1$。为求最优决策首先化简制造商的目标函数和约束条件如式（3.6），证明见附录 B。进而利用一阶最优条件求解，得到定理 3.3。

$$\max_{q_1, q_2} \pi_m = \varphi(\theta_1 q_1 - \delta q_1^2 + q_1 p_c) - (q_0 - q_G) p_c + (1 - \varphi)\left[(\theta_1 - \theta_2) q_1 + \theta_2 q_2 - \delta q_2^2 + q_2 p_c\right]$$

$$s.t. \begin{cases} \theta_2(q_2 - q_1) = p_2 - p_1 \\ \theta_1 q_1 = p_1 \\ q_2 \geqslant q_1 \\ 2\delta q_2 - p_c = \theta_2 \\ q_1 + q_2 \leqslant q_0 - q_G + \beta \end{cases} \tag{3.6}$$

由（3.6）得 $d\pi_m/dq_1 = \theta_1 - (1-\varphi)\theta_2 - \varphi(2\delta q_1 - p_c)$，根据 $C'(q_1) > 0$，可知一般产品的边际利润小于 θ_1，得到非对称信息下制造商的最优决策和利润为：

$$q_1^S = \frac{\theta_1 - (1 - \varphi)\theta_2 + \varphi p_c}{2\delta\varphi}, \quad q_2^S = \frac{\theta_2 + p_c}{2\delta}$$

$$p_1^S = \frac{\theta_1[\theta_1 - (1 - \varphi)\theta_2 + \varphi p_c]}{2\delta\varphi}$$

$$p_2^S = \frac{(\theta_2 - \theta_1)^2 + \varphi\theta_1(p_c + \theta_2)}{2\delta\varphi}$$

$$\pi_m^S = \frac{\theta_1^2 + (1 - \varphi)\theta_2^2 - 2(1 - \varphi)\theta_1\theta_2 + \varphi p_c(p_c + 2\theta_1)}{4\varphi\delta} - p_c(q_0 - q_G)$$

$$\tag{3.7}$$

根据约束条件 $\varphi p_c \geqslant (1 - \varphi)\theta_2 - \theta_1$，比较对称信息与非对称信息两种情况，在不考虑政府碳政策调整时：$q_1^S < q_1^F$；$p_1^S \leqslant p_1^F$；$u_1^S = u_1^F$；$p_2^S \leqslant p_2^F$；$q_2^S = q_2^F$；$u_2^S \geqslant u_2^F$；$\pi_m^F > \pi_m^S$。

定理 3.3 当不考虑碳交易价格影响时，与对称信息相比，非对称信息下企业对一般产品的减排投入和定价均降低，对绿色产品的减排投入不变但会降低其售价；信息壁垒使企业无法获取所有消费者剩余，利润下降。

由定理 3.3 可知，当不考虑政府碳配额-交易政策调整的影响时，与对称信息相比，非对称信息下绿色产品减排程度不变但价格降低，企业在信息不对称加剧后调整策略组合，会导致自身利润的下降，但使绿色消费者的剩余提高。这是因为，当消费者难以明确产品的真实低碳信息时，部分绿色消费者会选择购买价格更低的一般产品，以获得更大的消费剩余，制造商为了激励绿色消费者继续购买绿色产品，只能主动牺牲部分利润，降低产品价格而不降低减排投入。

性质 3.3 非对称信息下，产品的定价和减排投入随碳交易价格而递增；为保证企业减排的积极性，政府在调整碳政策时应遵循碳交易价格变动范围满足 $p_c \notin (p_c^{LS}, p_c^{US})$，同时 $(p_c^L, p_c^U) \subseteq (p_c^{LS}, p_c^{US})$。

证明见附录 C。

与性质 3.1 相似，性质 3.3 指出，当企业与消费者间存在信息壁垒时，政府为了维持企业减排的积极性，在制定碳配额-交易政策时需调控碳价低于或高于某一阈值，而非遵循适中原则。与对称信息相比，非对称信息下碳价的可调控区间受市场中不同类型消费者规模的影响：一定条件下，随着企业获知的绿色消费者规模的增加，政府调控碳交易价格的不可行范围 (p_c^{LS}, p_c^{US}) 随之扩大。这是因为，在信息不对称影响下，企业为了维持绿色消费者的购买行为，需要牺牲一部分利润以降低绿色产品的售价，导致了绿色市场越大、企业利润越下降的局面。因此为了激励减排，政府应严格碳标签监管力度、缓解产品以次充好现象；适当放宽碳交易机制，在企业出售碳权获利时提高碳交易价格，而在企业购买碳权时降低碳价。

二、政府策略制定

分析第一阶段的碳政策决策：政府以社会福利最大化为目标、以调控碳交易价格为手段、以企业利润和碳交易市场稳定为约束进行决策，如式（3.8）所示：

$$\max_{p_c} SW = CS + \pi_m^S = u_1^S + u_2^S + \pi_m^S$$

$$s.t.\begin{cases} 0 \leqslant p_c \leqslant p_c^{LS} \\ p_c^{US} \leqslant p_c \leqslant \infty \\ -\beta \leqslant q_0 - q_G - \sum_{i=1}^{2} q_i^S \leqslant \alpha \end{cases} \quad (3.8)$$

定理 3.4 在非对称信息下，政府制定的最优碳交易价格 $p_c^{*S} \in [p_c^{*SL}, p_c^{*SU}]$，高于对称信息的情况，碳交易价格随市场中绿色消费者占比的增加而提高。

证明见附录 C。

由定理 3.4 可知，根据 $p_c^{*S} - p_c^{*F} = (1-\varphi)(\theta_2 - \theta_1)/2\varphi > 0$，非对称信息下的最优碳交易价格高于对称信息的情况，且 $\partial p_c^{*S}/\partial \varphi < 0$，如图 3.5 所示。

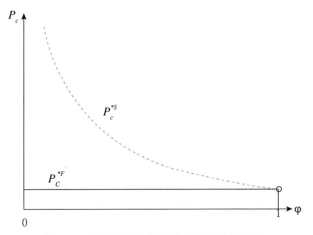

图 3.5 两种信息条件下的最优碳交易价格

信息不对称情况下，当市场中只存在一般消费者时，信息壁垒不再影响碳交易价格，此时政府也无需制定碳标签政策；而随着消费者低碳意识的提高，市场中绿色产品消费者的比例上升，政府为了激励制造商减排投入、实现社会福利最优，应适当提高碳交易价格。这是因为，企业为了缓解"高碳驱逐低碳"的不良现象，会主动牺牲部分利润降低绿色产品售价，政府为了实现社会减排目标，应鼓励企业这种行为，可通过提高碳交易价格、严格碳标签制定标准的方式实现。

性质 3.4 非对称信息下，最优碳交易价格随政府碳配额、普通消费者的偏好强度的提高而递减；当市场中绿色消费者的占比高于普通消费者时，最优碳价随绿色偏好的增强而提高，反之则随其递减。

证明见附录 C。

由性质 3.3 和 3.4 可知，在信息壁垒和碳政策约束下，为了提高社会减排水平，政府应该提高碳交易价格，同时为了保证社会福利的最大化，在提高碳交易价格的同时应适当降低碳配额。此外，政府在调整碳政策时必须考虑市场消费者结构：当普通消费者占比更大且绿色消费者的偏好逐渐提高，即绿色产品需求量较少但绿色消费者对产品减排水平的要求提高时，政府为了维持社会福利最大化，应适当降低碳交易价格；而当市场中的绿色产品需求较多且绿色偏好也逐渐提高时，政府应提高碳交易价格。

性质 3.5 非对称信息下，政府实施紧缩的碳配额政策能有效提升企业的减排投入，但企业利润却随之下降；政府完善碳标签、普及低碳消费意识时，只有在市场消费者比例满足 $\varphi \in (\varphi', \varphi'')$ 的条件下，才能同时提高企业利润。

性质 3.6 在考虑碳交易价格的影响后，与对称信息相比，绿色产品的减排程度在非对称信息下提高，绿色消费者获得更多消费剩余，但产品价格只有在消费者规模满足一定比例 $\varphi > \varphi'''$ 时才会降低。

证明见附录 D。

根据性质 3.5 和 3.6 可知，信息壁垒对制造商生产决策和政府政策制定都产生了影响：制造商为了刺激绿色消费者的购买行为，会提高绿色产品的减排水平并牺牲一部分利润以降低其价格。但值得注意的是，当市场中一般消费者规模低于一定阈值时，企业只通过提高绿色产品的减排水平激励绿色消费，而不降低价格。这是因为非对称信息下，制造商只能获得一般消费者的全部剩余，若其市场比例过低，企业盈利空间不足以使其有动力降低绿色产品价格。最终导致当市场绿色程度升高，企业反而失去了减排的积极性，此时需要政府通过碳政策介入市场。

对于碳配额-交易政策，紧缩的碳配额政策虽然会促进企业减排投入，但却使其利润下降，因此当政府兼顾环境和经济效益时，应在适当减少配额的同时提高碳交易价格；对于碳标签政策，政府制定严格的碳标签标准虽然能促进绿色消费，但企业利润并非一直提高：当市场中不同类型消费者的规模差异较小时，企业更愿与政府一起推广低碳消费意识、提升全市场的绿色水平；而当绿色消费者比例过高时，企业利润随绿色偏好的增强而降低，因此政府应在强化碳标签政策的基础上，适当提高碳配额或降低碳交易价格。

第四节 算例仿真模拟

为了验证制造商减排定价策略和政府碳政策组合的有效性、分析关键参数的影响程度、清晰显示各决策变量以及利润的变化趋势，本节进行数值仿真分析。以中国新能源汽车消费市场为例，随着动力电池技术的不断进步，新能源汽车的销售量日益攀升，消费市场不断扩大。根据 2020 年安永《腾讯新能源汽车洞察报告》调查显示，约 65% 的消费者偏好购买油电混合动力汽车（制造商对发动机动力电池技术的投资低于纯电动车，环保系数较低），35% 的消费者购买纯电动汽车，且纯电动汽车消费者普遍对产品绿色特性（如电池材料、储能节能水平、充电效率等）的关注度高于价格，因此假设参数 $\theta_1 = 0.5$，$\theta_2 = 1.5$，$\varphi = 0.7$。

一、减排难度敏感性分析

制造商的减排成本系数不仅对其自身的生产定价策略有重大影响，也对政府的碳政策制定产生影响。在维持制造商生产的必要条件下，政府为了激励新能源汽车的生产，给予新能源汽车制造商的碳配额一般为其初始碳排放额的一半；在新能源汽车的发展初期，政府对企业过度碳减排行为的约束较为宽松，假设参数 $q_0 = 6$，$q_G = 3$，$\beta = 15$。得到不同情形下，最优减排程度、企业利润和社会福利随减排成本系数的变化（满足必要假设条件 $\delta > 2/3$），如图 3.6–图 3.7。

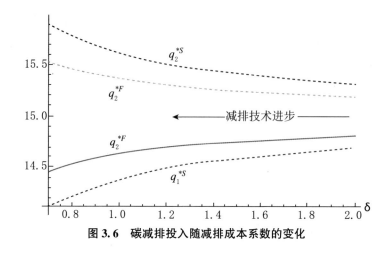

图 3.6　碳减排投入随减排成本系数的变化

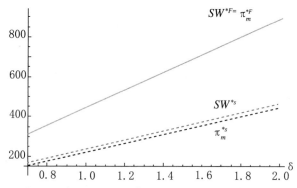

图 3.7　企业利润和社会福利随减排成本系数的变化

由图 3.6 可以看出，无论企业与消费者间是否存在信息不对称的情况，绿色产品的减排程度都会随减排技术的进步而提高，但一般产品的减排水平却会降低，技术进步会使市场中各类产品的低碳等级划分更明显。这是因为，当市场中存在两种偏好类型的消费者时，产品减排程度越高，绿色消费者愿意支付的价格越高，减排技术成熟的企业从中获利越多，促使其将生产重心放在提升产品绿色度和减排水平上。同时，当企业与消费者间的信息不对称加剧，会进一步提高绿色产品的减排程度，信息壁垒导致市场中产品的低碳差异化加剧。对于政府而言，应进一步加强碳标签政策的实施标准和权威度，以缓解信息不对称问题造成的产品差异化加剧的现象。

结论 3.1　减排技术越成熟的企业越愿意加大绿色产品的减排投入，使产品低碳性差异扩大，当信息壁垒越大时，低碳差异越明显；为了降低产品差异化程度，政府应严格碳标签政策的实施。

由图 3.7 可以看出，信息壁垒的加剧使企业利润和社会福利均降低。这是因为非对称信息下，制造商为了使绿色消费者维持绿色购买行为，会主动提高绿色产品的减排努力并降低价格，此时绿色消费者的剩余虽得到提升，但企业利润的下降幅度更大，导致总体社会福利也降低。出乎意料地，当减排技术进步、边际成本下降时，企业利润反而会在一定范围内降低。这是因为，当减排技术进步，企业会提升绿色产品的减排投入，减少一般产品的投入，为了维持绿色消费市场规模，企业不能过度提高价格，从而导致投入成本难以完全通过价格弥补，使利润下降。因此需要政府通过完善碳标签授予标准、提高碳配额等政策的调整，提高企业利润和社会福利。

结论 3.2　在碳标签政策发展不完善的阶段，政府在扶持企业减排技术研发和创新的同时，应实施宽松的碳配额政策或者进一步提高碳标签政策的授予标准和权威度，以提高产品减排水平、企业利润和社会福利。

二、政策因素敏感性分析

政府碳配额的变化也会对企业的减排定价策略和政府碳政策组合的制定产生影响，分析企业最优碳减排决策变化（减排成本系数 $\delta = 1$），如图 3.8。

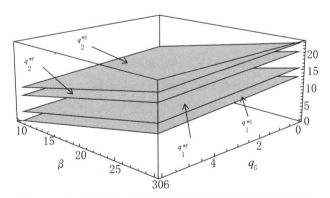

图 3.8　企业减排努力随碳补贴额和排放总量下限的变化

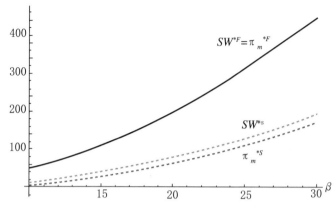

图 3.9 企业利润和社会福利随碳排放总量下限的变化

结合图 3.8 和性质 3.5 可知，企业对各类型产品的减排投入随碳配额的提高而降低，因此当政府只追求社会减排水平最大化时，可降低碳配额；但对于企业利润和社会福利，其均随政府紧缩的碳配额而下降。因此，政府在实行较低配额以激励减排的同时，应该适当提高碳交易价格，提升企业出售碳排放权的利润空间。信息壁垒导致绿色产品的减排程度进一步提高，但却降低一般产品的减排水平，同时信息壁垒会使紧缩的碳配额-交易政策对利润和社会福利的负面影响效果放大。因此只有在完善碳标签政策、严格制定标准后，政府实施紧缩的碳配额政策，才能更好地激励企业的减排努力。

结论 3.3 当政府以社会减排水平最大化为目标时，应降低碳配额，随着碳标签政策的逐步完善，政府可加大紧缩碳配额政策的实施力度；而当政府以社会福利最大化为目标时，可提高碳交易价格。

另一方面，政府对企业碳减排总量的约束力度，会影响企业的减排定价策略和政府碳政策的制定，分析企业碳减排决策、制造商利润和社会福利随碳减排总量约束的变化，如图 3.8、图 3.9。

分析图 3.8、图 3.9 可知，无论制造商能否获知消费者的偏好，产品减排投入、企业利润和社会福利均随政府约束制造商的碳排放总量下限的提升而增加。为了实现社会减排目标，政府会对制造商的碳排放总量实施下限约束；为了维持碳市场供求稳定，政府会对绿色技术成熟型企业的过度碳减排行为进行约束，即对企业碳排放总量实施上限约束。当碳排放总量的下限约束放宽时，即企业的减排压力变小时，企业反而更会加大力度进行减排投入。这是因为当政府放宽减排约束时，为了保证企业的减排积极性并且最大化社会福利，政府会同时提高碳交易价格，扩大企业出售碳排放权的获利空间，激励企业减排努力。

结论 3.4　政府约束企业的碳排放，应在放宽企业排放总量约束下限的同时，适当提高碳交易价格，才能实现碳减排水平和社会福利的共同提高。

第五节　拓展模型：多种类型低碳产品

企业在生产和销售过程中，为了拓展业务、满足消费者需求、占领更大市场份额，会逐步扩大生产规模，尤其是对于具有绿色特性的产品，使消费者的偏好差异化更加明显且梯度划分增多（Emberger-Klein 和 Menrad，2018）。因此，为了更符合实际情况，将模型拓展至多种类型偏好消费市场，研究制造商的减排定价策略以及政府碳政策的制定。

一、企业均衡决策

两阶段博弈模型中，消费者、企业和政府的决策顺序不变，企业面向市场中多种类型偏好的消费者进行生产销售，假设市场中消费者偏好强度为随机变量 $\theta \in [\underline{\theta}, \bar{\theta}]$。根据逆向归纳法，首先考虑消费者购买决策和制造商减排定价决策：

$$\max_{p, q} \pi_m = \int_{\underline{\theta}}^{\bar{\theta}} [p(t) - \delta q(t)^2 + q(t) p_c] f(t) dt - (q_0 - q_G) p_c$$

$$s.t. \begin{cases} \partial u(q, \theta)/\partial \theta = 0 \\ \partial^2 u(q, \theta)/\partial \theta^2 \leq 0 \\ \quad u(\underline{\theta}) \geq 0 \\ -\beta \leq q_0 - q_G - \int_{\underline{\theta}}^{\bar{\theta}} q(t) dt \leq \alpha \end{cases} \tag{3.9}$$

此时，消费者购买产品的效用函数满足 $\partial v(q(\theta), \theta)/\partial \theta > 0$，即消费者偏好越强，购买产品获得的效用越大。与本章第三节的模型求解过程相似，利用逆向选择法求解式（3.9）。

定理 3.5　与两种产品市场相比，非对称信息下当市场中存在多种偏好类型消费者时，消费市场进一步细分，更多消费者购买低于其自身偏好的产品，企业为了刺激低碳产品的需求，需付出更高的成本。

证明见附录 E。

由定理 3.5 可知，非对称信息下，当制造商拓展产品类型后，其激励绿色消费者所需要付出的成本更高，且该成本随着产品种类的多增加而提高。因此当制造商的生产线拓宽后，政府更需进一步放宽碳约束政策，提高碳配额或降低碳交易价格，以提高企业的减排积极性和利润空间。

制造商制定产品减排定价策略时无法准确获知消费者偏好，假设其能获知消费者偏好 θ 的概率密度函数 $f(\theta)$、累积分布函数为 $F(\theta)$，且消费者在约束条件下进行决策，此时 $u(\theta)$ 可写作，

$$u(\theta) = \int_{\underline{\theta}}^{\theta} \frac{\partial v(q(t), t)}{\partial \theta} dt \tag{3.10}$$

此时价格函数可简化为 $p(\theta) = v(q, \theta) - \int_{\underline{\theta}}^{\theta} \frac{\partial v(q(t), t)}{\partial \theta} dt$，得到制造商的期望目标函数为，

$$\max_{q} \pi_m = \int_{\underline{\theta}}^{\bar{\theta}} \left[v(q(t), t) - \int_{\underline{\theta}}^{\theta} \frac{\partial v(q(x), x)}{\partial \theta} dx - \delta q(t)^2 + q(t) p_c \right]$$
$$f(t) dt - (q_0 - q_G) p_c \tag{3.11}$$

性质 3.7　非对称信息下当市场存在多种偏好类型消费者时，消费者的绿色偏好越强，制造商给予的补贴越多，消费者购买产品的剩余越大；减排程度随碳交易价格的提高而提升，价格和企业利润则受到不同的市场消费者分布的影响。

制造商最优减排定价决策和期望利润分别为［效用函数形式为 $v(q, \theta) = \theta q$］，

$$q^G = \frac{\theta + p_c}{2\delta} - \frac{1}{2\delta r(\theta)}, \quad p^G = \left(\frac{\theta}{2\delta} - \frac{1}{2\delta r(\theta)} \right) \left(\frac{\theta + p_c}{2\delta} - \frac{1}{2\delta r(\theta)} \right)$$

$$E[\pi_m{}^G] = \frac{1}{4\delta^2} \int_{\underline{\theta}}^{\bar{\theta}} \frac{[(p_c + \theta)r(\theta) - 1][\delta - 1 + (\delta p_c + \theta - \delta\theta)r(\theta)]}{r^2(\theta)} f(\theta) d\theta$$
$$- (q_0 - q_G)p_c \tag{3.12}$$

由性质 3.7 可以看出，无论在何种市场结构下，企业的减排投入均随碳交易价格的增加而提高，$\partial q^G / \partial p_c > 0$。但产品价格和企业利润却受消费者绿色偏好分布的影响程度较大，在不同市场结构下呈现不同的变化趋势。因此下面将根据实际，构建不同消费者分布的市场类型，分析其对制造商定价决策和利润的影响。

二、市场偏好结构

当市场中消费者偏好类型增加，此时市场不同的消费者偏好分布对企业定价决策和利润的影响显著。本节将根据实际市场中的消费者分布情况，构建三种消费者偏好市场：均匀偏好市场、低偏好市场和中等偏好市场，如图 3.10，分析其对企业决策、利润和政府碳政策制定的影响。

（1）均匀偏好市场，是指各偏好类型消费者所占比例基本相等的市场，如电子产品市场，产品的低碳特性对消费者购买行为的影响远低于价格、技术水平和软硬件性能等，产品的低碳特性对消费者购买行为的影响差异化较弱，使各类消费者对不同绿色产品的需求较为相近。

假设此类市场中的消费者偏好服从均匀分布 $\theta \sim U[0, a]$，密度函数 $f(\theta) = 1/a$，分布函数 $F(\theta) = \theta/a$，根据式（3.12），得制造商减排定价决策受消费者随机偏好影响 $q^{GU} = (p_c + 2\theta - a)/2\delta$，$p^{GU} = (2\theta - a)(p_c + 2\theta - a)/4\delta^2$，期望决策和利润分别为，

$$E[q^{GU}] = \frac{p_c}{2\delta}, \quad E[p^{GU}] = \frac{a^2}{12\delta^2}, \quad E[\pi_m{}^{GU}] = \frac{3\delta p_c{}^2 + a^2(1-\delta)}{12\delta^2} - (q_0 - q_G)p_c$$

（2）低偏好市场，是指绿色偏好程度较低的消费者占比更高的市场，如目前中国的新能源汽车市场，虽然在政府政策的支持下，新能源汽车销量提升，但大多消费者仍更偏好购买传统汽车，其次是油电混合动力车，纯电动汽车的需求最低。

假设此类市场的消费者偏好服从韦布尔分布 $\theta \sim W[0, a]$，密度和分布函数为 $f(\theta) = k e^{-(\theta/\lambda)^k}(\theta/\lambda)^{k-1}/\lambda$，$F(\theta) = 1 - e^{-(\theta/\lambda)^k}$，$r(\theta) = k(\theta/\lambda)^{k-1}/\lambda$，$\lambda = 1$，$k = 0.5$，得到制造商的减排定价决策 $q^{GD} = (p_c + \theta - 2\sqrt{\theta})/2\delta$，$p^{GD} = (\theta - 2\sqrt{\theta})(p_c + \theta - 2\sqrt{\theta})/4\delta^2$，因此期望决策和利润分别为，

$$E[q^{GD}] = \frac{2p_c - 2e^{-\sqrt{a}}(a + p_c)}{4\delta}, \quad E[p^{GD}]$$

$$= \frac{16 - 2e^{-\sqrt{a}}[8 + 8\sqrt{a} + a^2 + a(4 + p_c)]}{8\delta^2} E[\pi_m^{GD}]$$

$$= \frac{e^{-\sqrt{a}}[8\sqrt{a}(\delta - 1) + a^2(\delta - 1) - a(p_c + 4 - 4\delta) + (e^{\sqrt{a}} - 1)(8 + \delta(p_c^2 - 8))]}{4\delta^2} -$$

$$(q_0 - q_G)p_c$$

（3）中等偏好市场，是指较高或较低偏好消费者比例低于中等偏好消费者的市场，即市场中的极端偏好消费者较少，如家居建材市场，消费者对节能电器和环保材料的偏好较为集中，较少消费者购买毫无环保特性或者环保等级过高、价格也相对较高的产品。

假设此类市场中的消费者偏好服从 $\theta \sim W[0, a]$，$\lambda = 1$，$k = 1.5$，得到减排定价决策 $q^{GC} = [3\sqrt{\theta}(p_c + \theta) - 2]/6\delta\sqrt{\theta}$，$p^{GC} = (3\theta^{3/2} - 2)[3\sqrt{\theta}(p_c + \theta) - 2]/36\delta^2\theta$，期望决策和利润分别为（其中 $\Gamma[X]$ 表示参数为 X 的伽马函数，具体表达式为 $\Gamma[X] = \int_0^{+\infty} t^{X-1} e^{-t} dt$，$\Gamma[X, Y] = \int_0^Y t^{X-1} e^{-t} dt$，

$$E[q^{GC}] = \frac{2p_c - 2e^{-a^{3/2}}(a + p_c)}{4\delta}, \quad E[p^{GC}]$$

$$= \frac{8\Gamma\left[\dfrac{4}{3}\right] - \dfrac{8}{3\Gamma\left[\dfrac{1}{3}, a^{3/2}\right]} - 6a e^{-a^{3/2}}(a + p_c)}{24\delta^2} E[\pi_m^{GC}]$$

$$= \frac{p_c^2\delta - e^{-a^{3/2}}(a + p_c)(a - a\delta + p_c\delta) + (1 - \delta)\Gamma(7/3) + 4(\delta - 1)\Gamma(1/3, a^{3/2})/9}{4\delta^2} -$$

$$(q_0 - q_G)p_c$$

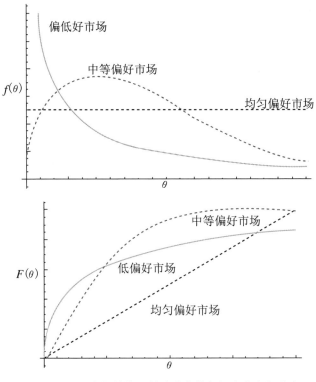

图 3.10 不同市场结构下的消费者偏好概率密度与分布

图 3.10 描述了不同市场结构下不同偏好类型消费者的分布情况。在不同的市场结构下，企业应该如何做出相应的策略调整，以实现自身利润最大？政府应如何调整碳政策，使社会减排水平和福利得到提高？下面对企业均衡决策进行分析。

分析企业决策可知，在信息不对称且市场存在多种类型消费者时，无论多类型市场中的消费者偏好如何分布，所有产品的减排程度均随碳交易价格的增加而提高，$\partial q^{GU}/\partial p_c = \partial q^{GD}/\partial p_c = \partial q^{GC}/\partial p_c = 1/2\delta > 0$，且递增幅度相同。因此无论在何种结构类型的绿色消费市场中，若不考虑企业利润的变化，政府可通过提高碳交易价格以提高社会减排水平。同时，均匀市场下的产品碳减排水平最高，$E[q^{GU}] - E[q^{GD}] = e^{-\sqrt{a}}(a + p_c)/2\delta > 0$，$E[q^{GU}] - E[q^{GC}] = e^{-a^{3/2}}(a + p_c)/2\delta > 0$，低偏好市场和中等偏好市场下碳减排水平与市场中消费者偏好强度上限有关，$E[q^{GD}] - E[q^{GC}] = e^{-\sqrt{a}(1+a)}(e^{\sqrt{a}} - e^{a^{3/2}})(a +$

$p_c)/2\delta$ ，当 $a > 1$ 时，$E[q^{GD}] < E[q^{GC}]$ 。如图 3.11 所示。

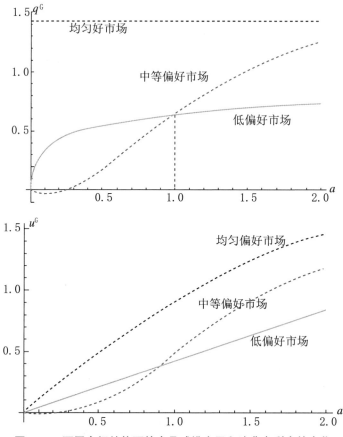

图 3.11　不同市场结构下的产品减排水平和消费者剩余的变化

图 3.11 描述了不同市场结构下，产品的减排程度和消费者剩余随市场中消费者绿色偏好上限变化的情况。在均匀偏好市场中，无论是消费者期望剩余还是产品减排水平都高于其他市场结构；中等偏好市场中，随着绿色偏好上限的提高，产品的减排水平提高，同时价格降低，使消费者剩余提高。

结论 3.5　当消费市场由低偏好向中等偏好转型时，即当低偏好消费者的环保意识提高，更多地购买较高绿色度产品时，只有市场中的绿色偏好上限大于某一阈值，企业才会提高产品的碳减排努力；当市场中各类型消费者的占比相近时，无论偏好上限如何变动，企业均会提高碳减排努力。

　　由结论3.5可知，无论是政府还是消费者，都更愿意面对一个偏好分布较为均匀的市场，企业减排投入和消费者剩余都更高。当市场的绿色偏好上限较低时，企业在低偏好市场下的减排努力反而高于中等偏好市场。因此，政府若想同时提高减排水平和消费者剩余，应首先提高市场中已有的绿色消费者偏好强度，即激励绿色消费者更绿色，然后再进行普通消费者的绿色意识普及，使更多消费者购买绿色产品。

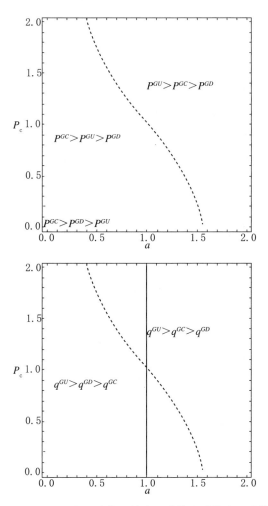

图 3. 12　不同市场结构下的产品价格和减排水平比较

由图 3. 12 可知，当企业扩充生产线至多种产品后，其定价和减排决策受市场类型的影响显著：当市场偏好上限较低且碳交易价格也较低时，中等偏好市场结构下的产品价格最高，均匀市场下的最低；当偏好上限提高且碳交易价格也上升时，中等偏好市场下的产品价格仍最高，均匀市场下的产品价格上升，低偏好市场下的价格最低；当市场偏好上限高于某一阈值后，无论碳交易价格如何变化，均匀偏好市场下的产品价格最高，而低偏好市场下的产品价格最低。

结论3.6 为了维护消费者剩余并促进企业减排，在低偏好市场下，当市场绿色偏好上限较低时，政府应提高碳交易价格；在中等偏好市场下，只有偏好上限提高至某一阈值，政府才可适当降低碳交易价格；在均匀偏好市场下，随着偏好上限的降低，政府应同时降低碳交易价格。

非对称信息下的多类型产品市场中，政府不仅要为了促进减排而根据不同市场结构调整碳交易价格，还要根据不同市场结构、在不同发展阶段调整碳交易政策，以激励消费者的购买行为：在低偏好市场，如发展初期的新能源汽车市场中，当绿色偏好上限较低，即最高绿色偏好消费者对产品绿色特性的要求不高时，政府可通过降低碳交易价格，使企业相应地降低产品售价，从而促进消费者的绿色购买。在中等偏好市场，如建材家居产品市场中，随着绿色偏好上限的降低，政府应同时提高碳交易价格；而在均匀偏好市场，如电子产品市场中，碳交易价格应随着偏好上限的降低而降低。

进一步分析不同市场结构下的最优企业利润变化情况，如图3.13所示。企业利润在不同市场结构下受市场偏好上限和碳交易价格变动的影响不同：当政府调控碳交易价格在较高区间时，均匀偏好市场下的企业利润高于低偏好和中等偏好市场，且不受市场偏好上限的影响；在碳价的高区间范围内，随着市场偏好上限的降低，低偏好市场下的企业利润逐渐高于中等偏好市场，反之则中等偏好市场下的企业利润更高。此外，当碳交易价格维持在较低区间内时，市场偏好上限的降低会使中等偏好市场下的企业利润高于均匀偏好市场；当碳交易价格和偏好上限都最低时，均匀市场下的企业利润也最低。

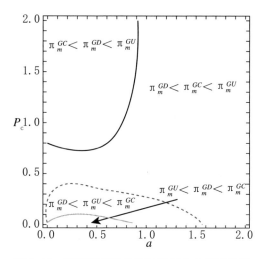

图 3.13　不同市场结构下的最优企业利润比较

结论 3.7　为了维持企业的减排动力，在不同市场结构下调整碳交易政策：政府针对均匀偏好市场下的企业调整碳政策时，可提高碳交易价格；针对低偏好市场，政府调控碳价应低于或高于某一阈值；针对中等偏好市场，当市场偏好上限低于某一阈值时，可降低碳交易价格。

第六节　本章小结

本章研究在消费者偏好差异化和信息不对称的影响下，构建由策略型消费者、减排企业与碳政策制定方组成的带约束的两阶段博弈模型，综合考虑消费者绿色偏好差异化、制造商的减排和定价策略组合以及政府的碳政策制定等因素对企业运作、社会福利带来的影响；进一步引入低碳产品市场中企业和消费者间的信息壁垒问题，运用逆向选择理论，将产品差异化拓展至多种类型，根据实际构建三种市场偏好类型，分别讨论关键参数对企业决策、政府政策制定的影响，得到具有实际应用价值的结论：

（1）政府针对高污染制造企业制定碳政策：当以提高社会减排水平、缩小市场中产品低碳差异为目标时，应实施紧缩的碳配额政策并提高碳交易价格，随着碳标签政策的完善，可进一步降低碳配额；当以提高社会福利为目标时，应在适当放宽企业碳排放约束下限的同时提高碳交易价格。

（2）减排技术的进步和信息壁垒的加剧会促使企业加大绿色产品的减排投入，但在企业减排难度较高的发展初期，或当市场中绿色消费者数量较少但对低碳的要求较高时，政府应实施宽松的碳配额政策、降低碳交易价格或提高碳标签政策的监督力度和授予标准。

（3）当市场中绿色消费者的规模更大时，政府制定碳交易价格应随绿色偏好的增强而提高；而当普通消费者的规模更大且绿色消费者的偏好增强，政府应适当降低碳交易价格。

（4）在多种偏好类型的消费市场中，当各类型消费者的占比相近时，无论绿色偏好是否更高，企业都可加大碳减排投入；而当消费者更多集中于中等偏好水平时，只有在绿色偏好上限大于某一阈值条件下，企业才有动力提高减排努力。

（5）政府为了激励企业减排，在低偏好和中等偏好市场结构下，可适当提高碳交易价格；而在均匀偏好市场下，应降低碳交易价格。此外，为了提升企业利润，在低偏好市场下，政府调控碳价应低于或高于固定阈值；在均匀偏好市场下，提高碳交易价格；在中等偏好市场下，降低碳交易价格。

本章针对低碳产品制造企业的减排定价策略组合、政府碳政策决策和低碳消费者差异化的特性，研究了有无信息壁垒、不同市场结构下的最优策略和政策的制定，分析了关键参数变动的影响，得到了具有指导意义的结论，弥补了现有研究的不足。后续研究可以从以下几个方面进行拓展：其一，考虑政府作为碳标签的授权方，其与制造商之间容易产生的道德风险问题；其二，纵向拓展制造商上下游企业，构建绿色供应链模型，同时考虑供应商和零售商的决策问题；其三，横向拓展制造商同级企业，考虑企业间的竞争与契约合作问题。

碳约束下企业减排与供应渠道选择决策优化

　　本书在第三章中，重点关注在碳政策约束和消费者偏好的影响下，绿色供应链下游制造企业的定价与减排决策优化问题，实际上，绿色供应链的上游的供应企业同样关注绿色发展和产品的低碳化。例如，瑞贝德公司就是一家专门针对废旧汽车零部件，进行回收再制造的供应商，它将旧的汽车零部件利用先进的手段进行专业化修复，使其恢复到新品要求的质量和性能，是国家发改委"以旧换再"政策推广的试点企业。瑞贝德公司以旧的发动机设备为基础进行改造，并与上海大众、上汽集团等整车制造企业合作，委托其对再造零件进行耐久性测试，达到与新车统一标准后再进行销售，使再制产品的质量达到甚至超过新产品的水平。统计数据显示，每生产一台再制造发动机可以节约钢材约60公斤、节电达170度，与生产新零件相比，再制造能实现60%的节能和80%的减排。

　　零部件的回收再利用是绿色可持续发展的必然选择，但是目前中国的再制造市场仍十分低迷，消费者认可度低、制造厂商接受度差等都是常见原因。同时，供应链回收体系建设的不完善更是妨碍回收再制造的重要因素。因此，本章考虑绿色供应链中的制造企业在碳减排要求下，面对其上游供应商拓展绿色回收再制造业务的情况，构建由两个相互竞争的主导上游供应商和一个受碳约束的非主导下游制造商组成的绿色闭环供应链模型，其中负责生产新零件的供应商为传统供应商，负责回收再制造并提供再造零件的为绿色供应商。在双源供货、碳减排约束和回收再制造下，优化企业的减排和渠道选择决策，对比分析竞争决策、合作决策和契约协调不同情形下的最优策略，并根据利润的变化，设计相应的契约协调机制，以实现提高社会碳减排水平和回收利用率的目标。

已有大量研究对传统闭环供应链进行了讨论，但大多集中在下游企业和消费者行为，分析制造商、零售商和回收商之间的竞争合作，较少研究在同时考虑逆向回收和碳约束的情况下，分析正向竞争供应渠道的优化问题。在回收零件供应商进入市场后，不仅要与原有传统供应商竞争，还要依靠他们来获取新的零件，这种闭环供应链下的冲突和不协调更加明显。因此，在正向供货渠道竞争、逆向回收渠道垄断和碳约束的多重影响下，构建由竞争型供应商、减排制造商组成的绿色供应链体系，研究企业的减排决策并设计相应的协调机制的意义重大。

第一节　模型构建

一、问题描述

本章考虑正向供应渠道竞争和逆向回收渠道垄断的双渠道供应的绿色供应链，建立了由一个制造商和两个竞争供应商组成的绿色闭环供应链体系。在正向供应渠道中，制造商可同时利用新零件和回收零件生产产品并销售，供应商在正向供应渠道中展开竞争。掌握核心技术的供应商主导整个供应链，首先决策零件批发价格和回收努力，然后制造商制定产品的减排和价格策略。在逆向回收渠道中，回收零件供应商负责从消费者处回收废旧产品。以惠普打印机为例，惠普公司委托其上游的塑料供应商 Lavergne 公司，回收旧的墨盒，进行二次加工与再利用；同时，惠普还从其他供应商处购买新的墨盒，利用多源供货零件生产打印机、面向市场销售。近年来，惠普越来越认识到环保产品的重要性，并在生产过程中首先考虑低碳节能与减排投入，这不仅是为了满足政府的碳减排约束，也能吸引更多的绿色消费者、扩大市场和利润空间。

本章构建三种决策情形下的供应链模型：竞争决策、合作决策和契约协调决策模型。竞争决策，即供应商与制造商分别进行决策时，构成两阶段斯坦伯格博弈决策模型。在此博弈中，主导供应商首先决策零件批发价和回收努力，然后制造商根据供应商的最优策略采取行动。由于分散决策模式存在双重边际效应，导致供应链的效率降低，设计契约合作机制对供应链进行协调十分必要。因此，进一步针对分散决策效率低下的问题，建立合作决策模型，此时供应链各成员都以供应链整体利润的最大化为目标，进行共同决策，虽然集中决策下的供应链效率最优，但在企业实际运营中难以达成完全合作，因此应设计合理的契约机制进行供应链协调，即契约协调决策模式。供应链的结构模式如图 4.1 所示。

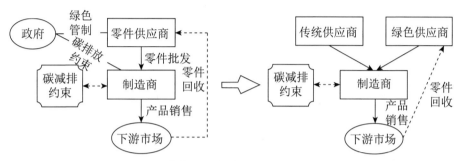

图 4.1　制造商和上游竞争供应商的供应链结构

二、参数符号与假设

本章所用符号表述如表 4.1 所示。

表 4.1　决策变量和关键参数

参数	
c_n	制造商利用新零件生产的单位制造成本
c_o	制造商利用回收零件生产的单位制造成本
sc_n	新零件供应商的单位生产成本
a_o	回收零件供应商的单位回收成本，$a_o < sc_n$
k	碳减排努力成本系数
b	产品回收投入成本系数
I_θ	回收零件供应商回收产品的努力
决策变量	
q	制造商的碳减排努力

续表

p	制造商的销售价格
θ	回收供应商的废旧产品回收率，$0 < \theta < 1$
w	新零件供应商的批发价格
上标	
d	竞争决策模型
c	合作决策模型
co	契约协调决策模型

本章构建由竞争型供应商、下游制造商组成的绿色闭环供应链，为了简化计算且不失一般性，满足如下假设：

（1）低碳消费市场中，需求受到消费者绿色偏好的影响，除了产品的销售价格，消费者还要衡量产品的减排水平。企业对产品的减排水平越高，产品的绿色环保特性越好，需求就越大。参考 Chen（2015）、Kouvelis 和 Zhao（2016）的研究，假设市场需求函数为 $D = d - \alpha p + \beta q$，其中 d 表示潜在市场规模，α 表示需求价格弹性，β 表示消费者对产品减排水平的敏感程度，满足条件 $\alpha > \beta > 0$。

（2）废旧产品的回收率受回收投资水平的影响，根据 Huang 等（2013）的研究，回收率随着投资的提高而上升，表示为 $\theta = \sqrt{2 I_\theta / b}$。为了提高回收率，回收零件供应商应该加大投入，如加强宣传和广告投入。一般来说，投资成本越大，回收率随投资成本提高的速率越慢。b 为足够大的规模参数，以保证回收率满足 [0，1] 的合理区间范围。

（3）供应链下游的制造商可利用新零件和回收零件进行产品的生产，成本分别为 c_n 和 c_o。根据 Xie 等（2018）的研究，假设新产品和再造品有相同的质量水平和销售价格。在绿色供应链中，制造商利用不同零部件进行生产的比例、减排定价决策，很大程度上受上游供应商决策（回收率和批发价格）影响，为了激励制造商利用回收零件进行生产，政府给予其一定的补贴，使 $c_n > c_o$。

（4）根据 Giri 等（2013）、Ghosh 和 Shah（2012）的研究，制造企业的减排水平与其减排努力程度呈正相关关系，而且减排投入的增幅会随着减排水平的升高而越来越快。假设制造商的减排成本为减排努力 q 的二次函数：
$C(q) = k q^2 / 2$。其中 k 表示减排成本系数，代表制造商减排的难易程度，k 越大则说明碳减排的技术阻力越强，减排投入成本也更高。

第二节　不同情形下的决策分析

一、竞争决策模型

本节首先考虑分散决策下的绿色供应链模型，即竞争决策模式，下游跟随制造商、上游主导新零件供应商和回收零件供应商分别进行独立决策，构成斯坦伯格博弈模型，根据逆向归纳法求解，各企业的目标函数为，

$$\max_{\theta} \pi_O = (w - a_o) \theta D - I_\theta = (w - a_o) \theta (d - \alpha p + \beta q) - \theta^2 b / 2$$
$$\max_{w} \pi_N = (w - s c_n)(1 - \theta) D = (w - s c_n)(1 - \theta)(d - \alpha p + \beta q)$$
$$s.t. \ \max_{p,q} \pi_M = pD - (w + c_n)(1 - \theta) D - (w + c_o) \theta D - k q^2 / 2$$

（一）制造商的决策分析

根据逆向归纳法，首先分析制造商的最优减排和定价决策，目标函数为，

$$\max_{p,q} \pi_M = (p - w - c_n) D + \theta D (c_n - c_o) - k q^2 / 2 \tag{4.1}$$

定理 4.1　绿色闭环供应链中，制造商根据供应商的最优策略，决策产品的定价和减排努力。目标利润函数关于决策变量为联合凹函数，存在均衡解，制造商的最优利润受供应商批发价格和回收努力的影响。

证明见附录 F。

得到制造商的减排努力和价格决策的反应函数分别为，

$$q = \frac{d\beta - \alpha\beta [w + (1 - \theta) c_n + \theta c_o]}{2k\alpha - \beta^2}$$

$$p = \frac{kd + (k\alpha - \beta^2)[w + (1 - \theta) c_n + \theta c_o]}{2k\alpha - \beta^2}$$

制造商目标利润函数为，

$$\pi_M = \frac{k\left[d - w\alpha - \alpha c_n(1 - \theta) - \alpha\theta c_o\right]^2}{4k\alpha - 2\beta^2}$$

（二）供应商的决策分析

然后，分析供应商的决策行为：新零件供应商的目标利润函数由销售收入和供应成本构成，新零件供应量等于市场产品总需求量减去回收产品的数量，目标利润函数为，

$$\max_w \pi_N = (w - sc_n)(1 - \theta)D = (w - sc_n)(1 - \theta)(d - \alpha p + \beta q) \quad (4.2)$$

同样地，回收零件供应商的目标利润函数为，

$$\max_\theta \pi_O = (w - a_o)\theta D - I_\theta = (w - a_o)\theta(d - \alpha p + \beta q) - \theta^2 b/2 \quad (4.3)$$

两个竞争型供应商独立制定各自的最优批发价和回收决策，利用逆向归纳法求解均衡决策和利润。

定理 4.2 绿色闭环供应链中，两个竞争型供应商同时制定价格和回收策略，目标利润函数关于价格和回收决策均为凹函数，均衡解存在。

证明见附录 F。

竞争决策模型下，新零件的最优批发价格和旧零件的最优回收努力为，

$$w^{*d} = \frac{d - \alpha\left[(1 - \theta^*)c_n + \theta^* c_o - sc_n\right]}{2\alpha}$$

$$\theta^{*d} = \frac{k\alpha\left[d - \alpha(c_n + w^*)\right](w^* - a_o)}{b(2k\alpha - \beta^2) - 2k\alpha^2(w^* - a_o)(c_n - c_o)}$$

制造商的最优定价和减排努力分别为，

$$q^{*d} = \frac{\beta\left[d - \alpha(1 - \theta^{*d})c_n - \alpha(\theta^{*d}c_o + sc_n)\right]}{4k\alpha - 2\beta^2}$$

$$p^{*d} = \frac{2\alpha dk + (k\alpha - \beta^2)\left[d + \alpha((1 - \theta^{*d})c_n + \theta^{*d}c_o + sc_n)\right]}{2\alpha(2k\alpha - \beta^2)}$$

最后，竞争决策模型下的制造商、新零件供应商和回收零件供应商的最优利润分别为（其中 $Z = \alpha(\theta c_o + sc_n)$），

$$\pi_M^{*d} = \frac{k\left[d - \alpha(1 - \theta)c_n - Z\right]^2}{16k\alpha - 8\beta^2}$$

$$\pi_N^{*d} = \frac{k(1 - \theta)\left[d - \alpha(1 - \theta)c_n - Z\right]^2}{8k\alpha - 4\beta^2}$$

$$\pi_O^{*d} = -\frac{b\theta^2}{2} + \frac{k\theta[d - \alpha(2a_o + (1 - \theta)c_n + \theta c_o - sc_n)]\left[d - \alpha(1 - \theta)c_n - Z\right]}{8k\alpha - 4\beta^2}$$

性质 4.1　在绿色闭环供应链的竞争决策模式下，当回收零件供应商的回收投资成本递增时，回收率上升，制造商购买零件的成本也会上升。

性质 4.2　在绿色闭环供应链中，产品售价随着回收率的提高而下降，同时，制造商的碳减排水平随着回收率的提高而增加。废弃产品的回收再制造不仅有利于消费者，也能有效提升社会减排水平。

证明见附录 F。

根据性质 4.1 和 4.2 可知，在绿色闭环供应链中，当竞争型供应商主导整个供应链、非主导制造商制定价格策略时，回收零件供应商回收努力的提高，会使零件批发价格也相应提升。这是因为当回收零件的数量增加时，新零件的需求量减少，为了维持利润，新零件供应商可利用自身的主导优势，提高批发价格，从制造商处获取更多利润空间。此外，当回收率提高时，制造商的生产成本降低，供应商利用主导优势能够获得更多的制造商利润。

对于产品售价和减排程度，随着回收率的增加，两者变化趋势不同：销售价格随回收率的提高而下降、减排程度则会随之提高。这是因为加大废旧产品的回收再利用，可以降低制造商的生产成本，并进一步推动制造商在吸引低碳消费者上做出更多努力，因为这对他本身及其上游供应商都有利可图。

性质 4.3　在绿色闭环供应链中，随着回收零件供应商的回收投资的增加，新零件供应商的利润下降，但是制造商的利润会提高。此外，回收再制造的成本节约效率 $\Delta = c_n - c_o$，能显著加强回收率对利润的影响效果。

证明见附录 F。

根据性质 4.3 可以看出，当回收零件供应商在回收废旧产品中投入更多的成本，如加强广告、上门回收等服务后，其下游制造商可以获得更高的利润。然而，当回收零件供应商占领了更大比例市场时，新零件供应商的利润就会相应减少。这一结果与实际相符，这是因为废旧零件的生产成本低于新零件，当零件批发价格不变但回收率提高时，制造商的成本降低，同时市场需求保持不变，可以使制造商的利润得到提高。

总的来说，随着回收再制造技术的不断发展，回收成本将逐渐降低，导致产品销售价格和减排程度随回收率的变化加剧。同样地，这种变化也影响着供应链各成员的利润。这一结果说明生产技术、回收方式和管理方法的进步，不仅有利于低碳消费者，更有利于提高社会福利。但是，废旧产品的回收再利用比例越高，对新零件供应商利润的削减程度越大，导致新零件供应商会在发展初级阶段阻止回收零件供应商进入市场。因此，为了消除竞争决策带来的双重边际效应，保持绿色闭环供应链有效运作十分必要。

二、合作决策模型

在绿色闭环供应链的集中决策模式，即合作决策模型中，供应链上的全部成员以供应链总体利润最大化为目标、进行共同决策。因此，供应链利润目标函数是制造商、新零件供应商和回收零件供应商三方利润之和，

$$\max_{p, q, \theta} \pi_S = pD - D(1 - \theta)(c_n + s c_n) - \theta D(a_o + c_o) - k q^2/2 - b \theta^2/2$$

$$(4.4)$$

定理 4.3 在绿色闭环供应链的合作决策模式中，目标利润函数关于定价、回收和减排努力的决策变量为联合凹函数，最优解存在。

证明见附录 G。

合作决策模式下，最优产品售价、回收和减排努力分别为，

$$p^{*c} = \frac{b(c_n + sc_n)(k\alpha - \beta^2) + dkb - dk\alpha(c_n - c_o + sc_n - a_o)^2}{b(2k\alpha - \beta^2) - k\alpha^2(c_n - c_o + sc_n - a_o)^2}$$

$$q^{*c} = \frac{b\beta[d - \alpha(c_n + sc_n)]}{b(2k\alpha - \beta^2) - k\alpha^2(c_n - c_o + sc_n - a_o)^2}$$

$$\theta^{*c} = \frac{k\alpha(c_n - c_o + sc_n - a_o)[d - \alpha(c_n + sc_n)]}{b(2k\alpha - \beta^2) - k\alpha^2(c_n - c_o + sc_n - a_o)^2}$$

最优供应链总利润为，

$$\pi_S^{*c} = \frac{bk[d - \alpha(c_n + sc_n)]^2}{b(4k\alpha - 2\beta^2) - 2k\alpha^2(c_n - c_o + sc_n - a_o)^2}$$

性质 4.4　合作决策模式可以消除供应链竞争决策下的双重边际效应。与竞争决策模式相比，合作决策下的产品售价更低、减排程度更高，两者随回收率的变化趋势与竞争决策模式相同。

证明见附录 G。

将最优回收率代入售价、减排和利润函数中，进行比较，得到 $\pi_S^{*c} > \pi_S^{*d}$，$p^{*c} < p^{*d}$，$q^{*c} > q^{*d}$，$\partial q^{*c}/\partial\theta > 0$，$\partial p^{*c}/\partial\theta < 0$。

由性质 4.4 可以看出，在合作决策模型下，绿色闭环供应链上的所有成员可以被视为一个整体，其具有相同的利润目标，此时双重边际效应消失。在合作决策模式下，制造商的利润更高，激励它通过增加减排投入或降低销售价格，追求更大的市场需求。事实上，供应链中的主导供应商也会要求制造商扩大市场，以使其获得更多的零件需求量，这说明合作决策模型对消费者和各级企业都更有效。然而，在实际运作过程中，虽然上下游企业在同一个供应链中进行密切合作，但信息难以完全共享，使其目标利润和决策行为的完全一致很难达成。因此，本章第四节以合作决策模型的最优利润作为基础，设计了适用于绿色闭环供应链的契约协调机制。由于计算的复杂性，下一节通过数值算例对竞争决策、合作决策模型中的关键变量和参数进行比较和敏感性分析。

第三节　数值模拟与敏感性分析

本节通过数值算例仿真，分析上述两种决策模型中的关键参数和变量、最优决策和利润的变化情况，并讨论企业决策对消费者效用和社会福利的影响。此外，为了明确最优决策受不同参数的影响情况，进行敏感性分析。

以新能源汽车动力电池制造企业宁德时代（CATL）为例，在实际运作中，因为动力电池的材料可以反复提取和纯化，CATL可以利用新电池和回收再造电池两类零件，进行电动汽车的生产，再制造电池的蓄能、充电等效率与新电池十分相近。CATL的上游供应商可分为两类：一种是提供新电池的新零件供应商，另一种是回收废旧电池并进行再利用的回收零件供应商。同时，为了提高电动汽车的环保性能、低碳水平，提高绿色消费者的购买意愿，CATL会主动进行碳减排、加大减排技术研发的投入成本。以CATL的实际数据为依据、本章构建的决策模型为基础，对参数赋值并进行仿真分析。

在正向供应渠道中，两个竞争型供应商提供不同类型的零件，提供新零件的成本为 $sc_n = 6$，回收零件的成本 $a_o = 4$；制造商利用新零件的制造成本为 $c_n = 2$，利用回收零件的为 $c_o = 1$。此外，为了满足消费者的低碳偏好，制造商加大碳减排的投资，减排成本系数为 $k = 10^4$，消费者的绿色偏好敏感系数为 $\beta = 60$；需求对价格的敏感系数为 $\alpha = 100$，潜在市场需求 $d = 10^4$，回收零件供应商的回收努力成本系数为 $b = 4 \times 10^5$。

一、参数变动分析

首先分析在竞争决策模式中，供应链各成员的决策变量及其利润受消费者绿色偏好程度的影响情况，如图4.2所示（图中 Z 为常数，其在不影响结论的前提下能使图形更加直观）。

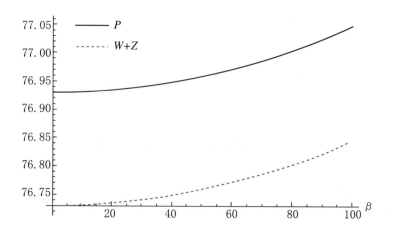

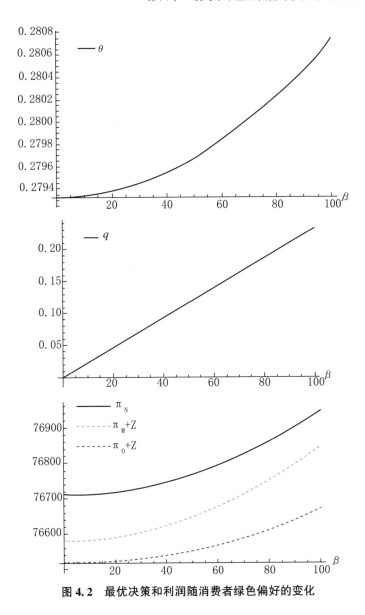

图 4.2　最优决策和利润随消费者绿色偏好的变化

从图 4.2 可以看出，新零件供应商的零件批发价格、回收再制造的规模、产品的减排程度和销售价格均随消费者低碳偏好程度的增强而提高，且偏好越强，回收率和价格的递增趋势越明显。在低碳消费市场中，消费者的支付意愿明显受到产品减排程度的影响，减排程度越高，产品需求越大。因此，随着环保意识的普及，制造商首先会提高减排努力投入，为了不降低自身利润，其应同时提高产品的销售价格。由于新零件供应商在绿色供应链中占据主导地位，因此当产品售价提高时，供应商可相应地提高批发价格，以获取价格提升带来的上升的市场利润空间。这是因为，虽然销售价格的提高会使消费市场的需求下降，但产品低碳水平的提高幅度更大，反而会引起绿色消费者更多的关注，从而带来销售量的提高。

另一方面，低碳偏好也能促进回收再制造的规模，这是因为当市场需求提高时，对供应链的全体成员有利，使主导零件供应商获得更多利润，同时也能够促使回收零件供应商在回收废旧产品行为上的投入更多。为了实现绿色可持续发展，政府应该重视提高消费者的环保意识，因为这不仅是能同时促进废弃产品回收再利用和碳减排的有效途径，也有利于供应链各成员的利益，在不降低经济效益的同时促进绿色发展。

同样地，回收再制造的成本系数也会影响决策和利润，如图4.3所示。

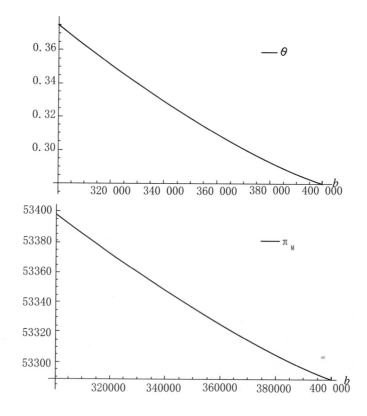

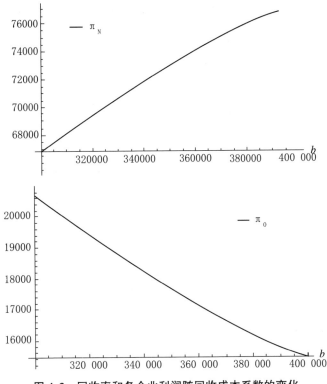

图 4.3　回收率和各企业利润随回收成本系数的变化

从图 4.3 可以看出，回收成本系数与新零件供应商的利润正相关，但对回收零件供应商和制造商的影响则相反。回收零件供应商在提高回收率的同时面临着成本增加的风险，导致自身的利润的下降，然而其同级竞争的新零件供应商的利润则会增加。这是因为两个竞争供应商主导着整个供应链，垄断供应市场，当其中一个供应商面临更高的成本时，另一个供应商将获得价格优势，并从制造商处获得更多的零件需求量。因此，回收零件供应商应该积极投入回收技术的研发、服务和广告宣传等活动，以避免被新零件供应商挤出市场。

此外，当回收率提高时，即当制造商更多地利用回收零件进行产品生产时，低成本制造的优势显现。制造商和回收零件供应商都能从中获得更高的利润。一般来说，废旧产品的回收再利用有利于整个供应链，不仅能为消费者带来更大经济效益，满足消费者的低碳需求，还可以同时提高全社会福利。因此，政府应该着重督促、激励企业的回收再利用行为。

　　进一步对比分析不同决策模型（合作决策和竞争决策）的效率，得到不同决策模型下各供应链成员的最优决策和供应链总利润随回收成本系数的变化情况，如图 4.4 所示。

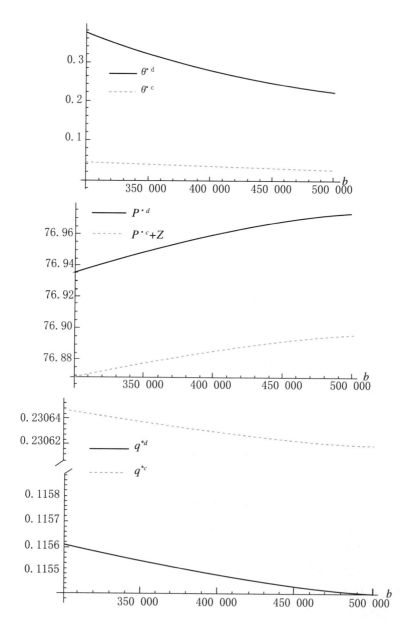

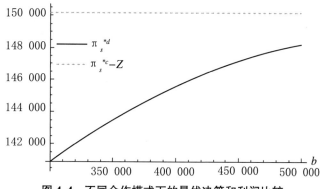

图 4.4　不同合作模式下的最优决策和利润比较

根据图 4.4 可以看出，合作决策模式下的产品售价和回收率均低于竞争决策模式；合作决策模式下的产品减排程度更高，供应链总利润也高于竞争决策模式。这一结果与现实情况相符合，供应链合作决策模式下，上下游各企业间进行完全合作，这是消费者获得高效用、帮助政府实现社会减排的最有效途径。然而，合作决策模式下的回收率低于竞争决策模式，虽然二者都随回收成本系数的增加而减小，但竞争决策模式下的递减幅度更大。这是因为回收零件供应商需要提高回收投入来提高自身的竞争力，才能从制造商处获得更多的零件需求量。而当供应链上各企业做出统一决策时，该闭环供应链内部竞争消失，回收零件供应商也同时失去了增加投资的动力；但产品的碳减排程度在合作决策模式下得到了显著提高，可以满足低碳消费者和环境导向下政府的更高要求。

总的来说，合作决策模式对企业、社会减排和消费者都更有利，但在实践过程中，由于信息壁垒和难以解决的利益冲突，供应链各成员之间很难实现充分的合作。因此，需要设计合理的契约对供应链进行协调优化。

二、渠道选择优化

在竞争决策模式中，制造商分别从两个供应商处采购不同零部件进行生产，虽然利用旧零件时可得到政府的补贴，使生产成本更低，但制造商的生产决策更大程度上地受到上游供应商回收、定价决策的影响。随着旧零件供应商回收规模的变化，制造商产品的构成比例和生产制造成本等均会发生变化，给各合作方的利润均产生显著影响，如图 4.5 所示。

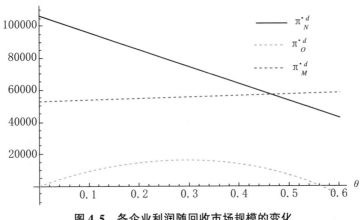

图 4.5　各企业利润随回收市场规模的变化

由图 4.5 可以看出，当市场中废旧产品的回收再利用率较低时，即制造商所采购的零部件大部分来自新零件供应商时，新零件供应商利润高于制造者，旧零件供应商的利润最低。而随着回收利用率的逐渐提高，新零件供应商的利润下降、制造商的利润提高。但是对于回收零件供应商而言，其利润会随着回收利用率的上升而先增后减，当回收率高于一定阈值时，回收零件供应商甚至会丧失进行回收再制造的动力。这是因为，在绿色供应链引入回收再制造业务之前，新零件供应商垄断供应市场，当回收零件供应商进入后产生竞争，会侵占其部分利润空间，并随着竞争企业的市场规模的不断扩大而利润逐渐降低。在回收规模低于一定阈值时，新零件供应商仍能获得供应链的大部分利润，为了满足政府对再制造的要求，其可以接受部分利润损失以促进再制造发展。但是，随着回收市场的扩张，新零件供应商的利润持续下降，当回收率高于一定阈值时，迫使其凭借自身主导能力大幅提高批发价格，使旧零件供应商的利润空间下降，甚至为零。

制造商在进行生产时应根据不同的回收市场规模和政府政策要求，权衡采购渠道的比例，虽然制造商利润随回收规模的提高而不断上升，但供应商间的竞争使新旧零件供应商都不能接受过大的回收市场规模。同时，在不同成本构成下，制造商和供应商的利润关系不同，如图 4.6 所示。

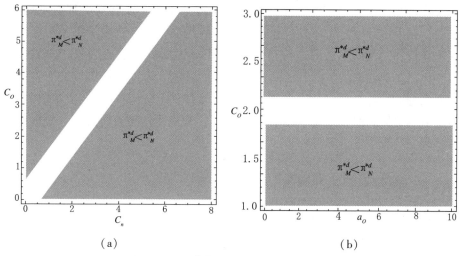

图4.6　不同参数设置下的企业利润关系

由图4.6（a）可以看出，在大部分成本结构下，供应链主导供应商的利润高于非主导制造商的利润，这符合一般主从博弈的结果。而当 c_n 与 c_o 间的差距较小时，即制造商利用新、旧零件生产产品的成本差距不明显时，制造商的利润会高于供应商。当制造商利用新、旧零件生产的成本差距不大时，如图4.6（b），其中假设利用新零件的制造成本 $c_n = 2$，此时，回收零件供应商的回收成本不影响制造商和新零件供应商的利润关系。这是因为，当制造商利用新零件的制造成本大幅度高于旧零件时，选择从新零件供应商处进行采购的利润空间更大，使新零件供应商的市场规模更大，其能凭借自身主导能力获得与旧零件供应商竞争中的大部分利润；反之，当制造商采用旧零件的利润更高时，其会更多地从旧零件供应商处采购、扩大回收再制造市场规模，此时新零件供应商的利润大幅下降，迫使其凭借主导能力提高批发价格，获取与制造商合作中的大部分利润。因此，制造商在优化渠道选择策略时，应考虑不同的成本变化范围，在维持供应商参与回收再造积极性的同时保证自身利润的合理水平。

第四节　契约协调决策模式

从上述分析中发现，比起竞争决策模式，合作决策模式作为供应链合作的最优情况，在促进废旧产品回收、碳减排和提高企业利润上都更加有效。然而，在大多数绿色闭环供应链运营的实际运作中，企业为了保留更高的自主选择权利，往往不愿意进行完全合作。因此在本节中，通过设计契约协调机制，以实现促进供应链各成员深入合作的目的。为了保证供应链所有成员都愿意参与契约合作，合作契约必须满足条件：（1）契约协调决策模式下，供应链的整体利润大于竞争决策模式；（2）契约协调决策模式下，供应链各成员利润均大于竞争决策模式。

一、契约下的企业决策

由于在绿色闭环供应链中，上游零件供应商掌握着核心材料与技术，其为主导方，可利用先动优势，获得比非主导的下游制造商更高的利润。因此，下游的非主导制造企业为了获得更低的零件批发价格，可以主动分担一部分供应商的零件生产成本。同时，更低的零件批发价格可以进一步刺激再制造企业提高碳减排努力，从而推动绿色消费市场的需求。

本节利用成本分担合同契约形式进行契约设计，在此类契约下，制造商分担新零件供应商的生产成本并获得更低的批发价格。此时，制造商的成本分为两部分：一是分担的零件制造成本 $Ts\,c_n$，一是批发价格成本 w^{co}。契约协调决策模型中各企业的目标利润函数和约束条件分别为，

$$
\begin{aligned}
&\max_{p,\,q} U_M = pD - (w^{co} + c_n + Ts\,c_n)(1-\theta)D - (w + c_o)\theta D - k\,q^2/2 \\
&\max_{w^{co}} U_N = [w^{co} - (1-T)s\,c_n](1-\theta)D \\
&\max_{\theta} U_O = (w^{co} - a_o)\theta D - I_{\theta} \\
&s.t.\ U_M \geqslant \pi_M,\ U_N \geqslant \pi_N,\ U_O \geqslant \pi_O
\end{aligned}
\tag{4.5}
$$

结论 4.1 在契约协调决策模式下，当定价策略（w^{co}，T）满足条件

$$
w^{co} = \frac{d - \alpha(1-\theta)c_n - \alpha\theta c_o + \alpha s c_n[1 - T(2-\theta)]}{2\alpha},\ T =
$$

$$
\frac{d - \alpha[c_n - \theta(c_n - c_o + 2s c_n - 2a_o) + s c_n]}{\alpha\theta s c_n}
$$
时，该契约协调机制可实现最优帕累托改进。

由分析结果可知，通过成本分担契约可以实现供应链的协调，使制造商在此契约下的减排努力和价格决策达到合作决策模式的水平。因此，在成本分担契约协调模式下，供应链的双重边际效应消失，实现帕累托改进，总利润达到最优水平。在契约协调模式下，供应链各成员根据其自身议价能力获得一定比例的供应链总利润，不失一般性地，可以根据主导权力大小，假设各企业的议价能力分别为：$bp_N = 0.5$，$bp_M = 0.35$，$bp_O = 0.15$。当供应链完成协调时，满足条件 $U_M = bp_M \pi^{*c} \geqslant \pi_M^{*d}$，$U_N = bp_N \pi^{*c} \geqslant \pi_N^{*d}$，$U_O = bp_O \pi^{*c} \geqslant \pi_O^{*d}$。

根据结论 4.1，当绿色闭环供应链中各企业进行分散决策时，通过设计成本分担契约协调机制，能缓解竞争决策模式产生的双重边际效应，制造商实现与其上游主导供应商的深度合作。成本分担契约的实施效率如何，将进一步深入探讨。

二、协调效率数值分析

本节通过数值分析以验证契约协调机制的有效性，利用第三节的假设，对各参数进行赋值。竞争决策、合作决策和契约协调模式下的最优决策变量和利润的比较结果，如表 4.2-表 4.4 所示。可以看出，合作决策模式下的供应链运作效率最优；与竞争决策模式相比，契约协调模式可以显著提高供应链各成员的利润。为了验证模型在不同情况下的鲁棒性，分别设计了三种不同的参数条件：在表 4.2 中，回收率相对较高，高于表 4.3 中的设置水平，而表 4.4 的回收率则为最低水平。基于不同回收率的设置情境，分别分析契约协调机制的效率，若均能实现有效协调，则能证明该契约机制具有可推广性和广泛应用价值。

表 4.2 不同决策模式的比较（$\theta = 0.45$）

	竞争决策模型	合作决策模型	契约协调模型 $T = 34.91$
p	76.916	53.383	53.383
q	0.116	0.234	0.234
w	52.225	/	$w^{co} + Ts\, c_n = 99.35$
π_M	53 485.62	/	62 169.88

续表

	竞争决策模型	合作决策模型	契约协调模型 $T = 34.91$
π_O	9 719.79	/	26 644.23
π_N	58 834.18	/	88 814.11
π_S	122 039.60	177 628.22	177 628.22

由表 4.2 所示，与竞争决策模型相比，成本分担契约模式下供应链的整体利润以及各成员的利润均得到了提高；与竞争决策模式相比，供应链协调后的碳减排程度得到提升，同时销售价格降低、供应链总利润提高。经济效益和环境效益都得到了相应的提升，证明了成本分担契约的有效性。

表 4.3　不同决策模式的比较（$\theta = 0.25$）

	竞争决策模型	合作决策模型	契约协调模型 $T = 62.17$
p	76.967	53.683	53.683
q	0.115	0.232	0.232
w	52.125	/	$w^{co} + Ts\,c_n = 98.75$
π_M	53 254.46	/	70 991.63
π_O	15 281.80	/	30 424.98
π_N	79 881.69	/	101 416.62
π_S	148 417.94	202 833.23	202 833.23

由表 4.3 所示，与竞争决策模式相比，当回收率降低时，成本分担契约仍然可以提高供应链总利润及其各成员的利润，降低销售价格、提高碳减排程度。而废旧产品回收率进一步降低时，具体结果见表 4.4。

表 4.4　不同决策模式的比较（$\theta = 0.05$）

	竞争决策模型	合作决策模型	契约协调模型 $T = 307.5$
p	77.02	53.983	53.983
q	0.115	0.231	0.231

	竞争决策模型	合作决策模型	契约协调模型 $T = 307.5$
w	52.025	/	$w^{co} + Ts\, c_n = 98.15$
π_M	53 023.79	/	74 219.69
π_O	5 032.79	/	31 808.44
π_N	100 745.21	/	106 028.13
π_S	158 801.80	212 056.26	212 056.26

从表 4.2-表 4.4 可以看出，成本分担契约协调机制能够实现供应链的最优绩效，提高各企业的利润。同时该契约具鲁棒性，在不同条件下均可实现供应链的协调。

结论 4.2 成本分担契约可以实现绿色闭环供应链的帕累托改进，使各成员企业在保持自身利润增长的前提下，主动参与契约合作，实现经济效益和环境效益的双重改善。

在这三种决策模式下，产品销售价格均会随着回收率的增加而降低，而减排努力则均随回收率的增加而提高。这说明加强回收再利用，既能提高消费者的购买效用，又有利于全社会福利和减排目标的实现。但是，供应链总利润却不会随回收率的提高而增加，这是因为回收废旧产品不仅是供应商的成本，也是其收入的来源。因此，回收供应商需要调整适当的回收投入，以保持较高的利润。此外，当绿色闭环供应链的回收投资成本过高时，无法使其总利润实现随着回收率的增长而提高的目标。因此，供应链中的各个企业需要强调发展回收技术的创新和进步，在较低的边际成本下提高回收率。

第五节 本章小结

本章研究了由一个非主导制造商、两个主导的竞争型零件供应商构成的绿色供应链体系，其中制造商受碳减排约束，需考虑生产过程中的碳减排行为，回收零件供应商制定回收策略，新零件供应商制定价格策略。利用斯坦伯格博弈模型和逆向归纳法，分别构建竞争决策、合作决策和契约协调决策三种模式，对企业减排和渠道决策进行优化。力求解决绿色闭环供应链的实际运作中面临的三个问题：如何提高废旧产品的回收率；如何扩大绿色产品的消费市场；如何在兼顾前两个条件的同时满足政府的碳减排要求并优化渠道选择策略。通过构建博弈模型并进行优化，得到以下主要结论：

（1）在上游竞争零件供应商、受碳减排约束的非主导制造商构成的绿色闭环供应链体系中，零件批发价格随着回收率的增长而上升，但产品的销售价格下降。同时，随着回收零件供应商投入的回收成本增加，制造商的碳减排程度也会相应提高；企业的回收再利用对消费者效用和社会福利均有益。

（2）在竞争决策模式下，供应商提高回收废弃零件的投入成本，可使制造商的利润提高，但对新零件供应商的利润却有消极影响。同时，回收投入的成本节约效率能进一步扩大影响效果。

（3）与竞争决策模式相比，合作决策模式下的双重边际效应被完全消除；同时，产品销售价格更低、碳减排程度更高，合作决策模式对消费者和供应链各企业都更有利。

（4）当废旧产品的回收难度增大、投资成本更高时，回收再利用对绿色闭环供应链的总利润会产生负面影响，虽然加大废弃产品的回收有利于提升社会效益和环境效益，但在一定程度上会损害企业的利润。

（5）虽然合作决策模式可以优化供应链整体效率，但在实践中极难实现。因此，引入成本分担的契约协调机制，实现供应链的协调和帕累托改善，使供应链总利润达到合作决策模式的最优水平，同时也能提高制造商的碳减排水平。

未来研究可从以下方向进行扩展：第一，本章在信息对称下，研究了两个竞争型零件供应商在正向供应渠道竞争、回收渠道垄断的两阶段博弈模型，未来可对回收渠道进行拓展，研究竞争回收的情况；第二，可以进一步考虑信息不对称和消费市场需求不确定的影响；第三，拓展至多种契约协调机制，如二部定价契约、数量柔性契约和回购契约等；第四，本章假设零件回收成本、制造生产成本为固定参数，事实上，由于废旧产品的质量不确定性和生产产量的随机性，也可假设成本为随机参数；第五，本章构建的模型只研究了单期博弈问题，可在未来研究中拓展模型至多期决策优化、多竞争企业的博弈问题。

碳约束与绿色偏好下供应链协同减排决策

根据第三和第四章的研究发现，消费者越来越愿意为环保产品买单，从而刺激了企业发展低碳技术的动力，影响了企业制定发展策略的关注重心。第三章研究了消费者差异化绿色偏好下的企业减排和政府政策的制定问题，第四章则引入供应渠道竞争和闭环回收特性，共同关注消费者绿色行为对企业定价、减排和回收策略的影响。实际上，除了消费者偏好和回收再制造的影响，绿色供应链中的上下游企业间的纵向合作减排也是影响社会绿色发展的关键因素。

在供应链的实际运营中，制造商的减排行为对其上游主导品牌商的形象具有更强烈的影响，一般来说，供应链中的强势企业会更注重设立低碳环保的良好形象，例如，苹果公司与其下游组装公司富士康、可口可乐与其下游灌装企业。在供应链合作中，核心供应商提供专有产品和知识产权等核心零件或技术，委托下游制造商进行生产，如苹果公司提供芯片技术并将所有制造环节委托给富士康。但是，这种合作模式会使碳减排任务集中于制造企业，供应商为了提高品牌环保形象，必须加强与制造商的合作减排。

针对少有研究将碳政策约束、消费者绿色偏好与合作减排模式同时考虑的现象，本章在消费者绿色偏好和政府碳强度目标约束下，重点研究绿色供应链内部的上下游企业的合作减排策略与契约协调，主要考虑两个问题：（1）在上游核心品牌供应商的主导下，供应链下游制造商如何提升自身减排效果，以同时满足市场需求、供应商要求和政府约束；（2）政府应如何调整碳政策，激励供应链全体成员的碳减排行为，以同时实现碳排放总量下降和社会福利上升的目标。

为解决上述问题，本章构建了由上游核心零部件供应企业主导、下游制造企业实施减排行为的二级供应链体系，在消费者绿色偏好和政府碳强度的同时约束下，分别探讨社会环保意识、碳政策约束对企业减排策略和利润的影响。进一步，根据实际情况，设计三种协同减排策略模型，包括制造商独立减排、主导企业成本分担减排和完全合作减排，并分析不同模式下企业减排水平、利润和社会福利的变化，从中归纳出可供企业和政府借鉴的策略建议。最后，利用数值分析验证模式选择的可靠性，为绿色供应链中企业的决策提供可参考的方案策略。

第一节　基本模型构建

一、问题描述

本章考虑由上游核心供应商主导、下游制造商进行减排的两级绿色供应链体系，市场存在具有绿色偏好的消费者，同时政府对制造商的碳排放行为进行监管和约束。虽然碳排放发生在产品的整个生命周期中，但很大比例的排放来自产品的加工和装配环节（Yang 等，2018），使制造商成为减排主力。因此，本章假设政府的碳排放约束对象为生产制造企业，此时企业的定价和减排策略受到政府监管、碳交易市场价格波动和消费者低碳偏好多重因素的共同影响，如图 5.1。

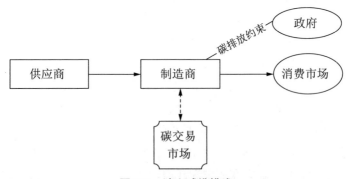

图 5.1　独立减排模式

由于供应商与其下游制造商形成战略合作关系，在制造商提高碳减排努力时，产品的低碳水平提高，从而提升产品的环保形象，吸引市场中更多的绿色偏好消费者。因此，为了激励制造商加大减排力度、扩大市场规模，主导供应商会主动设计相应的契约机制与制造商进行合作，分担其一定比例的减排成本。在上述模型的基础上，引入契约合作形式，构建成本分担减排模型，如图5.2。

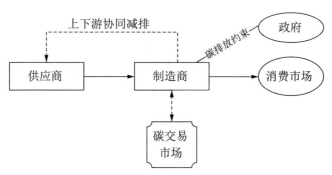

图5.2　成本分担减排模式

根据供应链协调理论，当供应链上下游企业形成完全信任的联盟关系时，可使供应链总体利润达到最大、运作效率快速提升。因此，进一步构建完全合作减排模式，以实现减排总量的最大化。在此情形下，供应链上下游企业在供应链总体利润最大化的目标下，共同制定价格和减排策略，并设计合理有效的分配机制，使各利益方的利润均能得到提升，如图5.3。

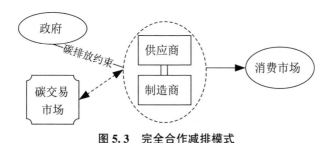

图5.3　完全合作减排模式

二、参数符号与假设

表 5.1　参数符号说明

参数	
c_s	供应商的单位生产和研发成本
c_m	制造商的单位生产成本
q_0	产品初始单位碳排放
q_G	政府单位碳配额，$0 \leqslant q_G \leqslant q_0$
p_c	单位碳排放权交易价格
E_p	制造商的碳交易总量
决策变量	
w	供应商决策的批发价格
p	制造商决策产品的销售价格
q	制造商的减排努力
上标	
NC	企业独立减排模式
CS	成本分担减排模式
RA	完全合作减排模式

为了使模型符合实际并简化计算，做出如下假设：

（1）需求市场上的消费者具有差异化的低碳偏好，需求量取决于消费者效用，产品绿色度越高，需求量越大。消费者通过政府授权的碳标签来识别产品的低碳程度，不考虑消费者与企业间信息不对称的问题。

（2）政府实施碳配额和交易制度，规定制造企业的排放限额。若企业不能将最终排放量控制在限额以下，则必须从碳市场上购买排放权，当减排不能达到标时，政府会对企业进行其无法承担的惩罚。

（3）市场需求函数。在绿色供应链研究中，普遍采用线性需求函数，如 Plambeck（2012）。假设需求是受销售价格和减排程度影响的线性函数，具体函数为 $Q = a - bp + \rho q$，其中 a、b 和 ρ 分别表示市场潜在需求、消费者对价格的敏感系数和对减排程度的敏感系数。一般来说，消费者对价格更敏感，不失一般性地可假设 $b = 1$，$\rho \in [0, 1]$。

（4）减排成本函数。McDonald 和 Poyago-Theotoky（2016）证明了制造企业的减排成本与其减排努力正相关，并且当减排努力程度较高时，成本增加更快，减排成本函数与减排努力非线性正相关（Xie 等，2017；Luo 等，2016；Niu 等，2016）。假设成本函数为 $C(q) = \theta q^2/2$，其中 θ 为减排成本系数。在碳配额–交易政策下，企业可购买（或出售）的碳排放权总量为 $E_p = (q_0 - q - q_G)Q$。

三、决策时序

本章构建三种类型的减排模式，不同模式下的两阶段决策时序具体为：（1）主导品牌供应商首先决策批发价格，然后制造商独立决策其减排程度和销售价格；（2）供应商首先设计成本分担合同，与制造商共同承担减排成本，然后制造商再相应做出价格和减排决策；（3）供应商与制造商签订战略合作协议，双方共同决策减排和销售价格。

决策过程时序如图 5.4 所示。

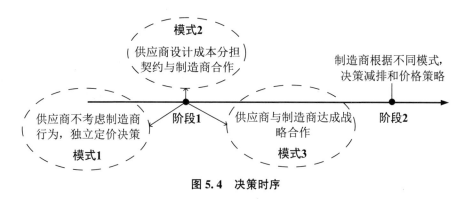

图 5.4 决策时序

四、基本模型

根据供应链管理理论，集中决策模式下的供应链运作效率最高。因此，首先构建集中决策模式作为基本模型，供应链各成员在总利润最大化的目标下，共同制定价格和减排策略。供应链总利润函数为，

$$\max_{p,\,q} \boldsymbol{\pi}_T = (p - c_s - c_m)Q - \frac{1}{2}\theta\,q^2 - E_P\,p_c \tag{5.1}$$

在集中决策模式下，上下游企业建立了充分信任的合作关系，供应商首先取消批发价格，并与制造商一起在总利润最大化的目标下，共同决策产品的销售价格和减排努力，得到集中决策下的企业最优减排和定价决策分别为，

$$q^{RA} = \frac{(\rho + p_c)\,[a - (c_m + c_s) - p_c(q_o - q_G)]}{2\theta - (p_c + \rho)^2}$$

$$p^{RA} = \frac{(\theta - 2\rho\,p_c)\,[a + (c_m + c_s) + p_c(q_o - q_G)]}{2\theta - (p_c + \rho)^2} +$$

$$\frac{(\rho - p_c)\,[p_c(a - \rho\,q_o + \rho\,q_G) - \rho(c_m + c_s)]}{2\theta - (p_c + \rho)^2}$$

集中决策下的最优供应链总利润为，

$$\pi_T^{RA} = \frac{\theta\,[a - (c_s + c_m) - p_c(q_0 - q_G)]^2}{2\,[2\theta - (\rho + p_c)^2]}$$

证明见附录 H。

在集中决策模式下，双重边际效应消失，供应链达到最优水平。但是，这种理想化合作模式在实际运作中较难实施，需要设计机制对利润进行合理分配。目前在实践中，主导供应商更普遍地利用批发价合同契约（独立减排模式）、成本分担合同契约（成本分担减排模式）等合同，与下游制造商进行合作，因此第二节将构建基于此类契约机制的合作减排模式。

第二节　不同减排模式模型构建

一、制造商独立减排模式

在独立减排模式下，供应商与制造商的决策顺序为：首先，供应商决策批发价格；其次，制造商根据政府碳配额-交易政策和批发价格，决策减排和价格。制造商和供应商形成斯坦伯格博弈，在批发价格合同下，以各自利润

最大化为目标进行决策，目标利润函数分别为，

$$\max_{w} \pi_S = (w - c_s)Q = (w - c_s)(a - p + \rho q)$$

$$s.t. \max_{p, q} \pi_M = (p - w - c_m)Q - \frac{1}{2}\theta q^2 - E_P p_c \tag{5.2}$$

根据逆向归纳法，首先求解当供应商给定批发价时，制造商的最优决策。

引理 5.1 只有在市场潜在需求满足条件 $a > c_s + c_m - p_c(q_0 - q_G)$，减排成本系数满足 $\theta > (\rho + p_c)^2/2$ 时，制造商才会主动投入生产和减排努力。

证明见附录 I。

由引理 5.1 可知，只有当市场潜在需求和减排成本系数都大于某一定值时，制造商才会主动进行生产销售并能有利可图。这是因为市场容量较小时，消费者潜在需求下降，导致企业生产边际成本过高。此外，受到减排技术水平限制，减排成本系数一般较高，同时这也能防止企业为在碳交易市场套利而过度减排。

定理 5.1 在独立减排模式下，最优批发价格、产品售价和减排程度分别为，

$$w^{NC} = \frac{a + (c_s - c_m) - p_c(q_0 - q_G)}{2}$$

$$p^{NC} = \frac{a(3\theta - 2p_c^2 - 3\rho p_c - \rho^2) - [\rho(p_c + \rho) - \theta][(c_s + c_m) + p_c(q_0 - q_G)]}{2[2\theta - (\rho + p_c)^2]}$$

$$q^{NC} = \frac{(\rho + p_c)[a - (c_s + c_m) - p_c(q_0 - q_G)]}{2[2\theta - (\rho + p_c)^2]}$$

根据定理 5.1 可知，当消费者对低碳产品的偏好提升时，制造商更愿意加大对减排的投入水平，促使产品需求量上升，但供应商的批发价格制定与消费者的低碳偏好不直接相关。此外，与集中决策模式相比，当 $p_c > \rho$ 时，$p^{NC} > p^{RA}$，说明独立减排模式下的减排努力更低、产品销售价格更高，这是因为下游制造商直接面向绿色消费者，可以通过减排来刺激需求。另一方面，消费者低碳偏好与产品售价的相关性受碳排放权价格影响：当碳排放权价格高于一定数值时，制造商可以通过销售碳排放权获得更多的利润。为了促进

需求，当消费者的低碳偏好较强时，其会降低销售价格并加大减排力度。

定理 5. 2　在独立减排模式下，最优供应商、制造商和供应链总利润满足关系 $\pi_S^{NC} = 2\pi_T^{NC}/3$，$\pi_M^{NC} = \pi_{SC}^{NC}/3$，$\pi_{SC}^{NC} = 3\pi_{SC}^{RA}/4$，各企业的利润均随消费者绿色偏好的提升而增加。

根据定理 5. 2，消费者的低碳偏好越高，对产品的需求越大，供应链上所有成员的利润也会随之增加，这说明在政府碳减排约束下，消费者的环保意识是企业减排的主要动力之一。当消费者低碳偏好较强时，企业的利润和竞争力会随着绿色产品需求的提高而增长，而供应链中的主导供应商能够比其跟随制造商获得更多的利润。与集中决策模式相比，独立减排模式下的供应链总利润降低，这一现象符合斯坦伯格博弈的性质。

定理 5. 3　在独立减排模式下，当政府减少碳配额以实施紧缩碳政策时，产品的减排努力和批发价格均降低，产品售价在满足 $p_c > \rho$ 时也会下降；市场需求和企业利润均与政府碳配额正相关。

证明见附录Ⅰ。

定理 5. 3 表明，政府碳目标约束的力度影响供应链各成员的决策，出乎意料地，当政府加强碳排放政策约束时，制造商会减少对减排的投入成本，反而使社会碳减排水平降低，导致产品需求和企业利润的下降。为了促进减排，政府应该采取相对宽松的激励政策，而非惩罚性的措施。另一方面，随着碳约束的加强，供应商会降低批发价格，这是因为在严格的碳政策下，制造商生产产品和减排的主动性下降，主导供应商应牺牲自身部分利润，以激励制造商生产。由此，在政府碳强度目标约束加强的情况下，供应商和制造商的利润都会降低。

政府制定合理的碳配额激励机制，可以推动生产企业的减排，同时使供应链上的所有企业都能获得更高的利润，如图 5. 5 所示。政府通过设定一个碳配额临界值 q_C^*，以控制碳排放权交易总量。碳配额政策须遵循原则：碳配额不能超过企业初始碳排放量；较高的碳配额会使产品售价上涨，导致需求市场紧缩。

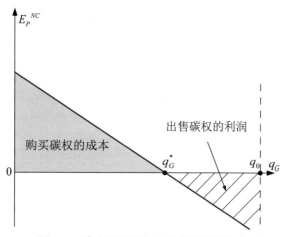

图 5.5　碳交易总量和政府碳配额的关系

从政府的角度看，降低减排补贴额度可以有效地减轻财政负担，但随着碳配额的降低，制造商会降低减排努力、提高销售价格，使消费者对绿色产品的需求受到抑制，供应链中各企业的利润也会下降。因此，政府在制定碳政策时，必须权衡社会经济绩效与环境保护力度，针对不同行业实施不同的减排政策。与集中决策模式相比，独立减排模式既不利于社会福利和减排水平，也会损害供应链中所有企业的利润。为了促进减排、提高绿色产品需求，主导供应商可与下游制造商通过成本分担契约，达成更有效的合作减排模式。

二、成本分担减排模式

在针对斯坦伯格博弈的研究中，双重边际效应是影响企业利润关键因素，由于供应链中各企业均以自身利润最大化为目标进行独立决策，导致合作效率低下。在实际运作中，根据企业管理经验，发现制造商在独立减排时，普遍面临着资金短缺、研发风险较大的问题，都会限制其减排投入。因此，本节在独立减排模式的基础上，进而引入成本分担合同契约，协调企业间合作并提高效率。

为了维持供应链成员间的合作关系、激励制造商减排，主导供应商利用成本分担合同与制造商进行合作：此模式下，供应商首先决策批发价格，并分担一部分制造商的减排努力成本，设定分担比例为 $\varphi(0 < \varphi < 1)$；然后，制造商根据供应商的决策制定相应的减排和价格策略。供应商和制造商的目

标利润函数为，

$$\max_{w} \pi_S = (w - c_s)Q - \frac{1}{2}\varphi\theta q^2$$

$$s.t. \max_{p,q} \pi_M = (p - w - c_m)Q - \frac{1}{2}(1 - \varphi)\theta q^2 - E_P p_c \tag{5.3}$$

成本分担减排模式下，最优批发价、减排水平和销售价格分别为，

$$w^{CS} = \frac{[a - (c_s + c_m) - p_c(q_0 - q_G)]}{2} + \frac{\varphi(\rho + p_c)^2[a - (c_s + c_m) - p_c(q_0 - q_G)]}{2[4\theta(1 - \varphi)^2 - (2 - 3\varphi)(\rho + p_c)^2]}$$

$$q^{CS} = \frac{(1 - \varphi)(\rho + p_c)[a - (c_s + c_m) - p_c(q_0 - q_G)]}{4\theta(1 - \varphi)^2 - (2 - 3\varphi)(\rho + p_c)^2}$$

$$p^{CS} = \frac{[\theta(1 - \varphi) - 2\rho p_c][a + (c_m + p_s^{CS}) + p_c(q_0 - q_G)]}{2\theta(1 - \varphi) - (p_c + \rho)^2} +$$

$$\frac{(\rho - p_s^{CS})[ap_c - \rho p_c(q_0 - q_G) - \rho(c_m + p_s^{CS})]}{2\theta(1 - \varphi) - (p_c + \rho)^2}$$

引理 5.2 只有在市场容量满足条件 $a > c_s + c_m - p_c(q_0 - q_G)$，减排成本系数满足 $\theta > (\rho + p_c)^2(2 - 3\varphi)/4(1 - \varphi)^2$ 时，制造商才会在成本分担减排模式下主动进行生产。

证明见附录 J。

与引理 5.1 相比，成本分担减排模式下，减排成本系数与成本分担系数相关，具体关系如图 5.6 所示。

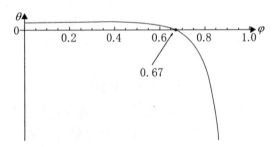

图 5.6 减排成本系数与成本分担系数的关系

　　由引理 5.2 可知，当供应商的成本分担比例大于 2/3 时，成本系数不能满足大于零的假设条件，因此，设定成本分担比例的合理范围满足 $\varphi \in [0, 2/3]$。但是，此范围的设定只考虑了模型的合理性，并没有顾及供应商和制造商的利润。为了成本分担合同的有效实施，需进一步考虑供应链中各企业的利润关于成本分担系数的变化情况。

　　定理 5.4　当成本分担比例范围满足 $\varphi \in [0, 1/2]$ 时，成本分担减排模式下的供应商利润高于独立减排模式，但制造商利润却降低。当供应商主导进行契约合同设计时，最优分担比例为 $\varphi^{CS} = 1/3$，如图 5.7-图 5.8 所示。

　　证明见附录 K。

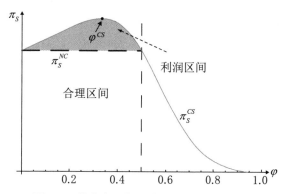

图 5.7　供应商利润随成本分担比例的变化

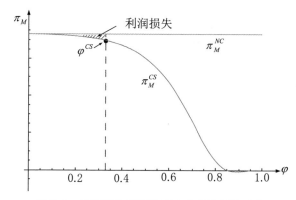

图 5.8　制造商的利润随成本分担比例的变化

　　定理 5.4 表明，在一定条件下，供应商的利润会因为实施成本分担合同而得到提高，但制造商却不能。这是因为绿色供应链中的供应商掌握核心技术、在合作中拥有更高话语权，因此即使在成本分担减排模式下，制造商不能获得独立减排下的最优利润，供应商也可要求制造商执行成本分担合同，否则其会终止合作，使制造商无利可图。因此在设计契约合同时，应同时考虑主导供应商的最优利润和制造商可接受的利润损失范围。由于主导企业在设计合同时，大都只考虑自身最优利润，必须同时通过调整成本分担比例，将制造商的利润损失控制在可接受的范围内。从政府的角度看，如果成本分担减排模式能够促进全社会的低碳程度和福利，政府会强制要求供应链上的所有企业参与到成本分担减排合作中来。此外，与独立减排模式相比，成本分担减排模式可以提高绿色供应链的总利润，但仍存在双重边际效应，使供应链效率无法达到最优。

定理 5.5 在合理范围内，与独立减排模式相比，成本分担减排模式能同时促进制造商的生产和减排，$Q^{CS} > Q^{NC}$，$q^{CS} > q^{NC}$，如图 5.9-图 5.10。

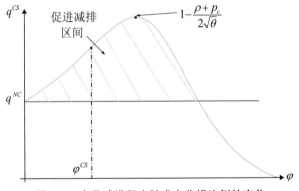

图 5.9　产品减排程度随成本分担比例的变化

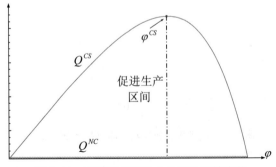

图 5.10　产品需求随成本分担比例的变化

根据定理 5.4 和 5.5 可知，成本分担减排模式不仅能提高供应链主导企业的经济效益，还同时具有社会和环境双重效益。与独立减排模式相比，当供应商通过成本分担合同与制造商合作时，双重边际效应得到缓解，制造商减排水平提升，促使消费者的需求提高。但是，对于产品售价，其变化情况取决于成本分担比例：在最优分担比例 $\varphi = \varphi^{CS}$ 下，产品售价提高 $p^{NC} < p^{CS}$。与独立减排模式相比，注重绿色发展的政府更倾向于选择企业间进行成本分担减排模式合作，因为其能提高社会福利 $Q^{CS} p^{CS} > Q^{NC} p^{NC}$，也能激励制造商的减排努力 $q^{CS} > q^{NC}$。在面对同样的碳强度目标约束时，成本分担减排模式可以缓解政府紧缩碳政策带来的负面效应，提高供应链的运作效率。

与独立减排模式相比，成本分担减排模式虽然能提高供应链总利润和碳减排水平，但供应链合作不协调导致的双重边际效应弊端依然存在。因此，下一节提出了一种改进合作模式，完全合作减排模式。

三、完全合作减排模式

为了实现绿色供应链中的上下游企业间更有效的交流和合作，最大化供应链总利润和减排效率，本节在集中决策模式的基础上，设计利润分配机制，使主导供应商与制造商间实现完全合作减排模式。

定理 5.6　独立减排和成本分担减排模式下，均无法实现供应链完全合作减排模式下的帕累托最优。在此模式下，主导供应商应分配 $(1 - \Psi)\, \pi_T^{RA}$ 的利润给制造商，分配比例 $\Psi \in [0, 1]$ 需满足条件 $1/2 \leqslant \Psi \leqslant 3/4$。

证明见附录 L。

分配比例上限 $\Psi^{sup} = 3/4$ 是供应商所期望的最优分配比例，而下限 $\Psi^{inf} = 1/2$ 则是制造商期望的最优分配比例。由于制造商和供应商在制定完全合作合同时的目标不同，容易出现分歧导致合作失效，本节利用 Shapley 分配法 (Zheng 等，2011)，设计合理有效的利润分配机制。

供应商 (S) 和制造商 (M) 的最优分配比例如表 5.2 所示。

表 5.2　利润分配机制下各企业的分配比例

τ	S	$S \cup M$	M	$M \cup S$
$v(\tau)$	π_S^{NC}	π_T^{RA}	π_M^{NC}	π_T^{RA}

τ	S	$S \cup M$	M	$M \cup S$
$v(\tau \setminus S)$	0	π_M^{NC}	0	π_S^{NC}
$v(\tau) - v(\tau \setminus S)$	π_S^{NC}	$\pi_T^{RA} - \pi_M^{NC}$	π_M^{NC}	$\pi_T^{RA} - \pi_S^{NC}$
$\lvert \tau \rvert$	1	2	1	2
$w\lvert \tau \rvert$	$1/2$	$1/2$	$1/2$	$1/2$
$w\lvert \tau \rvert [v(\tau) - v(\tau \setminus S)]$	$\dfrac{\pi_S^{NC}}{2}$	$\dfrac{(\pi_T^{RA} - \pi_M^{NC})}{2}$	$\dfrac{\pi_M^{NC}}{2}$	$\dfrac{(\pi_T^{RA} - \pi_S^{NC})}{2}$

完全合作减排模式下，供应商和制造商在分配机制下所获利润分别为，

$$\pi_S^{RA} = \frac{1}{2}\pi_S^{NC} + \frac{1}{2}(\pi_T^{RA} - \pi_M^{NC}) = \frac{5\theta\,[a - (c_s + c_m) - p_c(q_0 - q_G)]^2}{16[2\theta - (\rho + p_c)^2]}$$

$$\pi_M^{RA} = \frac{1}{2}\pi_M^{NC} + \frac{1}{2}(\pi_T^{RA} - \pi_S^{NC}) = \frac{3\theta\,[a - (c_s + c_m) - p_c(q_0 - q_G)]^2}{16[2\theta - (\rho + p_c)^2]}$$

进一步，比较不同减排模式下的企业利润，在完全合作减排模式下，本节设计的利润分配机制可以同时提高供应商和制造商的利润，使供应链总利润达到集中决策模型中的最优值。

定理 5.7 与成本分担减排模式相比，完全合作减排模式可以进一步消除双重边际效应，分配机制可以合理分配利润，其中供应商的分配比例为 5/8，制造商的为 3/8。

从定理 5.7 可以看出，完全合作减排模式能完全消除供应链合作不协调的问题，同时，合理的分配机制使供应链各方都能提高自身利润，激励企业进行深度合作。

第三节 减排模式比较分析

上一节在不同合作减排模式下，得到了供应商和制造商的最优决策和利润，给出了各企业间博弈的均衡解，并设计相应的协调机制。本节主要对不同情形下的最优解进行比较分析，为企业决策和政府政策制定提供策略建议。

不同减排模式下，各企业的最优决策、利润如表 5.3 所示。

表 5.3　不同减排模式下的契约决策和利润比较

	独立减排模式	成本分担减排模式	完全合作减排模式
q	$\dfrac{(\rho+p_c)[a-(c_s+c_m)-p_c(q_0-q_G)]}{2[2\theta-(\rho+p_c)^2]}$	$\dfrac{(1-\varphi)(\rho+p_c)[a-(c_s+c_m)-p_c(q_0-q_G)]}{4\theta(1-\varphi)^2-(2-3\varphi)(\rho+p_c)^2}$	$\dfrac{(\rho+p_c)[a-(c_s+c_m)-p_c(q_0-q_G)]}{2\theta-(p_c+\rho)^2}$
Q	$\dfrac{\theta[a-(c_s+c_m)-p_c(q_0-q_G)]}{2[2\theta-(\rho+p_c)^2]}$	$\dfrac{\theta(1-\varphi)^2[a-(c_s+c_m)-p_c(q_0-q_G)]}{4\theta(1-\varphi)^2-(2-3\varphi)(\rho+p_c)^2}$	$\dfrac{\theta[a-(c_s+c_m)-p_c(q_0-q_G)]}{2\theta-(\rho+p_c)^2}$
w	$\dfrac{a+(c_s+c_m)-p_c(q_0-q_G)}{2}$	$\dfrac{c_s(1-\varphi)[2\theta(1-\varphi)-(\rho+p_c)^2]+B}{[4\theta(1-\varphi)^2-(2-3\varphi)(\rho+p_c)^2]}$	/
π_S	$\dfrac{\theta[a-(c_s+c_m)-p_c(q_0-q_G)]^2}{4[2\theta-(\rho+p_c)^2]}$	$\dfrac{C(1-\varphi)^2}{2[4\theta(1-\varphi)^2-(2-3\varphi)(\rho+p_c)^2]}$	$\dfrac{5C}{16[2\theta-(\rho+p_c)^2]}$
π_M	$\dfrac{\theta[a-(c_s+c_m)-p_c(q_0-q_G)]^2}{8[2\theta-(\rho+p_c)^2]}$	$\dfrac{C(1-\varphi)^3[2\theta(1-\varphi)-(\rho+p_c)^2]}{2[4\theta(1-\varphi)^2-(2-3\varphi)(\rho+p_c)^2]^2}$	$\dfrac{3C}{16[2\theta-(\rho+p_c)^2]}$
π_T	$\dfrac{3\theta[a-(c_s+c_m)-p_c(q_0-q_G)]^2}{8[2\theta-(\rho+p_c)^2]}$	$\dfrac{C(1-\varphi)^2[6\theta(1-\varphi)^2-(3-4\varphi)(\rho+p_c)^2]}{2[4\theta(1-\varphi)^2-(2-3\varphi)(\rho+p_c)^2]^2}$	$\dfrac{C}{2[2\theta-(\rho+p_c)^2]}$

其中 $C=\theta[a-(c_s+c_m)-p_c(q_0-q_G)]^2$，$B=[a-p_c(q_0-q_G)-c_m]$ $[2\theta((1-\varphi)^2-(1-2\varphi)(\rho+p_c)^2)]$。

结论 5.1　不同模式下的制造商的减排努力均随消费者绿色偏好、碳配额和碳交易价格的提高而提升；完全合作减排模式下的减排水平最高，独立减排模式下则最低。

证明见附录 M。

根据最优均衡决策，在满足约束条件的情况下，当成本分担比例为 $\varphi=$ 1/3 时，得到不同模式下的最优减排决策关系满足 $\partial q^{NC(/CS/RA)}/\partial\rho>0$，$\partial q^{NC(/CS/RA)}/\partial q_G>0$，$\partial q^{NC(/CS/RA)}/\partial p_c>0$；$q^{RA}>q^{CS}>q^{NC}$。

结论 5.1 表明，消费者的绿色偏好可以促进供应链的碳排放水平的降低。当企业面对较强的低碳偏好时，应更加注重产品的环保程度。这是因为下游企业可以直接面对消费者，快速了解消费者的低碳偏好。但是，由于信息滞后影响，下游企业无法通过个体的决策来优化减排。而通过成本分担契约、完全合作减排等合作模式，促进信息的沟通和反馈，从而提高供应链的减排效果。同时，在同等条件下，当政府加强碳排放监管的时候，制造企业会选择从碳市场上购买更多的碳排放权，而非主动增加其减排投入。

结论 5.2　不同减排模式下，供应链各成员的利润均与消费者的绿色偏好和政府的碳配额正相关，供应链总利润关系满足 $\pi_T^{RA} > \pi_T^{CS} > \pi_T^{NC}$。

结论 5.2 表明，消费者的低碳偏好越强，供应链中企业的利润空间就越大。同时，供应链各成员通过合作减排的利润比独立减排模式更高。这是因为，企业在建立完全合作减排联盟时，从分散决策转而进行集中决策，完全消除了双重边际效应的影响。在现实中，主导供应商可以通过成本分担契约、完全合作契约等途径参与碳减排，既提高了自身的利润，又促进了绿色发展，实现了双赢。同时，当政府加强碳排放约束后，各企业的利润均下降。这是因为，制造商为了达到政府的减排要求，需要购买更多的碳排放权或者投入更高的减排成本，从而降低了自身的利润空间。而对于主导供应商来说，产品需求量的减少，也会使其利润因需求量的减少而大幅下降。因此，为了提高绿色供应链的环保水平，政府应该在设定碳配额总量的同时考虑企业的经济效益，以防出现企业退出减排的情况。

结论 5.3　消费市场中的产品需求与消费者绿色偏好、政府的碳配额正相关，且不同减排模式下的市场需求满足 $Q^{RA} > Q^{CS} > Q^{NC}$。

由结论 5.3 可以看出，当消费者对低碳产品的偏好增强时，对产品的需求也相应增加；当政府实施紧缩的碳配额政策时，制造商会减少自身的碳减排投入，导致产品的需求减少。此外，在固定的低碳偏好和成本分担比例下，完全合作减排模式下的产品的需求量最高。这是因为，在完全合作减排模式下，制造商的产品减排努力最大，同时销售价格最低。

第四节　数值算例分析

为了更清晰地比较不同决策变量、利润与关键参数的关系，明确制造商的模式选择问题，本节利用数值仿真进行模拟分析，根据上述模型中的假设条件，对参数进行赋值：$a = 1000$，$c_S = 3$；$c_M = 6$；$p_C = 2$；$q_0 = 50$；$q_G = 6$。

一、制造商模式选择分析

在大多数情况下，绿色供应链中的主导供应商可通过设计并实施合理的契约合同来提高自身利润，但非主导制造商的利润却难以提升。根据引理 5.2 和定理 5.4 可知，合理的成本分摊比例范围为 $[0, 1/2]$，供应商的最优成本分摊比例为1/3。因此本节假设两种分担比例情况 $\varphi = 1/2$，$\varphi = 1/3$，分别分析消费者的绿色偏好程度和减排成本系数对各企业利润的影响，由图 5.11 所示。

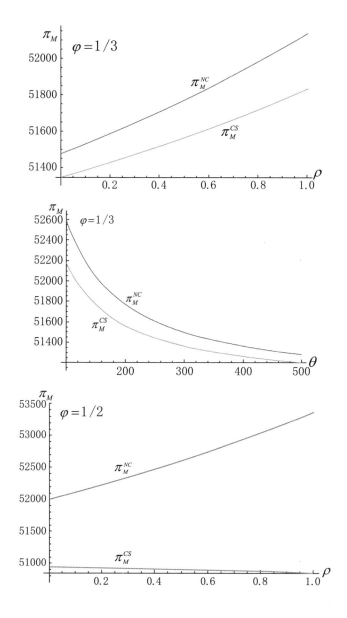

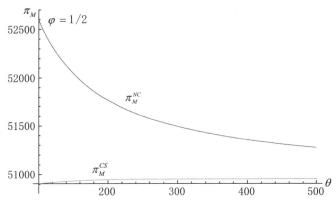

图 5.11 消费者绿色偏好和减排成本系数对制造商利润的影响

由图 5.11 可以看出，在独立减排模式中，制造商的利润总是随着减排成本系数的增加而降低，而在成本分担减排模式中，当 $\varphi = 1/2$ 时，制造商的利润反而增加；当 $\varphi = 1/3$ 时，制造商的利润减少。此外，在独立减排模型中，制造商利润总是随着低碳偏好程度的提高而增加。但是，在成本分担减排模式下，当 $\varphi = 1/2$ 时，制造商利润会降低，但当 $\varphi = 1/3$ 时，其利润会增加。

当 $\varphi = 1/2$ 时，主导供应商将其从合同中获得的额外利润全部让渡给非主导制造商，分担其减排成本，使其更愿意面对更高的成本系数和更低的消费者低碳偏好。这是因为，当供应商因主导权而承担更多的减排成本时，供应商可以大幅提高批发价格。因此，当供应商为制造商分担更多的成本时，减排成本系数越低，制造商接受合同的难度越大。主导企业设计分担合同时，难以避免非主导企业利润的下降。实际上，较高的成本分担系数会影响利润的变化趋势，导致非主导企业追求负面的经济环境。为了鼓励制造企业参与到成本分担合作减排契约中来，面对日益严峻的市场生态环境，供应商设计合理的契约合同成为关键。图 5.12 就进一步展示了合理的成本分担比例范围。

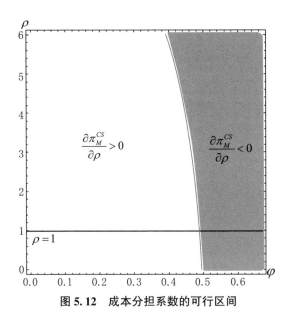

图 5.12　成本分担系数的可行区间

由图 5.12 可以看出，当消费者的绿色偏好增强时，主导供应商设定的合理成本分担比例应该较小，才能保证制造商面向绿色市场进行生产销售和减排投入的意愿。当成本分担比例大于某一阈值时，会导致制造商宁可面对没有环保意识的消费者。因此，供应商在设计成本分担合同前，需要对市场的环保意识水平进行调查，根据不同的情况设定合理的分担比例。

二、政府碳配额的影响分析

为了研究政府的碳政策调控对企业减排决策的影响，碳交易量、批发价格和销售价格随政府碳配额的变化，如图 5.13-图 5.14 所示（其中 $\rho = 0.5$）。

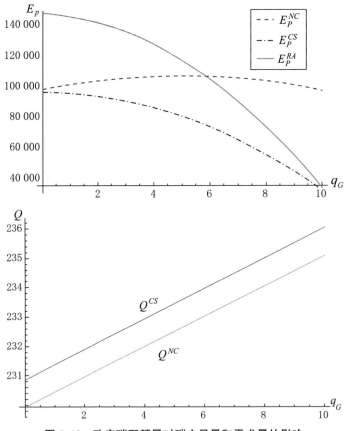

图 5.13 政府碳配额量对碳交易量和需求量的影响

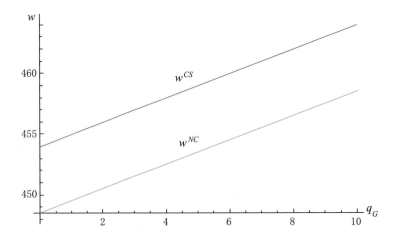

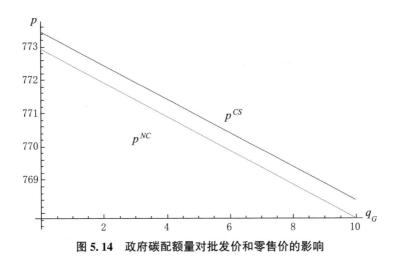

图 5.14 政府碳配额量对批发价和零售价的影响

由结论 5.1 和图 5.13、5.14 可以发现，随着政府对碳排放的管控力度的加强，制造企业会逐渐减缓减排投入行为，转而从碳交易市场中购买不足的排放权。同时，在"减排"模式中，减排程度最高的是完全合作减排模式，其次是成本分担减排模式，最后是独立减排模式。此外，主导供应商决策的批发价格随着政府碳配额的增加而增加，而制造商制定的产品销售价格却降低。这是因为，更加严格的碳减排政策迫使制造商减少更多的碳排放，使其设定更高的价格来抵消利润的损失。同时，供应商作为上游主导企业，当制造商获得更多的碳配额时，会通过设定更高的批发价来分享其一部分的利润。

当政府对碳排放管制逐渐减弱时，即分配给制造企业的产品碳排放配额总量较高时，制造商反而会进一步提高碳排放努力水平。这是因为，在碳配额-交易政策下，企业可以购买不足碳权或出售多余碳权而获利，当碳配额政策宽松时，企业会为了实现出售更多的碳排放权而获利的目标，不断增加碳减排投入。但是，随着政府碳政策的逐步紧缩，制造商在碳市场上的角色将由卖方转变为买方，即制造商会购买不足的碳排放权，以达到政府的要求，而非投入减排努力。

出乎意料地，研究发现严格的碳配额政策并不能起到激励减排的作用。事实上，由于减排的边际成本巨大，企业友好型的监管、激励方式将更加有效。就环境友好因素而言，在完全合作减排模式中，政府调控的效果最为显著，而在独立减排模式中，政策对碳交易量的影响效果较小。从管理的角度来看，与完全合作减排模式相比，当供应链各企业独立决策时，政府可进一步强化碳约束。另一方面，为了同时提高社会福利和环境效益，政府应倡导企业在绿色供应链中实施成本分担契约进行合作，以提高上下游企业的合作减排效率。

第五节　本章小结

本章在考虑消费者低碳偏好和政府碳政策约束的情况下，探讨绿色供应链中的不同合作减排模式的影响与效果，构建由上游核心供应企业主导、下游制造商实施减排的二级供应链体系，分别探讨环保意识、碳政策约束对企业减排策略和利润的影响。基于实际运作情况，构建三种减排模型：制造商独立减排、供应商成本分担合作减排和完全合作减排模式，求解不同模式下的均衡决策，并对模型进行比较分析。结果表明，随着碳政策约束的加强，企业利润和减排水平均会下降，此时需利用成本分担契约进行供应链协调，以缓解对主导供应商和减排水平产生的负面影响。同时，成本分担比例的可行范围随减排成本系数的降低、消费者偏好的增强而缩小。政府以提高社会福利为目标时，应实施激励性碳政策而非紧缩政策。最后，利用数值仿真分析关键因素对供应链绩效的影响，在不同情形下优化模式选择，归纳出可供企业和政府借鉴的策略建议。具体结论如下：

（1）消费者的绿色偏好是企业减排投入的最主要动力，在供应商不实行成本分担契约的情况下，消费者偏好的提升不仅可以刺激企业的减排努力，还能提高其利润。在成本分担合作减排模式下，当供应商分担更多的制造商减排成本时，非主导企业的利润反而不会随低碳偏好程度的提高而增加。政府只有在供应链的减排分担成本比例较低时，才能通过普及环保意识、提高消费市场整体绿色偏好强度的途径，达到促进企业的碳减排的目标。

（2）政府通过制定相应的碳政策，约束企业的碳排放行为，会显著影响企业的最优决策：严格的碳政策监管机制、较低的碳配额不能起到促进企业碳减排的作用，反而会削弱企业的减排积极性及利润。因此在设计碳政策时，政府应实施企业友好型的碳政策，如提高碳配额等，以激励企业的碳减排努力。

（3）绿色供应链下，实施成本分担契约进行减排合作，有利于主导供应商的利润，并能提高供应链的总体减排水平，但非主导制造商的利润会降低。主导供应商制定的成本分担比例越高，对制造商利润的影响程度越大，在一定条件下会导致非主导制造商出现利润为负的情况。因此，绿色供应链中的主导企业应在合理范围内，设定较低的分担比例或对制造商的减排投入进行补贴，才能实现环境效益和经济效益的双赢结果。

（4）无论是企业自主追求减排目标还是政府强制约束减排，深化和促进绿色供应链上下游成员之间的合作，都会提高碳减排总量、增加供应链总利润。因此，与制造商独立减排模式相比，成本分担合作减排模式的效果更好，其能在有效激励企业实现自身最优利润的同时，提高社会福利和减排水平。

本章同时考虑消费者绿色偏好和碳约束的影响下，制造企业与其上游主导供应商之间的合作减排供应链体系，分别探讨绿色偏好、政府碳政策对企业减排策略和利润的影响，设计三种合作减排模式：制造商独立减排、成本分担减排和完全合作减排模式，分析不同模式下的企业最优决策和利润，得到了具有指导意义的结论，弥补了现有研究的不足。后续研究可以从以下几个方面进行拓展：首先，考虑政府作为碳政策制定方，进行政策决策和实时调整；其次，将两级供应链纵向拓展至多级，考虑下游分销商或零售商的销售服务对碳减排水平的影响，也可考虑多个制造商或供应商间的同级竞争对供应链绩效的影响。最后，也可进一步将供应链运作中可能面临的产品质量、需求和研发投入回报等因素的随机性考虑在内。

多级绿色闭环供应链下企业减排与契约
优化

　　第三至四章重点研究了绿色供应链下的企业在面对消费者差异化绿色偏好时，减排与回收等决策以及政府碳政策制定的问题；第五章则深入绿色供应链内部合作，研究了在政府碳目标约束下，供应链上下游企业间的合作减排策略制定的问题。然而，随着供应链合作紧密度、分工细致化的加强，影响企业利润的不仅仅是其直接上下游的合作企业，跨级合作企业的影响力也在逐渐加强，多级供应链的合作协调问题越来越被实业界和学术界重视。同时，在研究供应链的绿色可持续发展时，除了制造企业在生产过程中的节能减排投入，废弃产品中的可重复利用材料、关键零部件等的回收再利用，也是影响绿色发展绩效的关键因素。因此，本章综合考虑多级供应链协调和闭环回收问题，以符合这一情境的新能源汽车行业为研究案例，构建优化模型并设计协调机制。

　　随着环境问题的日益严峻，传统制造企业，尤其是汽车行业面临巨大压力。近年来，新能源汽车以其绿色低碳、节能便捷的特性在市场中快速普及，政府为了加快解决污染问题，对新能源汽车的发展提供大力支持，更促进了其在汽车市场中的扩张。与欧盟相比，中国汽车工业起步较晚，虽然政府制定了针对汽车工业的碳减排计划和实施法规，但要在 2025 年实现每公里不超过 95 克二氧化碳排放量、2030 年再降低 37.5% 的欧盟标准，仍有较远距离。2020 年，在我国总体碳排放占比中，交通约占 15%，其中道路交通占比达 90%，与汽车产业相关的碳排放占总体碳排放的 13.5% 左右。因此，汽车工业成为实现我国"双碳"目标承诺的重要组成部分。

　　根据研究机构预测，随着新能源汽车需求的全面提升，到 2018 年，作为动力电池主要材料的"锂"将会供不应求，并且，预计在 2020 年左右，中国仅部分纯电动和混合动力车的电池报废量就会达 12 万吨至 17 万吨。面对如此巨大的报废量，若不能实现有效的回收，不仅不能达到环保的目的，还会对环境造成恶劣的影响。因此，现阶段的研究应着力关注废旧动力电池的回收问题，设计有效的回收体系以及制定明确的回收政策，都具有巨大的社会意义。

在实践中，多级供应链合作下的电池回收并没有形成一个完整的体系，各参与企业也缺少合理的指导，难以实现高效率回收，不能达到保护环境、提升经济效益的目的。因此，本章将多级供应链契约协调问题与闭环供应链的回收再利用问题相结合，构建产品销售及废旧零部件回收的多级供应链网络，在不同回收模式下对零件供应企业主导的闭环供应链进行契约协调。然后，针对回收体系不完善的社会问题，为政府找到促使销售和回收平衡的最优条件。

在学术研究中，针对多级闭环供应链的协调机制的研究重点大都比较分散，对不同主导模式、回收模式选择的研究较多，但未能将产品销售、回收的特性考虑在内，构建与之对应的供应链体系，也考虑供应商在减排上发挥的核心作用，讨论其应以何种身份加入绿色供应链减排，如何选择回收方式和设计契约进行协调，政府部门应如何发挥监督作用。

针对上述问题，本章进行相应的研究：（1）将新能源汽车销售、电池回收的供应链体系归纳为由零件供应商、制造商和零售商构成的三级闭环供应链，分别在单一回收渠道和双回收渠道两种模式下对各方决策进行分析，讨论在分散决策和集中决策下供应链各成员在销售、回收过程中的最优定价策略，渠道模式选择；（2）针对复杂的三级供应链体系分散决策下无法协调的问题，设计两种共享契约协调机制："单一"和"联合"共享契约，分别在单一和双回收渠道两种模式下讨论契约是否能够实现供应链协调，得到协调时的充要条件；（3）针对废旧零件回收不善造成的环境问题，结合政府征收附加税额等相关政策的影响，讨论市场实现完全回收的一般性条件，并根据制造成本、回收价格敏感系数等因素的变化进行回收模式的选择。

第一节　供应链主体关系构建

一、问题描述

中国汽车技术研究中心黎宇科等（2013）从产业长远可持续发展的角度出发，分析新能源汽车供应链，其中上游的动力电池生产企业具有电池回收再利用的能力，整车生产企业则具有汽车拆解能力，此时电池供应商进行废旧电池的回收有两条路径：一是通过零售商进行直接回收废旧电池，二是可通过整车制造企业进行汽车拆解和电池回收。为了能实现供应链优化，需利用供应链契约来协调各成员之间的协同努力行为。由此，本章考虑由电池供应企业、整车制造企业和零售商组成的三级闭环供应链：在正向销售过程中，供应商将关键零部件销售给制造商，制造商进行产成品的生产制造，并在碳政策的约束下投入碳减排努力，最后通过零售商向消费者进行销售。在逆向回收过程中，供应商可通过制造商回收废旧产品并进行拆解、零售商直接回收废旧零部件两种渠道进行回收，然后供应商对废旧零件进行加工再处理，与新零件一起销售。

为了协调三级闭环供应链，设计收益共享契约机制，本章分析两种情形下的契约协调问题：一是供应商只参与回收渠道上的收益共享，不考虑正向销售渠道的协调，将其称为"单一"共享契约机制；二是供应商同时参与正向销售、逆向回收两个渠道上的收益共享，为"联合"共享契约机制。该供应链体系的具体运作模式如图6.1所示。

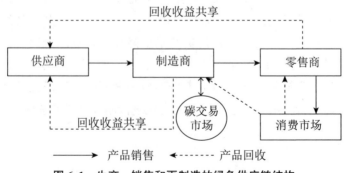

图 6.1　生产、销售和再制造的绿色供应链结构

二、函数与参数设置

本章构建由掌握核心技术的供应商主导，制造商权力高于下游零售商的三级闭环供应链，相关符号说明如表6.1，并满足如下假设：

（1）重点研究三级绿色闭环供应链的不同运作模式的选择和协调问题，假设供应商和制造商的生产能力充分满足市场需求，产品需求随产品价格递减、随产品的低碳特性而递增，需求函数简化为 $D = a - bp + \rho q$，其中 a 为潜在市场需求，b 和 ρ 分别为市场中消费者对零售价格、产品减排水平的敏感系数。

（2）制造商和零售商在回收渠道上产生竞争，存在着非独立的斯坦伯格博弈关系，当制造商与零售商同时进行回收时，形成双渠道回收模式，由于零售商更靠近消费者端，其回收优势更大。根据参考文献（Park 和 Keh，2003）的假设，只有当制造商的回收价格高于零售商，即 $r_C > r_R$ 时，消费者才会选择通过制造商进行废旧产品回收，若其回收价低于零售商，消费者则会选择零售商作为回收途径。当 $r_C > r_R$ 时，零售商和制造商的回收量分别为 $Q_R = \alpha + \beta r_R - \lambda (r)_C - r_R)$，$Q_C = \lambda (r)_C - r_R)$；当 $r_C < r_R$ 时，制造商的回收量为 $Q_C = 0$，零售商的回收量为 $Q_R = \alpha + \beta r_R$。其中，α 表示回收价格为零时消费者自愿返还的废旧产品数量，$\beta + \lambda$ 表示消费者对零售商回收价格的敏感系数，λ 表示消费者对制造商和零售商回收价格差异的敏感系数，λ 越大表示渠道冲突越大，各参数满足条件 $a > \alpha > 0, \beta, \lambda > 0$。

（3）为了保证各企业进行废旧产品回收再制造时的利润空间为正，假设生产新零件的单位成本高于回收再利用零件，根据已有文献假设（Gao 等，2016），供应商、零售商和制造商的回收价格和成本分别满足条件 $c_B - c_{BZ} - r_B \geqslant 0$，$r_B - r_R - c_2 \geqslant 0$，$r_B - r_C - c_1 \geqslant 0$；产品售价、批发价格和生产成本满足条件 $p - w_C - c_R \geqslant 0$，$w_C - c_C - w_B \geqslant 0$，$w_B - c_B \geqslant 0$。

（4）为了聚焦供应链中核心零部件的回收再利用效率问题，本章不考虑废旧产品回收的外部利用情况；当再制造技术提升，消费者对再造品的接受程度逐渐提高，根据文献（Hong 等，2013；Wan 和 Hong，2019）的假设，由于供应商进行再制造，将废旧零件拆解并提取可循环利用的材料等，可忽略再造品与新产品在质量上的差异，回收再利用的产品能够替代新产品并以新产品的价格进行销售。

（5）在供应链的实际运作中，企业在回收废旧产品之前会先对其进行预处理与评估，只对具有再制造价值的产品进行回收。根据已有文献（Choi 等，2013；Liu 等，2017）的假设，所有回收的产品都可进行再制造与二次利用，且供应商对所有废弃零部件的再制造成本相同。

（6）为了聚焦企业的定价和减排决策优化，不失一般性地可忽略产品缺货或滞销时产生的成本；在多级闭环供应链中，各参与主体均为理性决策者，在对称信息条件下，以利润最大化为目标进行决策。

（7）制造商的生产成本包括减排努力成本与购买（或出售）碳排放权成本（或收益），根据文献（Ghosh 和 Shah，2012）的假设，产品的低碳程度与减排努力呈非线性、正相关关系，即成本随减排努力的提高而增加，且增长速度随减排努力逐渐提高。因此可假设减排成本为 $\theta q^2/2 - (q_0 - q - q_G)p_c$，其中 θ 为减排成本系数，q_0，q_G 分别为制造商的总初始碳排放水平和政府给予的碳配额，满足条件 $q_0 > q_G$。

表 6.1　参数和符号说明

参数	
c_C	制造商的产品制造成本
c_1，c_2	制造商（零售商）的回收努力投入成本
c_B	供应商生产新零件的成本
c_R	零售商的产品销售成本
c_{BZ}	供应商利用废旧产品进行生产的再制造成本
Q_C，Q_R	制造商（零售商）的废旧产品回收量
b	市场中消费者对零售价格
ρ	消费者对产品减排水平的敏感系数
θ	制造商的减排成本系数
p_c	碳市场中的碳排放权交易价格
决策变量	
p	产品的市场零售价格

w_C	制造商的产品批发价格
w_B	供应商的零件批发价格
q	制造商的减排投入水平
r_B	供应商的回收转移支付价格
r_R	零售商的市场回收价格
r_C	制造商的市场回收价格
上标	
R	零售商单渠道回收模式（分散决策）
$R\&M$	零售商和制造商双渠道回收模式（分散决策）
IR	零售商单渠道回收模式（集中决策）
$IR\&M$	零售商和制造商双渠道回收模式（集中决策）
$CR/CR\&M$	单一共享契约下的单/双渠道回收模式
$C'R/C'R\&M$	联合共享契约下的单/双渠道回收模式

第二节　不考虑契约协调时的决策

本节首先研究在不考虑契约协调的三级闭环供应链中，供应商、制造商和零售商的最优销售、回收和减排策略决策。拥有核心技术的供应商在供应链中占主导地位，它将核心零部件批发给制造商并负责废旧零件的再制造；然后，制造商决策产品减排投入、批发价和废旧品的回收价格；最后零售商决策售价和市场回收价格。构建三方斯坦伯格博弈，决策时序和决策变量如图 6.2。

图 6.2　供应链中各权力方的决策顺序

一、分散决策模式

分散决策模式下供应商、制造商和零售商以各自利润最大化为目标进行决策，三者构成非合作博弈关系。根据 Nash 逆向归纳法，求解各成员的最优决策：首先求解零售商销售价格 p 和回收价格 r_R 的决策，然后分析制造商相应的批发价格 w_C、回收价格 r_C 和减排努力 q 决策，最后得到供应商的最优批发价格 w_B 和回收价格 r_B。供应商、制造商和零售商的利润函数分别为：

$$\max_{w_B, \, r_B} \pi_S = (w_B - c_B)D + (c_B - r_B - c_{BZ})(Q_C + Q_R)$$

$$= (w_B - c_B)(a - bp + \rho q) + (c_B - r_B - c_{BZ})(\alpha + \beta r_R)$$

$$s.t. \ \max_{w_C, \, r_C, \, q} \pi_M = (w_C - c_C - w_B)D + (r_B - r_C - c_1)Q_C - \frac{1}{2}\theta q^2 - (q_0 - q - q_G)p_c$$

$$= (w_C - c_C - w_B)(a - bp + \rho q) + (r_B - r_C - c_1)[\lambda(r)_C - r_R] - \frac{1}{2}\theta q^2 - (q_0 - q_G - q)p_c$$

$$s.t. \ \max_{p, \, r_R} \pi_R = (p - w_C - c_R)D + (r_B - r_R - c_2)Q_R$$

$$= (p - w_C - c_R)(a - bp + \rho q) + (r_B - r_R - c_2)[\alpha + \beta r_R - \lambda(r)_C - r_R)]$$

在此决策体系中，零售商决策产品零售和回收价格的策略组合，制造商以零售商的最优决策为条件，决策减排、批发和回收价格的策略组合，供应商则以制造商的最优决策为条件，决策自身的回收和批发策略，利用 Kuhn-Tucker 定理求解三方的均衡决策和利润。本节首先分析零售商单独回收的情形（R），然后分析零售商和制造商双渠道竞争回收的情形（R&M），如图 6.3。

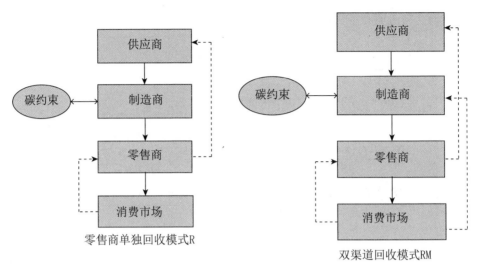

零售商单独回收模式R

双渠道回收模式RM

图6.3 两种回收渠道模式

（一）零售商单独回收模型

首先，分析零售商单独回收的情况：当制造商不开展废旧零件的回收业务时，即市场中只有靠近消费者端的零售商实施回收，供应商进行再制造时所使用的废旧零件全部来自零售商。此时各方的目标利润函数分别为，

$$\max_{w_B, r_B} \boldsymbol{\pi}_S = (w_B - c_B)(a - bp + \rho q) + (c_B - r_B - c_{BZ})(\alpha + \beta r_R)$$

$$s.t. \max_{w_C, q} \boldsymbol{\pi}_M = (w_C - c_C - w_B)(a - bp + \rho q) - \theta q^2/2 - (q_0 - q_G - q)p_c$$

$$s.t. \max_{p, r_R} \boldsymbol{\pi}_R = (p - w_C - c_R)(a - bp + \rho q) + (r_B - r_R - c_2)(\alpha + \beta r_R)$$

$$(6.1)$$

定理6.1 在供应商、制造商和零售商构成的三阶段博弈模型中，当零售商单独进行回收、制造商进行产品减排、供应商进行再制造时，各决策主体的目标利润函数为决策变量的联合凹函数，在定义域内存在均衡解。

证明见附录N。

根据定理6.1，在零售商单独回收的分散决策模式下，为保证最优解的合理性，满足条件 $b\theta - \rho^2 > 0$，$\alpha - \beta(c_2 + c_B - c_{BZ}) > 0$，$a - b(c_B + c_C + c_R) > 0$，得到

供应商、制造商和零售商的最优决策分别为，

$$r_B^{*R} = \frac{3\alpha + \beta(c_2 + c_B - c_{BZ})}{2\beta}, \quad w_B^{*R} = \frac{a + b(c_B - c_C - c_R)}{2b} + \frac{\rho p_c}{2b\theta}$$

$$p^{*R} = \frac{(a\theta + \rho p_c)(7b\theta - \rho^2) + b\theta(b\theta - \rho^2)(c_B + c_C + c_R)}{2b\theta(4b\theta - \rho^2)}$$

$$r_R^{*R} = \frac{\alpha - \beta(c_2 - c_B + c_{BZ})}{4\beta}, \quad q^{*R} = \frac{\theta\rho[a - b(c_B + c_C + c_R)] + p_c(8b\theta - \rho^2)}{2\theta(4b\theta - \rho^2)}$$

$$w_C^{*R} = \frac{b\theta(2b\theta - \rho^2)(c_B + c_C) + (6b\theta - \rho^2)(a\theta - b\theta c_R + \rho p_c)}{2b\theta(4b\theta - \rho^2)}$$

性质 6.1 三级闭环供应链中，正向销售渠道上的最优销售与批发价格受碳交易价格、消费者低碳偏好、制造商减排成本系数的影响，而逆向渠道上的最优回收价格主要受回收成本、再制造成本节约效率等因素的影响。

由性质 6.1 可知，当供应商只通过零售商进行废旧产品回收时，此时回收渠道不存在竞争，制造商的减排行为、消费者低碳偏好和碳交易市场价格对零件和产品的正向销售价格、批发价格均产生影响，而不影响回收价格。影响零售商回收价格的关键因素为消费者对回收价格的敏感度、回收产品市场规模和回收再制造的成本节约效率 $\Delta c = c_B - c_{BZ}$。

性质 6.2 供应商的转移支付价格 r_B^{*R} 随零售商回收成本的提高而提高，但零售商的回收价格 r_R^{*R} 随该成本的提高而降低；转移支付和回收价格均随回收再制造的成本节约效率 Δc 的提升而提高。

根据最优决策可得关系 $\partial r_B^{*R}/\partial c_2 = 1/2 > 0$，$\partial r_R^{*R}/\partial c_2 = -1/4 < 0$，$\partial r_B^{*R}/\partial \Delta c > \partial r_R^{*R}/\partial \Delta c > 0$，从而得到性质 6.2。由性质 6.2 可以看出，当供应商只通过零售商进行废旧品的回收时，零售商回收成本的增加会转嫁给供应商，供应商为了扩大回收规模而会选择提高回收价格，促进下游企业回收的积极性；但对于零售商，每回收一单位废旧产品所获得的利润随回收成本的上升而减少，虽然部分成本被上游供应商分担，但仍会削弱其回收积极性，使市场中的废旧品回收价格降低，缩小回收市场规模。

同时，当 $b\theta > \rho^2$，即当市场中消费者对产品减排的敏感程度较弱，即市场的绿色水平较低时，零售商销售成本的上升，会促使其相应提高售价，∂

$p^{*R}/\partial c_R = 1/2 - 3b\theta/2$ $(4b\theta - \rho^2) > 0$，使市场需求下降。此时，供应商和制造商均会降低批发价格，$\partial w_C^{*R}/\partial c_R = -1/2 - b\theta/$ $(4b\theta - \rho^2) < 0$，$\partial w_B^{*R}/\partial c_R = -1/2 < 0$，以缩小零售商的涨价幅度，维持市场需求的稳定。

性质 6.3　制造商的减排努力随消费者低碳偏好的增强、碳交易价格的提升而提高；同时减排努力随供应商、制造商和零售商成本的提高而降低。

根据性质 6.3 可知，产品减排水平受消费者低碳偏好、碳交易价格等因素的正向影响，受各企业投入成本的负向影响，$\partial q^{*R}/\partial \rho = (4b\theta + \rho^2) [a - b$ $(c_B + c_C + c_R)] /2 (4b\theta - \rho^2)^2 + 4b\rho p_c/(4b\theta - \rho^2)^2 > 0$，$\partial q^{*R}/\partial p_c = 1/2\theta + 2b/$ $(4b\theta - \rho^2) > 0$，$\partial q^{*R}/\partial c_R = \partial q^{*R}/\partial c_B = \partial q^{*R}/\partial c_C = -b\rho/2 (4b\theta - \rho^2) < 0$。当制造商不参与回收时，市场中消费者对绿色产品的偏好越高、政府调控碳交易价格越高，越会激励其投入减排努力。

然后将三方最优决策代入利润函数中，可得最优企业利润分别为，

$$\pi_R^{*R} = \frac{(5\alpha - \beta A)^2}{16\beta} + \frac{b(a\theta - b\theta B + \rho p_c)^2}{4(4b\theta - \rho^2)^2}$$

$$\pi_M^{*R} = \frac{\theta^2(a - bB)^2 + 2\theta\rho p_c(a - bB) + (16b\theta - 3\rho^2)p_c^2}{8\theta(4b\theta - \rho^2)} - p_c(q_0 - q_G)$$

$$\pi_S^{*R} = \frac{(\beta A - 5\alpha)(3\alpha + \beta A)}{8\beta} + \frac{(a\theta - b\theta B + \rho p_c)^2}{4\theta(4b\theta - \rho^2)}$$

其中，$A = c_2 - \Delta c$，$B = c_B + c_C + c_R$。

性质 6.4　在单渠道回收的分散决策模式下，供应链中各企业的利润均随碳市场的交易价格的提高而提高，同时各方利润也随消费者对产品减排的敏感程度的增加而提高。

根据均衡利润，得到 $\dfrac{\partial \pi_M^{*R}}{\partial p_c} = \dfrac{\theta\rho(a - bB) + (16b\theta - 3\rho^2)p_c}{4\theta(4b\theta - \rho^2)} + q_0 - q_G >$

0，$\dfrac{\partial \pi_S^{*R}}{\partial p_c} = \dfrac{1}{b}\dfrac{\partial \pi_R^{*R}}{\partial p_c} = \dfrac{\rho(a\theta + \rho p_c - b\theta B)}{2\theta(4b\theta - \rho^2)} > 0$；$\dfrac{\partial \pi_M^{*R}}{\partial \rho} = \dfrac{1}{2}\dfrac{\partial \pi_S^{*R}}{\partial \rho} =$

$\dfrac{(a\rho - b\rho B + 4bp_c)(a\theta - b\theta B + \rho p_c)}{4(4b\theta - \rho^2)^2} > 0$，$\dfrac{\partial \pi_R^{*R}}{\partial \rho} =$

$$\frac{b(a\theta - b\theta B + \rho p_c)[2\theta\rho(a - bB) + (4b\theta + \rho^2)p_c]}{2(4b\theta - \rho^2)^3} > 0。$$

由性质 6.4 可以看出，当政府实施碳政策，对制造企业施加碳减排压力后，适当提高市场碳交易价格，不仅有利于促进制造商加大碳减排努力投入，同时还会使供应链中各企业的利润上升。这是因为，市场需求受产品减排水平的正向影响，制造商加大碳减排投入不仅可以扩大市场规模，还能同时满足政府的碳约束，甚至出售超额碳减排量以获得利润。产品需求量的上升进一步推动了整条供应链利润空间的提高，使制造商上下游企业的利润也相应得到提升。

（二）零售商与制造商竞争回收模式

当制造商与零售商同时进行回收，即在三级闭环供应链的双渠道竞争回收模式下，供应商、制造商和零售商的目标利润函数分别为，

$$\max_{w_B, r_B} \pi_S = (w_B - c_B)(a - bp + \rho q) + (c_B - r_B - c_{BZ})(\alpha + \beta r_R)$$

$$s.t. \max_{w_C, r_C, q} \pi_M = (w_C - c_C - w_B)(a - bp + \rho q) + (r_B - r_C - c_1)$$

$$[\lambda(r)_C - r_R)] - \frac{1}{2}\theta q^2 - (q_0 - q_G - q)p_c \qquad (6.2)$$

$$s.t. \max_{p, r_R} \pi_R = (p - w_C - c_R)(a - bp + \rho q) + (r_B - r_R - c_2)$$

$$[\alpha + \beta r_R - \lambda(r)_C - r_R]$$

定理 6.2 在供应商、制造商和零售商构成的三阶段博弈模型中，当零售商和制造商同时负责回收、制造商负责减排、供应商进行再制造时，各决策主体的目标利润函数为决策变量的联合凹函数，在定义域内存在均衡解。

证明见附录 O。

在回收渠道竞争的分散决策模式下，供应商、制造商和零售商的最优决策组合分别为，

$$w_B^{*R\&M} = \frac{a + b(c_B - c_C - c_R)}{2b} + \frac{\rho p_c}{2b\theta}$$

$$r_B^{*R\&M} = \frac{\lambda(2\beta + \lambda)c_1 + (\beta + \lambda)(4\beta + 3\lambda)c_2}{2(4\beta^2 + 9\beta\lambda + 4\lambda^2)} - \frac{\alpha - \beta\Delta c}{2\beta}$$

$$p^{*R\&M} = \frac{(a\theta + \rho\, p_c)(7b\theta - \rho^2) + (b\theta - \rho^2)b\theta B}{2b\theta(4b\theta - \rho^2)}$$

$$r_R^{*R\&M} = \frac{\Delta c(4\beta^2 + 9\beta\lambda + 4\lambda^2)}{8(\beta + \lambda)(2\beta + \lambda)} - \frac{\alpha(12\beta^2 + 15\beta\lambda + 4\lambda^2)}{8\beta(\beta + \lambda)(2\beta + \lambda)} - \frac{\lambda c_1}{8(\beta + \lambda)} -$$

$$\frac{(4\beta + 3\lambda)c_2}{8(2\beta + \lambda)}$$

$$w_C^{*R\&M} = \frac{b\theta(2b\theta - \rho^2)(c_B + c_C) + (6b\theta - \rho^2)(a\theta - b\theta c_R + \rho p_c)}{2b\theta(4b\theta - \rho^2)}$$

$$r_C^{*R\&M} = \frac{(3\beta + 2\lambda)\, r_B^{*R\&M} - \lambda(c_1 + c_2) - \beta(2c_1 + c_2) - \alpha}{2(2\beta + \lambda)}$$

$$q^{*R\&M} = \frac{\theta\rho(a - bB) + (8b\theta - \rho^2)p_c}{2\theta(4b\theta - \rho^2)}$$

其中，$A = c_2 - \Delta c$，$B = c_B + c_C + c_R$。

性质 6.5 在零售商与制造商同时进行回收，即回收渠道竞争的分散决策模式下，供应商的回收价格 r_B^* 随制造商、零售商的回收成本而递增；制造商的回收价格 r_C^* 随其回收成本的增加而下降，但却随零售商回收成本的增加而上升；零售商的回收价格 r_R^* 随制造商、零售商的回收成本的增加而下降。

证明见附录 O。

由性质 6.5 可以看出，无论是单一渠道还是双渠道回收模式，当供应商下游回收商的回收成本提高时，其回收支付提高，因为供应商可通过回收废旧产品获利，因此当下游回收成本提高时应提高回收价格以促进回收商的积极性。同时，回收商的回收价格会随其自身的回收成本的增加而下降，这一结果是显然的，但是对于话语权更高的一方，如制造商，它总能在回收市场中掌握着主动权，控制回收量，因此当竞争对手的回收成本提高、回收价格下降时，它会提升自身的回收价格，借机抢占市场份额，扩大利润空间，但对于权力较弱的一方，如零售商，当制造商的回收价格降低，它则会通过一起降低回收价格的方式来缩小成本。

性质 6.6 在零售商与制造商同时进行回收的模式下，制造商的减排努力与单渠道回收模式下相同，$q^{*R\&M} = q^{*R}$，且均随消费者低碳偏好的增强、碳交易价格的提升而提高；同时减排努力随供应商、制造商和零售商成本的提高而降低。

根据性质 6.6 可知，双渠道回收模式下，产品减排水平受消费者低碳偏好、碳交易价格等因素的正向影响，受各企业投入成本的负向影响，而制造商是否投入回收努力不影响其对产品的减排决策，这是因为废旧品的回收效率更多地受到回收价格、回收渠道竞争等相关因素的影响。无论制造商是否进行废旧产品的回收，政府适当提高碳交易价格均能促进其碳减排的积极性。

性质 6.7 在零售商与制造商同时进行回收的分散决策下，供应链中各企业的利润同样随碳交易价格和消费者低碳偏好的提高而提高，同时各企业利润随消费者价格敏感程度的增强而缩小。

证明见附录 O。

由性质 6.7 可以看出，无论制造商是否进行产品回收，政府适当提高碳交易价格均能促进其碳减排努力投入的积极性，提升总体碳减排水平，并且能增加供应链中各企业利润。在双渠道竞争回收模式下，正向渠道中消费者的价格敏感程度对不同企业的利润具有负向影响，这说明价格敏感程度不仅会直接影响产品需求，也能通过需求的波动间接影响整条供应链的利润，当价格敏感程度升高时，零售商为了维持市场需求会降低销售价格，导致产品的单位利润空间降低，进而影响制造商和供应商的利润，因此在面对消费者时，供应链上的所有企业都应重视消费者对价格和低碳水平的敏感度，共同为了提高产品减排水平而努力。

（三）模型比较

结论 6.1 在无协调契约的分散决策中，比较单一渠道回收和双渠道回收模式，发现逆向回收模式的变化不影响正向渠道的定价策略；当制造商的回收成本低于一定阈值时，双渠道模式下的供应商转移价格更低；当供应商利用回收再制造所节约的成本低于一定阈值时，零售商在单渠道回收模式下的回收价格更高。

证明见附录 O。

根据结论 6.1，无论市场由单一回收渠道还是双回收渠道构成，都不会影响正向渠道中新零件批发价格、产品批发和销售价格、减排努力的决策，正向渠道中，$w_B^{*R} = w_B^{*R\&M}$，$p^{*R} = p^{*R\&M}$，$q^{*R} = q^{*R\&M}$，$w_C^{*R} = w_C^{*R\&M}$，说明逆向渠道模式的变化不会影响正向渠道的定价决策。这是因为无论零售商和制造商之间有无回收竞争，对于上游供应商来说，这一竞争只存在于下游企业之间，不会影响其自身的正向销售中的最优定价决策。

对于逆向渠道中的回收价格决策，当制造商的回收成本不过高且低于一定阈值时，双渠道回收模式下的供应商的转移支付价格会低于单一渠道回收模式 $r_B^{*R} > r_B^{*R\&M}$，这是因为回收渠道的竞争使主导供应商的平均回收成本降低，其付出较低的转移支付价格就能获取单渠道回收模式下的回收数量。此外，当供应商通过再制造所节约的成本 Δc 低于一定阈值 c' 时，单渠道回收模式下零售商的回收价格高于双渠道回收模式 $r_R^{*R} > r_R^{*R\&M}$，这是因为当零售商垄断回收市场时，其能通过适当提高回收价格，扩大市场规模获利，而当权力较大的制造商进入回收市场后，瓜分潜在市场，侵占零售商的部分利润，迫使其降低回收价格以减少成本。

最后，为了便于比较分析，进一步作图展示不同回收渠道模式下的各企业均衡利润关系，其中 $a = 400$，$b = 2$，$\alpha = 100$，$\beta = 4$，$\theta = 50$，$\rho = 1$，$p_C = 20$，$c_C = c_R = 30$，$c_B = 80$，$c_{BZ} = 1$，$c_1 = 2$，$c_2 = 1$，$q_G = 4$，$q_0 = 6$，如图6.3。

由图6.4可以看出，在单渠道回收模式下，零售商由于垄断回收市场且同时在正向销售渠道中获利，因此获得供应链中的大部分利润，此时零售商利润高于供应商和制造商。而当制造商进入回收市场后，即双渠道竞争回收模式下，零售商失去了回收市场的垄断地位，此时供应商的利润最高，并且供应商和制造商的利润均随着渠道竞争程度的提高而增加。因此，主导供应商会更倾向于选择双渠道回收的模式，通过零售商和制造商同时进行废旧零部件的回收。

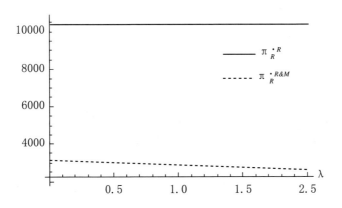

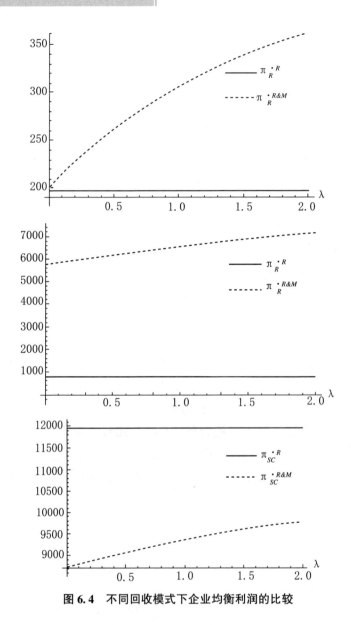

图 6.4　不同回收模式下企业均衡利润的比较

结论 6.2　三级闭环供应链中的下游企业在逆向渠道上的竞争，可提高上游主导企业的利润，因此供应商更倾向于选择双渠道回收的模式。

由结论 6.2 可以发现，当供应商的再制造具有一定的利润空间时，双渠道回收模式下的供应链总利润低于单渠道回收模式，这是因为回收渠道的竞争使企业间的合作效率降低，竞争导致双重边际效应加剧，零售商的利润大幅下降。同时，供应链总利润会随着回收渠道竞争程度的加剧而逐渐增加，相反地，零售商的利润则会逐渐降低。这是因为，在单渠道回收模式下，市场中全部的废旧产品都通过零售商回收，它能获得回收环节的全部利润，但当制造商也参与回收后，这一利润会被瓜分，并且随着竞争程度的提升而加剧，制造商凭借较高的权力在竞争中能够占据优势，零售商损失的利润被制造商和供应商获得。对于供应商而言，回收渠道的竞争也会使其利润得到提升，并且随着渠道竞争的加剧，利润增幅越来越大。

　　结论 6.3　在无契约协调的分散决策下，单渠道回收模式中的转移支付和回收价格均高于双渠道回收模式，且随消费者对回收价格敏感程度的提高而降低；双渠道回收模式下，回收价格均随敏感度的提高而提高，且制造商的回收价格高于零售商的回收价格。

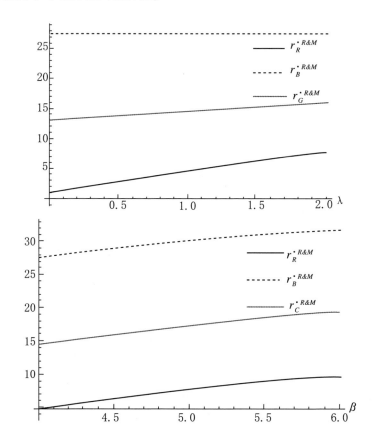

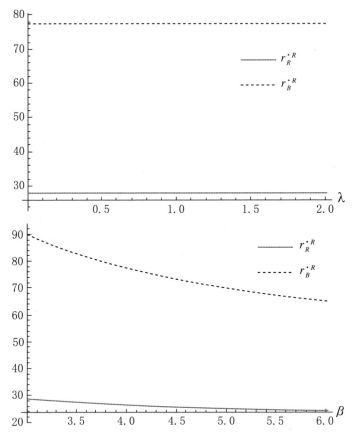

图6.5 不同模式下的回收价格随价格敏感系数和渠道竞争程度的变化

由结论6.3和图6.5可知，在单一回收渠道模式下，供应商和零售商的回收价格均随消费者对价格敏感程度的增加而降低，而在双渠道回收模式下，各企业的回收价格均随双渠道竞争程度、消费者价格敏感程度的增强而提高。这是因为，当零售商垄断回收市场时，其能获得供应链中的大部分利润，当消费者敏感程度提升时，利润空间扩大，此时上游主导供应商为了缩减成本，需降低转移支付价格，从而使零售商也相应地降低回收价格。然而，当制造商进入回收市场后，零售商所占回收市场的份额缩小、利润大幅下降，且由于其权力地位低于制造商，迫使其只能通过降低回收价格以减少成本，虽然在渠道竞争程度加剧时，为了扩大市场占比，零售商会适当提升回收价格，但仍低于单渠道回收的情况。可以看出，虽然主导供应商更偏好通过双渠道竞争的回收模式进行回收再制造，但回收渠道竞争使平均回收价格降低，这对于回收市场中的消费者来说是不利的。

二、集中决策模式

集中决策模式，即零部件供应商、产品制造商和零售商三方统一进行联合决策的情况，将三者看作一个整体，追求同一目标，即供应链总利润的最大化，集中决策下闭环供应链的结构模型如图6.6。

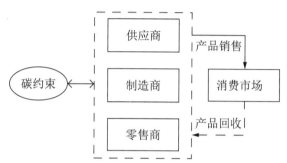

图6.6 集中决策模式下的企业决策关系

此时各企业决策没有先后顺序，三方共同进行批发价格、回收价格、销售价格和减排水平的决策，供应链利润最大化下的目标函数为，

$$\max_{p,\, r_R,\, r_C,\, q} \pi_{SC} = (p - c_B - c_C - c_R)D + (c_B - c_{BZ} - r_C - c_1)Q_C + (c_B - c_{BZ} - r_R - c_2)Q_R - \frac{1}{2}\theta q^2 - (q_0 - q_G - q)p_c$$

定理 6.3 在集中决策下，无论是单渠道回收还是双渠道回收模式，当各企业以供应链总利润最大化为目标，共同决策产品定价、回收和减排策略时，利润函数为各决策变量的联合凹函数，在定义域内存在均衡解。

证明见附录 P。

性质 6.8 当双渠道竞争回收时，集中决策下的销售价格较分散决策时降低、回收价格提高。无论是双渠道回收还是单渠道回收模式，当企业联合进行决策时，既能给消费者带来更大效用，也给各企业带来更大的利润空间。

由性质 6.8 可知，比较均衡决策结果，得到关系 $p^{*R\&M} > p^{*IR\&M}$，$r_R^{*IR\&M} >$

$r_R^{*R\&M}$，$q^{*IR\&M} > q^{*R\&M}$。集中决策下的销售价格比分散决策时更低，而市场中废旧产品的回收价格更高，同时产品的减排水平得到提高。这说明了当绿色闭环供应链中的各企业联合进行决策时，消费者以更低的价格购买新产品、以更高的价格卖出旧产品，获得产品的绿色环保程度更高，使消费者所获剩余更大。同时，集中决策也能同时扩大销售市场和回收市场的规模，形成消费者和各企业双赢的局面。

结论 6.4 比较不同回收和决策模式下的均衡决策和供应链总利润，发现集中决策下的产品售价、回收价格和减排努力不受回收渠道模式变化的影响；供应链总利润在集中决策下大幅提高，且双渠道回收模式下的利润更高。

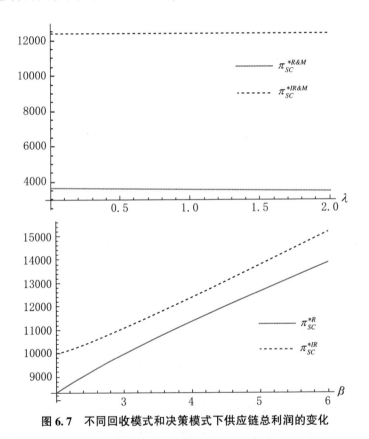

图 6.7 不同回收模式和决策模式下供应链总利润的变化

由结论 6.4 和图 6.7 可知，在集中决策下，$p^{*IR} = p^{*IR\&M}$，$r_R^{*IR} = r_R^{*IR\&M}$，$q^{*IR} = q^{*IR\&M}$，$\pi_{SC}^{*IR} < \pi_{SC}^{*IR\&M}$。当零售商与制造商都参与废旧产品回收时，供

应链的总利润更高，高于制造商不参与回收的情况，这一差值与两方的回收成本相关，当制造商的回收成本等于零售商时，$\pi_{SC}^{*IR} < \pi_{SC}^{*IR\&M}$。此外，也可以设计合理的协调机制，使集中决策下供应商和零售商达成完全共识、共享利润或共担成本，以实现供应链总利润的最大化。

同时，无论是单渠道回收还是双渠道回收模式，集中决策下供应链的总利润均高于分散决策下的利润，且产品的减排水平得到提高，这说明在多级绿色供应链体系中，多重边际效应使分散决策的效率大幅度下降。但是，在企业实际运营中，要想与上下游企业达成完全合作的战略联盟关系、进行联合决策是十分困难的，大部分企业间的合作都为分散决策模式，因此就需要利用契约进行协调，使分散决策下的供应链运作效率和低碳减排水平得到提升。

第三节　考虑契约协调时的决策模式

收益共享契约是通过销售收入的合理分配以实现供应链中各成员间的收益共享、风险共担，从而达到整个供应链系统的协调运作。供应企业与制造企业之间的交易是以核心零部件为商品，但是在闭环绿色供应链中，制造企业的收入并非完全的来自新产品的生产与销售，也受到产品的回收和减排决策的影响。因此，主导供应商可以与制造商、零售商签订针对回收部分的收益共享契约；零售商和制造商之间可利用正向渠道的收益共享契约来进行协调。

本节设计了两种契约协调机制：一是供应商不参与正向销售渠道、只参与逆向回收渠道的收益共享的模式，将其称为"单一"共享契约；二是供应商既参与正向渠道、又参与逆向渠道的收益共享的模式，将其称为"联合"共享契约。

一、供应商的单一共享契约

当供应商不参与正向销售渠道、只参与逆向回收渠道上的收益共享时，同样分别针对单渠道和双渠道回收模式进行讨论。各方目标利润函数如下，其中，$s，k$ 分别表示供应商对零售商和制造商的回收收益分成比例，t 表示制

造商对零售商的销售收益分成比例，

$$\max_{w_B, \, r_B} \pi_S = (w_B - c_B)D + (c_B - r_B - c_{BZ})(Q_R + Q_C) + s \, r_B Q_R + k \, r_B Q_C$$

$$s. \, t. \, \max_{w_C, \, r_C, \, q} \pi_M = (tp + w_C - c_C - w_B)D + (r_B - r_C - c_1)Q_C - k \, r_B Q_C - \theta q^2 /$$

$$2 - (q_0 - q - q_G)p_c$$

$$s. \, t. \, \max_{p, \, r_R} \pi_R = (p - tp - w_C - c_R)D + (r_B - r_R - c_2)Q_R - s \, r_B Q_R \quad (6.3)$$

协调契约下的分散决策模型求解与第二节相同，制造商以零售商利润最大化为约束进行决策，同时供应商以制造商利润最大化为约束。供应商、制造商和零售商的利润均对其决策变量满足 Kuhn-Tucker 条件，首先在"单一"共享契约下，单渠道回收模式中各方的利润函数为，

$$\max_{w_B, \, r_B} \pi_S = (w_B - c_B)D + (c_B - r_B + s \, r_B - c_{BZ})(\alpha + \beta r_R)$$

$$s. \, t. \, \max_{w_C, \, q} \pi_M = (tp + w_C - c_C - w_B)D - \frac{1}{2}\theta q^2 - (q_0 - q - q_G)p_c \quad (6.4)$$

$$s. \, t. \, \max_{p, \, r_R} \pi_R = (p - tp - w_C - c_R)D + (r_B - s \, r_B - r_R - c_2)(\alpha + \beta r_R)$$

定理 6.4 在单渠道回收模式的分散决策下，供应商的"单一"共享契约在供应链的正向、逆向渠道均不能实现协调。

证明见附录 Q。

得到最优销售价格、回收价格、批发价格和减排水平分别为，

$$p^{*CR} = \frac{(a\theta + \rho p_c)[b(7 - 4t)\theta - \rho^2] + b\theta(b\theta - \rho^2)B}{2b\theta[2b(2 - t)\theta - \rho^2]}$$

$$w_C^{*CR} = \frac{(1 - t)[2(1 - t)(a\theta + \rho p_c) + (2b\theta - \rho^2)(w_B^{*CR} + c_C)]}{2b\theta(2 - t) - \rho^2} -$$

$$\frac{(2b\theta - t\rho^2)c_R}{2b\theta(2 - t) - \rho^2}$$

$$q^{*CR} = \frac{\theta\rho(a - bB) + [4b(2-t)\theta - \rho^2]p_c}{2\theta[2b(2-t)\theta - \rho^2]}, \quad w_B^{*CR} = \frac{\theta[a + b(c_B - c_C - c_R)] + \rho p_c}{2b\theta}$$

$$r_B^{*CR} = \frac{\beta(c_B - c_{BZ} + c_2) - \alpha}{2\beta(1 - s)}, \quad r_R^{*CR} = \frac{\beta(c_B - c_{BZ} - c_2) - 3\alpha}{4\beta}$$

由定理 6.4 可知，当供应商不参与回收时，"单一"共享契约只对正向渠道上的产品售价、批发价格、转移支付和减排努力造成影响，并不能改变市场废旧产品的回收价格，因此无法满足协调的充要条件 $p^{*CR} = p^{*IR}$，$r_R^{*CR} = r_R^{*IR}$。

定理 6.5 在双渠道回收模式的分散决策下，同样地，此情形下"单一"共享契约不能实现供应链的完全协调，只能在逆向渠道上实现协调。

证明见附录 R。

由定理 6.5 可知，当零售商与制造商都参与回收时，"单一"共享契约对销售价格、市场中的回收价格都产生影响，此时实现协调的充要条件为 $p^{*CR\&M} = p^{*IR\&M}$，$q^{*CR\&M} = q^{*IR\&M}$，$r_R^{*CR\&M} = r_R^{*IR\&M} = r_C^{*CR\&M} = r_C^{*IR\&M}$，虽然回收收益分成比例可以满足协调时的要求 $N/(1 - s) = M/(1 - k)$，其中 $M = (\beta + \lambda)[2\beta^2(c_2 + c_B - c_{BZ}) + \beta\lambda(2c_2 - c_1 - c_B - c_{BZ}) - \alpha(2\beta + \lambda)]$，$N = (2\beta + \lambda)[2\beta^2(c_B - c_{BZ}) + \beta\lambda(c_B - c_{BZ} + c_1) - \lambda\alpha]$，但是制造商对零售商的销售收益分成比例 t 却达到 1.5，此时制造商分享的收益比零售商本身的收入更高，这不符合实际运作中的情况，因此该契约不能达成。

二、供应商的联合共享契约

由于"单一"的共享契约不能同时实现供应链正向、逆向渠道上的协调，因此为了实现完全协调，拓展出第二种共享契约——"联合"共享契约：在"单一"共享契约的基础上，使供应商同时也参与正向渠道的销售收益共享，l 表示供应商对制造商的销售收益分成比例，此时各方的目标利润函数为，

$$\max_{w_B, r_B} \pi_S = (w_B - c_B + l w_C)D + (c_B - r_B - c_{BZ})(Q_R + Q_C) + s r_B Q_R + k r_B Q_C$$

$$s.t. \max_{w_C, r_C, q} \pi_M = (tp + w_C - l w_C - c_C - w_B)D + (r_B - r_C - c_1)Q_C - k r_B Q_C - \theta q^2/2 - (q_0 - q - q_G)p_c$$

$$s.t. \max_{p, r_R} \pi_R = (p - tp - w_C - c_R)D + (r_B - r_R - c_2)Q_R - s r_B Q_R \quad (6.5)$$

定理 6.6 在单渠道回收模式的分散决策下，"联合"共享契约也不能实现供应链的协调。

证明见附录 S。

由定理 6.6 可以看出，即使是在"联合"共享契约下，当制造商不参与

回收时，市场中废旧品的回收价格也无法被协调，因此，供应链的协调不能实现。由此，根据定理 6.4-定理 6.6 发现，当制造商不参与废旧品的回收时，无论是"单一"共享契约还是"联合"共享契约都不能实现供应链的协调。

定理 6.7 在双渠道回收模式的分散决策下，在有"联合"共享契约协调的分散决策下，满足条件 $2 - t = (1 - tl)/(2 - l)$，$N/(1 - s) = M/(1 - k)$，$\pi_{B/C/R}^{*C'R\&M} > \pi_{B/C/R}^{*R\&M}$ 和 k，s，$t \in [0, 1]$ 时，"联合"共享契约可以实现供应链的完全协调。

证明见附录 T。

根据定理 6.7 发现，当零售商与制造商同时进行电池回收时，在收益分成比例满足一定条件的情况下，"联合"共享契约可以实现供应链的协调，协调后的各方利润都高于没有契约协调时分散决策下的各方利润。对于该协调机制有效与否，进一步利用数值分析验证。

三、契约协调机制的有效性分析

当利用"联合"共享契约协调供应链，即供应商同时参与正向销售、逆向回收收益共享时，双回收渠道模式下的三级供应链中各企业的利润均能得到一定的提升，通过数值分析，验证这一结论。赋值参数 $a = 400$，$b = 2$，$\alpha = 100$，$\beta = 4$，$\theta = 50$，$\rho = 1$，$p_C = 20$，$c_C = c_R = 30$，$c_B = 80$，$c_{BZ} = 1$，$c_1 = 2$，$c_2 = 1$，$q_G = 4$，$q_0 = 6$，为满足收益共享契约成立的约束条件，收益分成比例满足 k，s，$t \in [0, 1]$。"联合"共享契约协调模式下各企业利润变动情况如表 6.2。

表 6.2　契约协调后的各方利润变化

分成系数的变化情况	$\pi_{SC}^{*C'R\&M}$	$\pi_{S}^{*C'R\&M}$	$\pi_{M}^{*C'R\&M}$	$\pi_{R}^{*C'R\&M}$
$k = 0, 1, s = 0.1, t = 0.1, l = 0.1$	9856	7204	363	2289
$k = 0, 5, s = 0.5, t = 0.1, l = 0.1$	9856	7204	363	2289
$k = 0.2, s = 0.2, t = 0.1, l = 0.1$	9856	7204	363	2289
$k = 0, 2, s = 0.1, t = 0.2, l = 0.1$	9921	7220	331	2370
$k = 0.2, s = 0.2, t = 0.2, l = 0.2$	9930	7256	374	2299

续表

分成系数的变化情况	$\pi_{SC}^{*C'R\&M}$	$\pi_{S}^{*C'R\&M}$	$\pi_{M}^{*C'R\&M}$	$\pi_{R}^{*C'R\&M}$
$k = 0,5$, $s = 0.5$, $t = 0.1$, $l = 0.3$	9934	7259	357	2318
$k = 0.4$, $s = 0.3$, $t = 0.3$, $l = 0.2$	10 000	7268	333	2399
$k = 0.5$, $s = 0.4$, $t = 0.3$, $l = 0.3$	10 038	7291	321	2426
$k = 0.5$, $s = 0.4$, $t = 0.4$, $l = 0.4$	10 113	7349	334	2430
$k = 0.5$, $s = 0.5$, $t = 0.5$, $l = 0.5$	10 154	7429	415	2310

此外，集中决策下供应链的总利润 $\pi_{SC}^{*IR\&M} = 12395$，无契约协调时的分散决策下的零售商、制造商、供应商的利润和供应链的总利润分别为 $\pi_{R}^{*R\&M} = 2278$，$\pi_{M}^{*R\&M} = 352$，$\pi_{S}^{*R\&M} = 7156$ 和 $\pi_{SC}^{*R\&M} = 9785$。

由表 6.2 可以看出，在"联合"共享契约协调下，不同的分成系数组合均能使供应链的整体利润得到提升 $\pi_{SC}^{*C'R\&M} > \pi_{SC}^{*R\&M}$。对于供应链中的主导供应商而言，在收益共享契约下其凭借自身话语权能获得更高的利润分成，使自身利润在不同分成合约下均能提高；但是当供应商与制造商之间在逆向回收渠道上的收益分成比例较高、制造商与零售商在正向渠道的分成比例较低时，共享契约下非主导制造商的利润会低于无契约协调的情况。因此，当利用"联合"收益共享契约协调供应链时，主导供应商要关注非主导合作企业的利润变动情况，设置合理的分成比例以防止下游企业退出契约合作。当分成比例设置满足一定条件时，绿色供应链中的各企业利润均能得到提升，供应链的整体利润也得到大幅增加。进一步验证了本章设计的契约协调机制的有效性。

四、碳政策下的供应链契约协调

在新能源汽车供应链中，电池供应商在生产大量的动力电池的同时面临着回收再利用力度不足的问题，为了实现清洁生产、低碳制造，需要政府介入并制定相应碳政策，激励供应链中各企业的回收再制造行为（Zhang 和 Bai，2017），使企业在自身利润最大化的同时也能最小化对环境的负面影响，碳政策不仅包括碳交易-配额政策，研究发现征收碳税也是控制碳排放非常有效的政策之一（Tian 等，2014），因此为了激励企业的回收投入努力，政府可以对绿色供应链整体征收碳税。假设每单位未被回收的废旧品对环境造成的负面

影响为 H ，政府能将环境影响转化为惩罚税，对每单位未能实现回收的产品，政府向相应企业征收 h 的税收，满足条件 $h \leqslant H$ 。

性质 6.9 在政府碳税政策约束的双渠道回收的模式下，发现当政府单位碳税额为 h^{*IE} 时，绿色供应链整体可以实现完全回收。

证明见附录 U。

将碳税政策下的各企业均衡价格与无契约协调的决策模式相比较，发现当由回收不利所造成的环境污染成本由政府施加给绿色供应链时，制造商的回收价格上升 h ，零售商的回收价格上升 $h/2$ ，可以有效激励回收市场规模的扩张和消费者的回收积极性。虽然碳税政策会导致整个供应链的利润出现相应下降，但是企业利润的损失是以社会福利和环境友好度的增加为前提的，因此若从整个社会环境角度评估，只要在企业可接受的范围内，制定碳税政策是有意义的。

第四节　算例分析与模式选择

一、不同制造成本的模式选择

对于新能源汽车供应链，其生产技术目前仍处于创新初级阶段，提升废旧动力电池的回收再利用效率是亟需解决的问题，因此分析电池供应商的制造成本的变动对供应链管理具有重要意义。本节进行定量分析，对不同制造成本下的最优模式进行选择，首先分析供应商制造和再制造成本的变化对回收价格、企业利润的影响，如图 6.8。

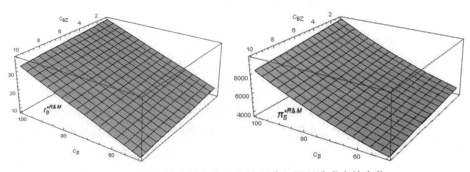

图 6.8　回收价格和供应商利润随制造和再制造成本的变化

由图 6.8 可以看出，在双回收渠道的分散决策下，供应商的回收转移支付随制造成本的增加而提高、随再制造成本的增加而下降。这是因为，当生产技术革新、制造成本下降时，供应链中的主导供应商更倾向于扩大新产品的生产规模而忽视再制造市场，因此会相应降低回收价格以节约回收成本。同样地，当再制造成本上升时，企业回收成本提高，因此会适当降低回收价格来减少支出。对于消费者，当制造成本增加，会导致零件的批发价格提高，从而使产品售价提高，这一部分的支出由消费者承担，因此消费者对回收价格的期望值也会相应提高。对于供应商而言，无论是制造成本还是再制造成本，都属于其生产支出，它们的上升会引起供应商利润的下降，因此大力研发制造技术或再造技术十分必要。

双回收渠道下的分散决策中，供应链主导供应商的利润随制造成本的增加、再制造成本的下降而提高。这是因为，当再制造成本降低时，供应商的废旧品回收转移支付也同时降低，使主导供应商通过回收再制造所得的利润空间变大，提高自身利润。而当制造成本增加时，供应商的直接成本提高，会使其提高零件的批发价格来平衡这一利润的损失，而且供应商在供应链中拥有最高话语权，它能够将这种影响传递给制造商和零售商，将自身增加的部分成本施加到供应链下游企业，使产品的批发价格和零售价格都相应提高，从而使需求量下降，导致供应链整体利润和各企业利润的降低。

在无契约协调的回收模式下，零件制造成本和再制造成本对企业利润的影响显著，随着各成本的变化，不同模式下各企业的利润也发生相应变化，明确成本变化对利润的影响，才能帮助企业在不同的区间范围内选择不同的模式进行生产、销售，不同成本对不同模式下企业利润的影响如图 6.9。

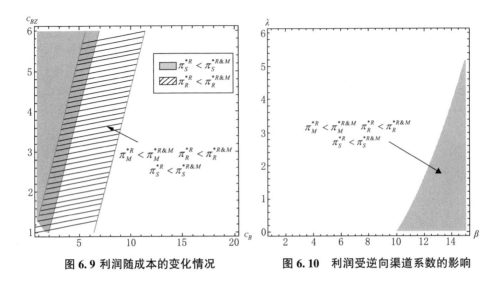

图 6.9 利润随成本的变化情况   图 6.10 利润受逆向渠道系数的影响

由图 6.9 可知，对于供应商而言，只在零部件制造成本极低的情况下，其双渠道回收模式下的利润会低于单渠道回收模式，可见供应商实行双渠道回收模式并获得供应链最多利润的成本范围较广，但是作为供应链的主导方，它必须考虑合作企业的利润而不能只顾自身盈利，否则会使供应链的合作破裂。由图 6.9 可以发现，在制造成本和再制造成本的一定变化范围内，双渠道回收模式下供应商、制造商和零售商的利润均高于单渠道回收的模式，只有在此范围内，绿色供应链实施双渠道回收模式才能对各企业带来积极作用。

进一步，对于供应链回收模式的选择问题，不仅被制造成本影响，也同样受逆向渠道中的回收价格敏感系数和渠道竞争系数的影响，如图 6.10。根据分析发现，当进行再制造的利润空间足够大时，供应商和制造商在双渠道回收模式下均能获得更高的利润，但是零售商的利润受敏感系数和竞争程度的影响，只有当消费者对回收价格的敏感程度大于渠道竞争程度时，如图 6.10 中阴影部分，零售商才能从双渠道回收模式中获利，否则它更倾向于选择单渠道回收的模式。

二、环境税收的影响分析

根据第三节的研究，当政府对于废旧产品回收不力的情况，制定相应的碳税政策进行征税，以促进企业进行回收时，实现完全回收的所征税，即环

境转移成本为，

$$h^{*IE} = \frac{2\theta b^2 p_C(q_0 - q_C) - \alpha[(b p_C + \rho)^2 - 2b\theta] - 2ab\theta}{b[b p_C^2 \beta - 2\theta(b + \beta)] + \beta\rho(2b p_C + \rho)} +$$

$$\frac{\beta[(b p_C + \rho)^2 - 2b\theta](c_2 - c_B + c_{BZ}) + 2 b^2 \theta B}{b[b p_C^2 \beta - 2\theta(b + \beta)] + \beta\rho(2b p_C + \rho)}$$

在实现完全回收的均衡条件下，政府的环境单位税收随零件制造成本的变化趋势，如图 6.11。

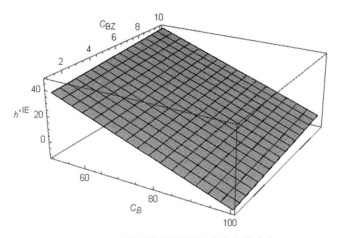

图 6.11　环境单位税收随制造成本的变化

由图 6.11 可以看出，环境单位税收随制造成本的增加而下降，随再制造成本的增加而上升。当零部件的制造成本增加时，较低的征税额就能促进企业实现完全回收，而当再制造成本增加时，征收较高的税额才可能实现完全回收。因为在企业的实际运营中，当技术革新、生产制造的成本下降时，企业更倾向于研制新产品、加大生产规模而忽视回收再利用，因此政府就需要加大征税力度来促使企业进行回收；而当回收技术革新，再制造成本下降时，企业更愿意进行回收再制造以获得更大的利润，因此政府征收较低的税额，甚至不征税，都可能实现完全回收。

第五节　本章小结

随着环境问题的日益严峻，传统制造行业面临巨大压力。特别是新能源汽车产业，虽然其绿色低碳特性为解决大气、水土污染提供了途径，但动力电池若回收不力也将对生态环境造成负面影响。本章着眼于构建产品销售及废旧零件回收的多级供应链体系，分别在单一回收渠道和双回收渠道两种模式下，设计"单一"和"联合"收益共享契约，对供应企业主导的闭环供应链进行协调。然后，针对供应链回收体系不完善和减排效率低下的问题，为政府碳政策的制定提供参考意见。研究表明：

（1）在单一回收渠道模式下，制造商和零售商的利润大小随正、逆向市场规模的变化而变化，当逆向回收市场的利润空间变大，供应链中权力较低的零售商的利润高于制造商；在双回收渠道模式下，权力较大的制造商在零售商回收价格下降时，会相应提高自身回收价格以占领回收市场。

（2）逆向渠道的决策变化不会影响正向渠道的定价，且当废旧品回收再制造的利润空间满足一定条件时，上游主导供应商更倾向于选择双回收渠道的模式；随着逆向渠道的竞争加剧，上游企业获利越多、回收价格越高，因此回收渠道的竞争对消费者和供应商都有利。

（3）集中决策可以实现供应链的利润最大化，但在实际运作中却难以实现。因此，本章设计了两种共享契约协调机制，"单一"共享契约和"联合"共享契约，对供应链进行协调。发现在单渠道回收模式下，两种契约都不能实现完全协调；在双渠道模式下，"单一"共享契约能实现逆向渠道的协调，"联合"共享契约可以实现供应链的完全协调，有效提高各企业的利润。

（4）零部件的制造、再制造成本对回收价格、各企业利润和政府碳政策制定的影响巨大：当技术革新、制造成本下降时，无论是企业还是消费者都可以获得更多的利润；政府制定的最优环境单位税收应随制造成本的增加而降低，随再制造成本的增加而提高。

本章对产品销售和废旧零部件的回收做出系统性的研究并设计了不同的契约协调机制，但实际上这是一个非常复杂的供应链系统，从零部件制造到产品的销售是一个很长的供应链系统，如果把其他环节的企业或决策也考虑到供应链决策优化问题中，能得到更多有价值的结论。并且，本章只研究了供应链内的单期竞争模型，如果将制造商和零售商之间的回收扩展至多期竞争的情况，将供应链扩展到多期决策优化，也将是未来的研究方向。

绿色创新体系的构建与多主体协同

国家发展改革委、科技部（2019）将绿色技术界定为降低消耗、减少污染、改善生态，促进生态文明建设、实现人与自然和谐共生的新兴技术，包括节能环保、清洁生产、清洁能源、生态保护与修复、城乡绿色基础设施、生态农业等领域，涵盖产品设计、生产、消费、回收利用等环节的技术。但绿色技术的市场化发展面临诸多障碍：尚未有效建立市场导向机制，缺乏市场遴选的专利转化效率与产业化效益的底层驱动，绿色技术的深入研发与应用显现出发展瓶颈，因此，需要充分调动市场的力量对创新链各个价值位阶上的园区和企业活动进行引导。由于市场主导下的绿色技术创新体系同时存在主导力量不明确、体系内涵不清晰、绿色效率难判断等问题，绿色技术创新体系难以高效率、高效益地运行。

政府部门作为环境市场和回收市场的监管主体（制定污染物减排制度、排污权交易制度、回收处理制度等），排污企业/园区/区域为执行责任主体，企业、科研院所、高等院校等"学研金介"为绿色技术创造的创新参与主体，进行专业化分工与网络化平台合作。在市场导向的绿色技术创新运行体系内，政府监管责任主体的减排责任落实、监督引导创新主体进行绿色技术开发与转化，科创企业会发挥更大主导作用；在市场机制下，绿色技术创新责任主体间可以在政府规制标准范围内进行环境市场交易，如排污权交易、回收资源交易等，以市场作用合理调配资源以满足企业/园区/区域的绿色生产要求；同时，责任主体可以作为绿色技术用户与创新主体之间进行付费交易，创新主体则为责任主体提供减排技术或减排装置等产品。

在政府引导和市场主导机制下，引导激励政策和市场资源调配也可以有效促进绿色专利技术的应用推广、成果转化和实践应用。因此，完善的技术市场交易机制可以保障绿色技术创新外生动力的高效注入，进一步激发市场活力，提升市场对人才、资金、场地、设施、信息等关键资源的有效配置，并促进人才优势、知识优势转化为技术优势，刺激责任主体在市场客观需求、主体战略要求、政府辅助推动、科研院所技术加持、科创平台服务支撑的共同作用下进行技术交流、完成技术合作、实现技术变革，借助区块链等先进技术实现多主体创新的数字化集成网络。

第一节　绿色创新体系框架与构建基础

为了实现"中国 2035 年跻身世界创新国家前列"和"绿色可持续发展"的双重目标，由政府牵头、联合科研机构、高校和企业等多主体协同合作的绿色技术创新模式被提出，以此提升中国绿色技术创新水平。2017 年至今，中国技术创新研发投入总额一直处于世界首位，但"世界级"的投入并未带来"世界级"的技术创新成果产出，经济高质量发展的绿色技术创新驱动效力未能突出显现。因此，构建一个完善的绿色技术创新体系便成为发展新时期一个亟待解决的突出问题。基于此，本章将在市场主导、政府引导的"双重主次导向"机制下对绿色技术创新体系构建进行研究，以期为绿色技术创新体系的实践运用和政府绿色技术政策制定提供有价值的理论和实践借鉴。

本节首先理清市场导向的绿色技术创新体系理论逻辑：政府规制和激励政策引导、社会多主体参与、市场机制有效运作，从政府制定的环境规制标准和财政引导资金投入出发，建构完善的环境市场交易机制，进一步驱动构建绿色技术市场化交易机制，从而建立与完善区域之间、行业之间、企业之间、项目之间的环境市场交易与专利技术市场交易机制，提升创新资源的市场配置效率；通过多主体网络化协同创新和科创平台共享服务运行，提升"知识/专利创新活力–专利技术转化效率–产业化应用效益"的过程创新体系。通过政府引导与市场主导的内生动力机制，建构多主体合作共生的网络化组织与市场化平台的运行机制；构建完善的环境市场交易机制和知识产权完善的技术专利交易机制，促进创新链、产业链、资金链、人才链的完美衔接，推动科创成果高效转化，增添创新动力；创新全过程嵌入区块链、物联网、大数据、云计算等新兴互联网技术来建构多主体网络的社会信任度，转换重大科研成果；借助科创平台载体，促成"产学研金介"多主体协同创新，以网络化集群或企业联盟组织协同创新突破研发关键技术、核心技术和"卡脖子"技术，增加知识/技术专利的市场供给，注入创新活力；发挥科创平台的资源虹吸效应、集聚效应、整合效应、共享应用等网络效应，实现绿色技术创新的意愿协同、能力协同、关系协同、预期协同和环境协同；利用科创平台服务机制，实现绿色创新资源的有效共享，促进科创成果的高质量转化，提升创新效率；根据产业实践应用，基于市场遴选机制，有选择、有目的、有针对地逐步实现知识/技术专利的产业化，提高创新效益；优选目标企业，实现专利并购，发挥规模化效应，最终形成原创性创新成果、关键性技术创新、引领性产业实践，共创绿色技术创新价值体系。

因此，绿色技术创新体系应以绿色生态、绿色技术为目标，以环境交易和绿色技术交易市场为核心导向力，以政府环境规制为约束，并配以政府的政策引导，以企业为创新主体，推进"产学研金介"科创网络的深度融合，以科创平台为载体，实现科创基础设施共享，建构资源配置高效、成果转化顺畅、服务业务高质的中国市场导向下的绿色技术创新体系。具体如下：

第一，市场导向下绿色技术创新体系内涵特征与测度。

市场导向的绿色技术创新体系构建是在政府引导和市场主导的"双重主次导向"模式下完成的，首先要明确双重主次导向下的绿色技术创新体系的内涵、特征和构建目标。政府引导主要反映在一系列相关的激励和规制政策颁布实施，而市场主导主要反映在如何构建健全的市场机制。可借鉴减排交易机制的政府引导过程和市场机制构建依据，对绿色技术创新市场机制的影响机理进行分析。进而，基于生命周期绿色管理思想，对市场驱动、政府推动、网络联动的绿色技术创新体系内涵进行界定并进行特征识别分析。其次，基于云计算、大数据分析等先进技术，对中国产业集群、区域和企业间创新合作的供需匹配现状进行测度分析，找出导致创新效率低下的痛点所在。然后，可从企业、产业、产业园区（集群/联盟）等不同层面着手，重点考虑"产品绿色度""技术创新度""市场导向度"等指标构建科学的绿色技术创新效率评价指标体系，并利用大数据、机器学习、云计算等信息技术，改造绿色技术创新效率的综合测度系统，为绿色创新目标体系的构建奠定研究基础。

第二，多主体合作与资源共享的体系建设。

　　企业连同高等院校、科研院所、金融机构、科创中介等主体共同构成"产学研金介"的绿色技术创新合作体系，然而由于纯市场交易合同下多主体间信息传递的牛鞭效应明显，缺乏信息共享，导致合作体系的不稳定；各主体合作时商流、物流、信息流、资金流互相交融，形成网链体系。目前，中国正积极推进创新合作的数字化升级和赋能，面对市场交易合同的创新模式，数字化发展面临着四大亟需解决的问题：（1）信息交互成本高。主体合作需要数据共享与流转的支撑，但由于企业间数据孤岛严重、隐私保护阻碍数据共享，导致企业间信息交互成本较高。（2）可追溯能力弱。基于交易合同的创新合作无法保证合作方所提供的产品信息等数据绝对真实可靠。（3）动态适应性差。受可信度影响，主体间交易的数据传导存在误差和作假、时效性较差等情况，在面对突发事件时难以快速识别并进行适应性方案调整。（4）业务效率低。由于主体间交互环节数字化程度不高，需要通过人工方式进行，业务与交易协同耗费大量时间。

　　一方面，将促进多主体合作视为搭建绿色技术创新组织体系的一项重要内容，从创新合作的组织模式和网络治理视角出发构建多主体合作体系。首先在政府规制约束下明确创新资源聚集、利用和配置效应对多主体创新合作的影响机理，研究创新人才、设施、资金和信息等资源的市场化配置；并借助 5G、大数据、云计算和区块链等先进数字化技术，对信息资源网络赋能，搭建绿色创新动力体系。进一步，针对目前多主体的技术创新合作模式单一、各主体发展目标不一致等问题，分析影响多主体合作效率的关键因素及其作用机理；借鉴国际先进创新体系和科创网络的建设过程，设计适用于中国国情的多主体绿色技术创新合作模式，重点关注基于项目合同、企业横向竞合联盟、网络纵横集群和基于区块链合作等创新模式。

　　另一方面，科创平台在多主体创新合作网络中作为资源共享的对接、匹配与服务平台，在优化资源配置、提升大型设备利用效率、加大研发专利产出、提高成果转化效率等方面发挥关键作用。近年来大数据、云计算、区块链等技术的兴起推动科创平台服务模式向着数字化、敏捷化、集成化、智能化趋势不断变革升级，不仅可以依托实体型科创平台进行绿色技术的创新研发、技术孵化与产业转化，还可以基于智慧云平台打造以绿色技术创新场景应用的共享、共赢、共用的虚拟平台。

　　第三，制度建设、政策设计和效果评价。

绿色技术创新的举措都应在相应的政策框架和规制环境下实施完成，因此，绿色技术创新体系的构建需要设计完善的政府激励性制度、环境规制、引导规范性制度和开放合作性制度。市场导向下的绿色技术创新，在先发国家已有一些相对成熟的经验。首先对先发国家激励政策、专利制度、环境规制和国际合作等进行比较研究，总结成熟经验并根据中国国情进行分析提炼，形成借鉴思路；然后，在对相关理论与方法研究基础上，提出推动我国绿色技术创新体系构建的政策和规制体系，探索基于区块链技术的政策执行监管制度，建立健全绿色创新制度保障体系。

设计政府的制度政策与规制体系可以为绿色技术创新提供动力和约束力，制度保障力度不同，对绿色技术创新的推动作用也不尽相同。因此，模拟不同政策组合状态下的绿色技术创新对企业、行业、产业链转型升级推动作用，从中选取最适宜的政策组合与规制设计十分重要。同时，考虑到不同企业与产业转型要求的异质性，政策与规制需要根据发展状况做适时的调整。

第二节　绿色创新体系的内涵特征

在绿色技术创新的发展目标协同化、创新主体多元化、创新成果市场化的背景下，对绿色技术创新体系构成维度的内涵和其组成要素进行理论界定，并运用大数据分析技术，预测绿色技术供需态势。在此基础上，从绿色技术创新测度的内涵界定出发，讨论绿色技术创新指标体系的内在逻辑关系与测度方法，阐述绿色技术创新测度的应用，为后续研究提供理论与方法支持。

一、绿色技术创新体系内涵

绿色技术创新体系应以市场为导向、政府为辅助，以绿色生态为目标，以政府规制为约束，以企业创新为主体，以科创平台为载体，推进"产学研金介"科创网络的深度合作创新，实现科创基础设施共享，搭建全产业链的资源配置体系、知识技术体系、组织合作体系、运行服务体系、政策保障体系、产业实践体系，以期建构服务业务高质、资源配置高效、成果转化顺畅的绿色技术创新体系。

首先，强调绿色技术创新全生命周期管理指导思想。采用 LCA 过程分析法，将产品设计、生产、消费、回收利用等环节所涉及的绿色技术创新度综合以形成动态评价指标，从系统整体的角度出发对绿色技术创新效果进行测度。

其次，观察我国重点战略区域的绿色技术创新效率的空间格局，进一步探究创新效率的内在驱动机制，以及绿色创新所创造的环境效益和经济效益，结合区域间的自然资源禀赋、生态环境禀赋和技术条件进行分析，为不同地区向绿色转型升级研究提供理论支持。

最后，基于逆全球化和"一带一路"的背景，研究园区（集群/联盟）的绿色技术创新竞争力，从创新投入、创新活力、创新转化三个维度，探寻关键组织关系与作用机制，从而确定园区（集群/联盟）组织的绿色技术创新效率及扩散效应。对比国际与国内集群/联盟组织绿色技术创新效率，借鉴先进经验并基于中国国情做出适应性改进。

二、绿色技术创新的指标体系设计

遵循选取评价指标体系的可行性、科学性、前瞻性、动态性、相对性原则，采取定性与定量指标相结合的方法，在收集与整理国内外技术创新相关文献的基础上，设计由区域、园区（集群/联盟）、企业三个层面构成的绿色技术创新指标体系，各层面的绿色技术创新指标的界定如下：

1. 区域绿色技术创新指数

在全生命周期视角下，考虑产业链不同环节对环境的影响，绿色技术创新指数可以借助生命周期评价法的可追溯性，对产业链上游-中游-下游各环节的绿色度进行测量。采用生命周期 LCA 法在重点产业链从最初原材料的获取和加工、产品的生产销售到最后产品报废被处理全过程对环境的影响进行评估。

在空间交互效应视角下，不仅要考虑产业链的绿色技术创新度，还要考虑产业相关区域的绿色技术创新水平。区域层面绿色技术创新效率与区域社会经济基础密切相关，区域绿色创新指数借助 SBM-DEA 效率测量模型，考虑技术的"绿色度""创新度""市场导向度"，从绿色创新投入、创新效益产出、经济效益产出、绿色效益产出、绿色产品市场开拓五个维度对重点产业与重点战略区域的创新绩效进行测度。可利用熵权 TOPSIS、密切值法，根据《中国统计年鉴》《中国科技活动统计年鉴》《中国高技术产业统计年鉴》的相关统计数据测算区域绿色技术创新指数。在此基础上借鉴绿色指数创新的测量方法，提出测度模型，从而构建区域层面绿色技术创新指数，进而确定全产业链上影响绿色技术创新的关键点，为区域向绿色转型升级研究打下基础。

2. 园区（集群/联盟）绿色技术创新指数

在创新技术为核心的新技术革命推动下，市场竞争逐渐由企业间的竞争演变为产业集群、企业联盟间的竞争。国际上，以德国为代表的集群组织"It's OWL 集群"是世界级智能制造产业高地、德国工业 4.0 技术应用的主引擎，直接影响德国及整个欧洲制造业升级；美国半导体联盟 SEMATECH 秉持着改善工业基础设施、制造过程、工厂管理的全生命周期管理思想，通过合作研发来实现战略目标。我国则以工业园区和高新区作为产业集群和企业联盟聚集地，有效聚集同类型或上下游配套企业，依托全球产业转移和相应优惠政策，推动经济的快速发展。

园区（集群/联盟）创新技术相关研究主要集中在两方面：一是利用"钻石模型"，从规范、定性角度综合分析集群/联盟的竞争力和组成因素间的相互作用关系，进而对集群/联盟进行综合评价；二是通过构建集群/联盟竞争力评价模型，定量演算分析集群/联盟相关统计数据；其中最典型的分析集群/联盟竞争力的 GEM 模型由三要素六因素组成，三要素包括："基础（Groundings）-企业（Enterprises）-市场（Markets）"；六因素包括：资源、设施、供应商与相关企业、厂商的结构与战略、本地市场、外部市场（刘友金，2007），可有效反映园区（集群/联盟）的市场导向程度、资源投入-资源产出的绿色度以及创新参与主体间的活跃度。

因此，立足全生命周期管理思想，以提炼绿色技术创新效率中的"创新绿色度""市场导向度""技术创新度"为目标，采用 GEM 模型从绿色技术创新体系的创新投入、创新活力、创新转化三个维度，运用熵权 TOPSIS 法识别关键因子，进而构建园区（集群/联盟）绿色技术创新评价指标，例如：通过市场开放程度、绿色技术产品需求等指标刻画"市场导向度"，采用企业联盟竞合减排量及产业集群节能水平等指标刻画技术的"绿色度"，利用知识转移、绿色技术专利等指标刻画技术的"技术创新度"。同时，在识别绿色技术的基础上，通过对绿色技术创新因素评分或赋值，评价园区（集群/联盟）绿色技术创新竞争力，进而对国际和国内相似园区（集群/联盟）进行比较研究。

3. 企业绿色技术创新指数

在明确绿色技术创新指标体系的总体思路和设置原则的基础上，从资源属性、能源属性、环境属性、品质属性等多个维度，通过访谈论证筛选、文献研究萃取、国外经验借鉴、国内条件分析，利用灰色关联分析的方法定量筛选出绿色技术创新投入、绿色技术创新产出作为大类指标，并在大类指标下对小类指标进行测量与统计。借助大数据技术提高数据分析的效率和准确度。利用改进层次分析法测量每一层级因素的相对权重，明确区分不同层级之间的关系，转化为对应的企业绿色技术创新水平评价指标体系。

三、绿色技术创新指数的测度方法

1. 评估区域绿色技术创新度

熵权 TOPSIS、密切值法广泛应用于评价区域绿色创新能力，强调从创新系统发展的角度，构建传统工艺、清洁生产技术创新、绿色产品创新和绿色产业转型升级四个阶段，体现了绿色技术创新系统不断完善、成熟发展的过程（赵少飞等，2020）。熵权 TOPSIS 法中，熵权客观体现指标在指标体系中的权重，同时反映指标权重随时间变化的规律；TOPSIS 法则通过测算方案与最优解和最劣解的相对距离，对评价方案进行优劣排序。密切值法结合各指标的权重形成综合的评价，提高技术创新评价的可靠性，适用于区域评价研究（黄晓杏等，2019）。

立足全生命周期的视角，从区域创新体系效率的内涵入手，在区分各区域绿色技术保障能力、绿色技术投入能力和绿色技术产出能力的基础上，构建区域层面绿色技术创新评价体系。根据《中国统计年鉴》《中国科技活动统计年鉴》《中国高技术产业统计年鉴》等获取关键数据，并采用熵权 TOPSIS、密切值法进行排序，形成不同区域绿色技术创新度序列。

2. 评估园区（集群/联盟）绿色技术创新度

由于园区（集群/联盟）创新是嵌入在当地社会经济文化环境中，空间差异和地理邻近性是决定并影响园区（集群/联盟）创新绩效的关键因素，因此引入空间统计莫兰（Moran）指数法，检验技术创新产出在地域上与园区（集群/联盟）的空间关系。同时，通过建立横截面数据计量模型，能有效解决数据在空间上表现出的复杂性、自相关性和变异性等问题。因此，可通过构建主成分分析法（PCA）、包络数据分析法（DEA）和莫兰指数相结合的绿色技术创新评价模型，依据区域经济相关数据的可得性，同时考虑绿色技术市场导向程度、园区（集群/联盟）创新主体间协同度、园区（集群/联盟）创新投入-产出等指标，进而构建园区（集群/联盟）绿色技术创新效率测度指标体系。

3. 评估企业绿色技术创新度

企业绿色技术创新能力是产业绿色技术创新的重要组成部分，而企业的绿色创新评价研究具有指标体系层级多、指标类型多，处理数据量大、定义模糊等特点。首先，通过应用访谈论证筛选、文献研究萃取、国外经验借鉴等研究方法，初步确定指标内容并进行论证。其次，在考虑不同层次和同层次指标之间的关联度的基础上，采用AHP法，用模糊集合代表模糊指标，最终结合专家的意见确定指标权重。在评价指标标准值的确定上，遵循指标选取的系统性、全面性、可操作性和代表性原则，采用非径向、非角度的SBM-DEA模型，该模型可以充分考虑创新输入和创新输出的松弛度，同时借鉴国外度量经济效益和生态效益的指标和方法，针对不同类别、不同标准的企业资金能力、自主创新研发能力、生产制造能力和排放量进行测算。

四、绿色技术创新指数的应用和检验

绿色技术创新测度要利用大数据技术，建立多维、全面的绿色技术创新测度指标体系。运用生命周期（LCA）、熵权TOPSIS、密切值法、AHP、SBM-DEA方法、PCA-DEA法与莫兰指数，在不同层面观测绿色技术创新效率水平及影响因素的基础上，按照指标标准值与级差值，完成对绿色技术创新体系特点、绿色技术创新影响因素的综合评价。具体应用涉及以下三个方面：

1. 区域绿色技术创新水平及分布特征分析

绿色技术创新水平应从绿色效应、经济效益、市场开放程度等方面进行统计和测算。通过对绿色技术创新效率的测度，观察整体绿色技术区域分布特征，客观评价重点区域绿色技术创新体系的绿色技术水平。首先，我国区域生态保护和污染防治呈现跨区域、多污染源等特征。因此，在测量区域层面绿色技术创新水平时，需要考虑跨区域联动协同作用，为促进区域间横向生态补偿、流域污染治理提供理论支持。其次，考虑不同经济发展区域间的自然资源禀赋、生态资源禀赋、技术条件能力上的差异，以及区域间产业的关联性、技术的溢出效应，为提升区域内和区域间绿色技术创新效率提供支持。

2. 园区层面（集群/联盟）绿色技术创新效率及竞争力分析

园区作为地区企业聚集地，借助产业集群、企业联盟有助于提升区内企业整体绿色技术水平。在逆全球化背景下，测度世界顶级产业集群和企业联盟在绿色技术创新方面的效率及竞争力。首先，通过对集群/联盟绿色技术创新水平的跨国对比分析，为判断国内园区（集群/联盟）绿色技术创新国际格局、提升创新效率提供依据。其次，依托我国高新区、经开区等产业与企业聚集特征，选择重点产业园的绿色技术创新水平进行测量并进一步分析园区（集群/联盟）的关联与辐射作用。最后，通过对国家园区（集群/联盟）绿色技术创新模式的分析，判断不同园区产业特征，为探索构建绿色技术创新示范区的方式与路径、转变园区职能提供支持。

3. 企业绿色技术创新评价及贡献分析

在全生命周期管理思想下，重点评价拥有较多资产的绿色技术创新龙头企业、有能力创建国家绿色企业技术中心的企业和绿色技术创新企业。通过比较分析判断出"牵一发而动全身"的重点企业，对其绿色技术创新投入要素、自主研发绿色技术创新能力等进行系统性评价，为提升这些企业绿色技术自主创新能力、提高创新成果转化效率、实现绿色技术创新体系的良性循环提供理论依据。

第三节　绿色创新的多主体协同体系构建

多主体间通过基于市场交易的绿色技术溢出与共享方式，是目前多主体创新中最常见的初级形式。为提高绿色技术创新能力和转化绩效，企业以市场需求为导向开展技术创新活动，在这个过程中，利用自身优势获取实时的需求信息，并以需求为导向进行技术创新研发等活动，由企业自主选择融资渠道和科研单位进行合作，或通过中介机构寻求合作，如直接购买科研机构的技术研发成果、向银行借贷或融资。通过签订交易合同，转移技术、人才和资金等资源，并在研发完成后各主体在合同年限内以约定的比例分享收益。基于交易合同的多主体合作不协调的问题会导致创新体系效率低下，难以实现多方联合共建、促进技术创新水平进步的可持续发展目标。因此，多主体合作模式设计必须贴近实际，通过建立制度与保障体系来协调，进一步提出基于项目合同的创新合作模式。

一、基于项目合同的创新合作

项目是为完成临时性、独特性任务并满足其各利益相关方的需求而构建的社会网络，协同创新项目是为完成科学技术类创新任务，由不同体制内的多主体协同参与，为满足各利益相关方的需求而构建的创新合作模式。构建基于项目合同的创新合作模式，以项目为协同创新的载体，并进行多主体协同创新网络治理，探讨"产学研金介"等多主体在协同创新项目中的作用，找到多主体协同创新项目的治理结构与路径，为多主体协同创新战略的实施提供参考与借鉴。

以项目合同为基础进行的多主体合作，能使其在能力优势上互补，如政府关注项目的长期效益，为基础研究项目提供资金，为研发培养人才；而产业界关注项目的经济效益，能捕捉市场与顾客需求；科学界关注研发项目的原始创新，不仅能提供人才，还能为应用研发项目提供技术与智力支持。但是，技术创新合作参与的多主体的性质不同，仅依靠政府或市场单方的资源配置功能，都无法实现多主体的协同，需要进行协同创新治理。

基于项目合同的多主体合作利益相关方众多，关系结构复杂，创新目标明确，本节以项目为载体，以项目治理理论为指导，首先成立项目办公室进行项目管理，在项目进行的各个阶段对协同研发实施治理，为解决多主体协同创新战略实施问题提供新思路；其次，根据企业数据对项目合作进行实证分析，明确项目的组织结构、治理结构、项目人员组成、合作伙伴的选择、合作伙伴的权责平衡等影响创新绩效的关键因素。加强知识产权管理，为了保证多主体在创新项目中利益的实现，管理知识产权，获得合作伙伴的产权许可和承诺是首要任务。明确约定项目成果的所有权，在项目开始前明确所有权，以避免项目开始后出现冲突。政府制定科学界人才培养与动态流动政策，鼓励科学界中与应用研究结合紧密的科研人员加入研发中心，从事共性技术、前瞻技术的研发和服务，与企业紧密合作，面向市场需求进行创新。

二、横向竞争式联盟合作

随着技术创新复杂度的提升和迭代速率的加快，一方面，企业间开放合作成为大势所趋，联盟关系对提升企业绩效和持续竞争力的作用逐渐凸显。另一方面，在日益开放的商业生态环境中，任何一家企业都已不能仅仅依赖于某一特定联盟关系而生存和发展，而是要同时建立多个联盟关系来实现资源获取、风险控制和战略扩张等目标，即构建企业间竞合联盟合作模式。

横向竞争联盟式合作下，产业间的同类竞争企业追求深入合作，共同建立联盟以提高基础、共性技术创新能力，多主体间形成联盟网络的规模越大，越有利于获取丰裕度较高的知识资源。基于联盟治理机制视角，通过利用网络规模的扩大实现知识资源的规模增加，实现创新绩效的增长。联盟网络是企业与不同联盟伙伴缔结的网络关系，构建联盟网络有助于获取依靠单一主体难以实现的利益。识别企业将因实施联盟战略而获取的外部资源与内部资源进行有效整合过程中的瓶颈，设计提高竞争优势和创新绩效的有效路径。转型经济新时期，技术和市场存在高度不确定性，此时资源拥有者通常不愿意为其竞争企业提供资源，依靠市场机制获取资源的途径不再适用。因此，提出依靠政府制定相应的政策以激励企业形成联盟合作模式共同应对创新风险。

三、纵横网络集群式合作

纵横网络集群式合作模式是一种革命性的枢纽型组织，它不同于政府、企业、高校和研究机构、金融机构所构成的产业技术联盟组织，能够把各种组织整合在一起，特别是工业园区把具有竞争关系的企业通过研发合作组成创新命运共同体，是连接政府和市场的强有力的纽带。

进入 21 世纪以来，美德日等发达国家纷纷提出各自的集群网络战略和计划，将先进制造业集群作为提升自身国际竞争力和影响力的主要手段，通过政府引导和支持来促进本国优势产业集群向世界先进水平迈进。首先，基于借鉴发达国家先进的集群发展经验，构建适合中国发展情况的纵横网络集群式合作模式。网络集群合作模式是政府与市场、社会高度合作的产业组织形式，能弥补市场和政府在创新驱动发展中的不足与缺陷。其次，通过对网络集群合作相关文献进行整合，指出创建跨机构、跨区域、跨部门的网络集群合作模式是技术创新的关键所在。传统依靠政府、园区的组织模式需要改变，建立高度专业化的先进制造业集群组织，发挥网络集群组织在市场和政府之间的联动作用，为中国特色新型经济发展开辟新的战略方向。

基于政府政策辅助治理视角，首先，提出从国家战略高度制定连续性、系统性、演变性的集群计划，给予集群计划多层次、连续性的支持。考虑区域、产业的生命周期，制定好产业集群计划的阶段性目标，重视对集群计划的质量评估与动态监管，以保持计划的系统性和先进性。其次，重视政府引导与市场主导相结合，既强调企业主体地位、政府退出前台，又强调在特定领域更好发挥政府作用。政府注重整合各方资源和力量，突破创新发展的基础瓶颈。结合市场导向，推动企业探索新的组织和运作模式。

四、基于区块链的网络合作

多主体间的技术创新合作过程复杂，纯市场竞争性交易创新模式存在明显缺陷，多主体间的不协调问题不能被彻底解决。多主体创新体系的运行是否良好取决于主体相互协同作用的结果，同时受信任等因素的制约。基于文献梳理、实证调研和理论分析，结合先进信息技术手段，提出利用区块链技术，化解创新网链痛点。

区块链技术一方面可以解决资源分配不协调问题。多主体在合作过程中的信息不对称，使资源闲置和浪费的情况并存。借鉴区块链的网络治理技术，进行监督和协调，消除信息壁垒带来的弊端。另一方面，能够化解目标冲突与策略匹配问题。如企业以市场为导向重视盈利，而高校更注重对高科技人才的培养和技术创新的突破，这与企业追求科研成果转化的"短平快"相悖。应用区块链技术的互信机制，借助收益共享契约理论，设计合理的利益分配或成本共担机制，规范化交易合同。通过区块链技术收集企业合作创新的各自贡献、技术、知识产权等数据或信息，建立集体维护、不可伪造、可以溯源的合作机制，规避合作创新中的知识产权纠纷，从而化解网络化创新合作的运作不协调问题，提高多主体的创新合作效率。因此，提出建立区块链联盟模式，以解决隐私安全保护、信息可溯性、数据真实性和流程处理效率等问题，提高多主体技术创新合作的效率。

五、科创网络创新合作协同机制

为提高绿色技术创新能力和转化绩效，以市场为导向、政策为辅助，设计促进多主体间创新合作的科创网络合作模式建设方案。机制不顺和功能不健全等问题，制约着技术创新合作的效率和影响力，不仅导致多主体间的合作效率低下，更使多主体合作模式难以突破地域局限，发展区域内合作乃至国际合作。为此，设计针对科创网络的有效治理和协同机制，提高网络运行效率并解决异化行为，从而提高绿色技术创新能力和成果转化绩效。

首先，科创网络多主体间的治理机制设计。借鉴新经济社会学理论和公司治理理论，基于对企业等主体的年报、问卷、访谈等调研数据，搭建经济契约的链接纽带，设计"权利配置，信任关系，监督协商"的治理机制，构造"政府法治、企业自治、多方共治"的权利分配架构；协调多主体合作、合理聚集并整合资源，保障科创网络稳定高效运行。其次，科创网络区域间的协同机制设计。应用网络经济、共享经济、双边市场定价机制和契约理论，基于年鉴统计中的产业和集群相关数据，设计不同区域内各主体的利益分享、成本共担等契约机制；规范科创网络下区域间合作的交易流程，降低道德风险和机会主义行为，充分发挥网络资源聚集和利用效应，实现多主体合作协同发展。最后，科创网络的国际化合作机制设计。基于"一带一路"国际发展新政策和全球化发展趋势，构建与优化国际化科创网络合作机制，明确影响其跨国合作与创新效益的关键因素，利用实际数据并结合各国国情，构建技术创新合作网络并进行优化分析；通过设计协调利益冲突的契约机制来构造和维护多主体创新合作，为全球创新合作网络的组建奠定基础。

六、创新合作网络治理机制

新形势下我国经济转型升级路径已经无法依赖简单的创新合作实现，需要利用科创网络运行效率强化自主创新，并进一步通过科创网络治理，提高多主体间创新合作的效率。通过剖析科创网络治理现状，发掘制约技术创新能力提高的关键因素在于科创资源分配不合理、网络效应发挥效率低下。同时，网络治理机制不成熟、技术服务人员分配不合理、政策落实不到位、相关考核和激励机制不健全、评估体系和政策服务欠缺、先进技术融合不足等问题都导致了网络内部管理效率低下。针对上述问题，需从以下方面着手进行网络治理机制设计：

首先，科创网络高管团队治理。科创资源是人才、设备、技术的有机结合，科创网络管理团队除了配备和普通企业一样的各类人才之外，更重要的是要配备具有综合学科知识、专业技能、洞悉国内外学术前沿的高、精、专的人才团队。为此，科创网络管理团队应与高校和科研院所建立长期合作关系，在其引导下清晰定位创新合作方向。其次，科创网络资本结构动态治理。科技创新一般会受到资金短缺的制约，科创网络以企业或科研机构为发展重心，吸引政府和社会资金进入，动态调整资本结构和治理策略。结合政府补贴政策、资金进入和退出的时机和方式，动态调整科创网络资本结构并设计相应治理机制，从而实现可持续发展。最后，科创网络合作激励机制治理。影响网络成效的关键因素，包括：转化绩效、科创政策、发展策略、整合能力、协同能力、创新资源、网络结构和网络关系。设计提高科创网络创新合作绩效的机制框架，借助一系列治理机制，如服务定价、分成契约、权利配置、监督协商等，抑制投机行为，维护网络稳定运行，从而保证网络经济利益与社会效益最大化。数字化驱动科创网络的创新合作，互联网等数字技术、在线业态迅速发展，数字化技术凭借其精准的需求预测、多点协同、巨大市场容量等优势，使5G、大数据、物联网、云计算和区块链等技术成为多主体创新合作转型发展的有力助攻。

第四节　科创平台助力绿色创新资源配置

本节以科创平台以及平台多方参与主体为研究对象，探究绿色创新资源如何依托科创平台提高市场化配置的效率，以科创平台为核心重构绿色创新市场化运行体系：首先探讨基于科创资源共享的科创平台运营模式，对比分析不同模式间的共性与差异，进而提炼基于现实情境的科创平台运营模式特征及内容。其次从平台需求端出发，以用户类型异质性引发的服务需求异质性为研究视角，考虑基于用户关系紧密度的科创平台资源共享收费模式，首先按照用户类型区分计时制和会员制收费模式，再按照用户所选服务类型区分固定费率和变动费率收费模式，通过设计市场化运作的科创资源收费体系以实现资源市场化条件下的最优配置。最后从平台供给端出发，以资源整合实现效用最大为研究视角，将闲置设备商作为科创平台资源供给的重要补充渠道，基于双方之间的委托—代理关系探讨规避道德风险、实现利益互联的激励契约设计，并通过适当引入政府补贴提升主体合作意愿，巩固科创平台资源自有与资源托管的协同运营模式，进一步提升科创平台市场化运作下的绿色资源配置效率。

一、基于科创资源共享的科创平台运营模式

科创平台通过集聚国家科技创新资源，在科学研究与技术转化等创新活动之间发挥桥梁作用，其主要职能在于利用平台化运作实现科创资源整合，并通过科创资源共享提高研发专利的成果产业转化率。由于科创平台购买大型科研设备的自有资金规模有限，因此其运作模式需要在科创资源自有和科创资源托管间进行合理平衡，对其运营模式的探讨十分必要，可从以下角度展开：

首先，提炼资源共享视角下一般服务型平台的主要运作模式并进行特征归纳；以此为基础，重点结合有关科创平台的研究文献及政策意见，从理论层面概括科创平台基于科创资源自有及科创资源托管的协同运营模式，并基于网络外部性视角分析两种运营模式的差异性与互补性。

其次，通过实地调研上海石墨烯产业技术功能型平台、临港科技城以及松江 G60 科创走廊等典型科创平台企业，对平台管理者及利益相关方代表进行访谈；以此为基础，对访谈笔记进行关键字提炼，依据问题编码采用扎根理论分析识别科创平台当前采取的运营模式、现存问题及潜在诉求。

最后，将调研科创平台实例所得的成果与理论分析概括的运营模式相结合，沿用双边平台下典型的网络外部性视角，对科创资源自有模式与科创资源托管模式的并存进行可行性分析，并通过进一步完善总结，提炼并确立基于案例论证支撑的科创平台协同运营模式体系。

二、科创平台资源共享收费模式设计

科创平台的用户作为科创资源需求方，依据与平台关系的紧密度强弱可被划分为两种类型：松散型和紧密型。用户类型的异质性必然引发服务需求

的异质性，为此有必要考虑针对不同用户类型的科创平台资源共享收费模式。首先按照用户类型区分计时制和会员制收费模式，在此基础上按照用户所选服务类型区分固定费率和变动费率收费模式，并在需求异质性增长趋势下进一步拓展众筹融资的代币收费制，以此设计并完善市场化运作的科创资源收费模式体系，助力实现绿色创新资源的市场化配置。

（1）计时制和会员制收费模式

科创平台的松散型用户关系紧密度较低，与平台的合作交易具有一次性特征；反之，紧密型用户关系紧密度较高，与平台之间存在反复交易。首先考虑基于用户类型的收费模式设计：

计时制收费模式：计时制指科创平台针对每种类型的科研设备制定单位时长收费标准，并依据用户使用设备的总时长计算其所需缴纳的费用。计时制作为一种应用广泛的收费方式，常见于上网宽带、电子停车等传统服务场景，以及共享单车、共享充电宝等新兴服务场景。相比计次收费等其他收费方式，计时收费更适用于总量相对稀缺的公共资源。计时制收费类似收取交易费的平台收费模式，本质上属于可变收费的一种类型。计时制下，科创资源需求方无需预先支付一笔门槛费作为使用平台共享设备的前提，而是可以直接获得设备使用权并依据使用时长支付相应费用。由于该模式下用户不存在转移时的沉没成本，因此与平台的合作关系较为松散。计时制将决策自由更大程度地赋予用户，故对科创平台而言并非长期最优选择。正因如此，计时制更适用于对科创平台设备共享"跃跃欲试"的初次用户。然而，科创平台在多大范围、多长时间内为用户提供计时制收费模式，有待进一步探索。

计时制模式下，科创平台存在两项重要任务。一是合理制定单位收费标准，针对不同类型的科研设备，结合其购买成本、使用年限、计划折旧、预期残值设定单位时长收费标准，在提高设备共享频次和延长设备服务年限之间寻找合理的平衡点。二是提高服务计时准确性，通过探索并借鉴物联网（IoT）技术，尝试将电子计时设备引入科创平台服务场景，让传统人工手写计时方式向电子化、标准化、自动化趋势升级，提高计时工作的精度，减少因设备过度使用而引发的额外损耗等不必要问题。

会员制收费模式：区别于计时制收费，会员制收费指科创平台针对设备服务需求频次较高的用户设计一套会员收费体系，用户先行缴纳一笔门槛费以享有会员身份，在此基础上可以凭借会员价（低于计时制下的单位收费标准）获取设备共享服务。会员制收费类似同时收取注册费和交易费的平台两部收费模式，本质上属于固定收费与可变收费结合的类型。作为营销手段的一种表现，会员制收费的最大作用在于通过外在机制提高用户忠诚度，进而帮助企业培育永久型顾客。从交易成本及信息经济学角度而言，会员制还具有信号传递和身份甄别的功能，选择会员制收费方式的用户自动与选择计时制收费方式的用户区分开来，既有利于平台对不同类型用户进行有效的身份甄别，又能为用户减少信息不对称引发的交易成本。用户选择以会员制收费模式与科创平台进行设备共享合作，通常本身具有一定的设备需求量，并且预计选择会员制的平均成本低于选择计时制的平均成本，即满足自身的激励相容约束（IC）。由于以支付注册费为前提，因此会员制收费相比计时制更能有效抑制用户的多归属行为，帮助科创平台培育并锁定忠实用户群。

会员制模式下，科创平台同样面临两项重要任务。一是入会会费的设置，若会费水平过低，则所有用户都有动机注册成为平台会员，从而导致会员制背后的信号传递机制失灵；反之若会费过高，即便具有一定设备需求的用户，考虑综合成本后也未必选择入会，导致关系紧密度差异较大的用户享受的长期待遇并无差异，不利于平台对忠实用户的识别、培育及巩固。二是会员收费标准的确定，会员收费标准的高低决定了用户选择会员制的意愿强弱，根据激励相容约束，只有当用户选择会员制的平均成本低于计时制下的单位收费标准，用户才有动机注册成为平台的会员。会员收费制度下，平台若能为会员用户提供更优质全面的配套服务，也将成为吸引用户注册入会的关键因素。

（2）固定费率和变动费率收费模式

由于科创平台的用户类型存在异质性，用户对科创资源的服务需求也存在异质性，这将使得用户所选服务类型表现出异质性。为此，在考虑用户类型异质的基础上，进一步考虑科创平台基于用户所选异质服务类型的收费模式设计。

固定费率的一步收费制：固定费率的按次收费制指科创平台仅提供设备共享基础服务，并针对设备资源设置固定的单位/单次收费标准，用户按照设备使用时长/次数向平台支付费用。该收费模式主要针对用户需求结构化、服务类型标准化、所需设备复杂度低且操作难度小的服务场景，平台仅提供相关设备和场地，由用户借助设备自助式完成所需服务，最后按照固定收费标准向平台支付相应费用。在这一收费模式下，用户本身需具备一定的设备操作知识与技能，并在使用完成后将设备还原至平台初始借出状态，因此对用户综合能力提出一定要求，而平台除设备供给外无需投入额外努力。

变动费率的分步收费制：变动费率的分步收费制指科创平台同时提供设备共享的基础服务和代理操作的增值服务，并分别针对设备资源设置固定收费标准、针对代理服务设置变动收费标准，用户基于二者总和向平台支付费用。该收费模式主要针对用户需求非结构化、服务类型特殊化、所需设备复杂度高且操作难度大的服务场景。在这一收费模式下，科创平台同时承担了设备使用前的物资准备，使用中的参数调试、运行检查，以及使用后的清洗维护、状态还原等工作，这一系列平台代理服务使得用户无需相关技术储备便可通过科创资源共享使用平台持有的设备，一定程度上提高了用户借助外部设备资源进行成果产业转化的开放式创新动力。

（3）众筹融资的代币收费制

众筹融资的代币收费制指科创平台利用区块链技术向市场发行代币，创业者、企业和机构等科创资源需求方均可通过购买代币的方式为平台集资扩充设备容量，并利用所持代币币值兑换设备服务时长。该收费模式具体包含两项内容：一是众筹融资，考虑科创平台设备需求的异质性增长，利用众筹方式募集资金并用于扩充平台设备容量、提升服务效能；二是发行代币，利用区块链技术革新科创平台的服务收费机制，通过虚拟币值交易取代传统货币交易，将科创平台作为独立服务体系运行治理。借鉴区块链 ICO 发行加密代币进行融资的原理，代币可在二级市场上交易或在平台上换取科创设备服务，拟将购币者视为平台会员，涉及主导平台企业（ICO 一级市场发代币）、平台会员（购代币）、平台用户（消费科创设备服务），进行多阶段运行决策，平台用户可在每期用购买的代币兑换设备服务时间，实现大型设备资源共享。具体而言，在"众筹"阶段，平台发行代币、会员认购来筹集部分资金；之后在"建构"阶段，平台决定投入大型科创设备仪器量，设备量与运行时间决定了平台提供设备服务能力；最后在"服务"阶段，面对科创活动对大型共享设备（如中试设施）的随机服务需求，平台进行服务价格决策。借鉴随机动态规划求解其最优运行策略，并结合排队论研究科创平台的设备服务容量和发行决策。

三、大型科创设备托管机制设计

科创平台提供科创资源共享服务时，除利用自有资金购置设备外，也可对高校、科研机构及研发型企业的闲置设备实施托管，由此形成科创平台设备托管服务模式。考虑科创平台和闲置设备商的委托代理关系，完善科创平台的设备托管服务机制设计，以此实现平台托管模式的高效运作：

（1）基于委托代理关系的托管激励机制设计

托管模式下，闲置设备商作为委托方，将设备托付至平台以资源共享形式代为运营；科创平台作为代理方，利用上述设备对外提供服务而不具备其所有权。由于监管存在非完全性，因此需通过合理的激励机制消除道德风险。基于委托代理关系具体探讨激励机制的内容设计，科创平台与闲置设备商协商确定预期服务目标，并设置最低产出标准和服务规范准则，对超额产出部分按激励系数予以奖励，反之对缺额部分予以惩罚，一方面约束平台技术人员、规范服务过程，另一方面扩大设备托管规模、提高闲置设备利用率。

（2）托管模式下闲置设备商的收益机制设计

由于闲置设备商和科创平台达成托管协议，平台提供设备共享服务获取的收益需按一定方式分配给闲置设备商，以此巩固双方的委托代理合作关系。基于平台和闲置设备商的合作关系强度，平台可分别采取托管服务佣金制和服务收益分成制进行收益分配，前者按完成单次设备服务的固定佣金划拨收益分配额，后者则依据设备服务创收总值按比例计提收益分配额。通过深入横向对比两种收益分配方式，探讨每种方式的适用条件、适用对象和适用范围，进而完善托管模式下的可实践收益分配机制。

（3）针对闲置设备商的政府补贴机制设计

托管模式下，托付至平台的闲置设备成为平台重要的设备补充来源，该部分设备规模也是影响平台运行成效的重要因素，而政府作为领导者可通过适当的补贴机制手段调控科创平台托管设备量。因此通过对政府补贴机制的合理设计，激励设备共享服务各参与方的合作积极性。政府的补贴策略具体包括以下三种：补贴闲置设备商，直接激励更多的设备商加入平台；补贴科创平台，促使平台更好地接纳闲置设备商；同时补贴设备商和科创平台，加深双方共同合作的意愿。通过在补贴总额固定的前提下比较三种补贴方式的效果，确定政府最优补贴策略和补贴额度分配机制，进而最大化政府实施外部补贴的政策效果。

四、智慧云平台场景运营模式仿真

智慧云平台需要以区块链为基础，借鉴物联网即时采集数据信息，通过大数据进行挖掘处理，借助云计算降低中小科创企业应用门槛，应用人工智能优化算法提升创新效率。作为发展绿色技术创新的重要载体与关键核心，智慧云平台可以实现制造业智能化，为智能制造过程中的数据汇聚、建模分析、应用开发、资源调度和场景测试等提供支撑。

（1）绿色研发设计协同场景

绿色设计协同的智慧云平台聚焦围绕绿色技术产业转化过程的产品模型、生产工具的平台数据规模效应。通过智慧云平台打通企业上下游供应链的产品设计与生产数据，实现企业间的协同工作。利用区块链技术以去中心化、不可篡改、公开透明等为原则建立的共享数据库，将单个企业产品设计过程中涉及绿色技术的相关数据存储进行即时存储并上传至云端，加入区块链联盟的其他企业可直接进行数据复用，从而建立以绿色创新技术数据采集、数据挖掘、边缘计算和场景测试为技术辅助手段的绿色设计体系。此类智慧云平台需要引导绿色技术创新型企业进入平台，为企业建立数字化研发设计的协同集成平台，实现模块化设计、创新设计、绿色设计、协同设计等业务一体化服务。通过协同场景服务运营模式对基于绿色技术设计的产品生命周期进行预测，分析质量影响因素，支撑绿色产品质量的提升。

（2）绿色生产制造一体化场景

绿色生产制造的智慧云平台聚焦绿色化、柔性化和集成化制造。通过智慧云平台引导企业围绕生产能效管理、质量管理、质量缺陷检测和工艺优化模型等机理模型，形成生产制造的质量检测闭环体系。通过智慧云平台基于区块链技术的数据动态采集、技术跟踪检测、质量汇总分析、结果实时监测等特点搭建高效的数据采集、运算与解析体系，并利用从源头到产出的一系列生产数据展开建模分析，对绿色生产制造的全过程进行场景模拟与智能分析。由此智慧云平台可以集绿色精益生产、企业资源优化和绿色供应链管理等先进管理理念为一体，从供应链全局视角出发提高供应链各结点企业的协同生产能力和生产执行效率。利用智慧云科创平台对产品生产制造的全生命周期实现可监控，准确识别质量问题环节并对症解决，实现关键问题的可溯源、可控制，全方位提高绿色产品质量保障水平。

（3）跨域互联共享体系平台搭建

实体科创平台基于所拥科创资源提供共享服务，其在服务交互过程中产生的专利、知识、经验、技能等进一步扩充了科创资源的内涵外延。由于大型设备仪器等硬件移动不便，有形资源的共享必然存在一定地理限制；反之，知识、经验等无形资源则可利用大数据、区块链、云计算等先进技术打破时空局限，实现多主体协同共享。智慧云平台的资源共享优化配置优势体现在：在云端汇聚全价值链、全产业链等数据资源，建立面向研发设计、成果转化、生产制造等各场景的资源共享服务体系，提高绿色技术资源服务的适配性、灵活性和共享性，通过数据自由流动带动资源配置在全产业链、全价值链范围内的整体优化。这些均是实体科创平台无法实现的优势。通过搭建共享云平台体系，深化数据挖掘，充分释放数据的潜在价值，探索绿色技术在不同主体间的协作应用，实现数据跨领域的自由流动与互联互通，为绿色技术创新的新模式新业态提供数字化支撑。

第五节　绿色创新协同体系的保障制度机制

市场导向的绿色技术创新体系以企业为主体、市场为导向、产学研深度融合，可以充分发挥市场对资源配置的决定性作用，通过市场机制激发创新主体的积极性，弥补政府在方案选择、技术推广和研发资金投入等方面的局限，实现对整个创新链条上的资源进行优化配置。但与此同时，政府支持所产生的后发优势也不容忽视。财政分权体制下的政府行为对地区的竞争发展、环境规制和协同创新都产生重要影响。因此，新时期绿色技术创新体系的构建，取决于"有效市场"和"有为政府"的同时作用，必须正确处理好政府与市场的关系。

一、绿色技术创新制度体系的特征识别

随着社会经济的不断发展，国家竞争的焦点已由产品竞争转向生产要素

竞争，进而深入到科技创新的竞争。科技创新体系的构建，依赖于"有效市场"和"有为政府"的双重作用。作为对技术创新的拓展和提升，绿色技术创新是当前经济高质量发展的必然要求，是生态文明视域下技术创新的崭新形态。在经济发展新时期，绿色技术创新的制度供给是一项复杂的系统工程，但当前已有的研究并没能就形成统一的制度安排达成一致，通常激励制度、交易制度、法律保障制度等都被大家所关注。在我国的绿色技术创新体系构建探索阶段，仍存在一些制度障碍。对我国的绿色技术创新市场发展现状进行剖析，深入分析绿色技术创新制度体系的制度结构内涵和制度结构特征，能够为绿色技术创新制度保障体系的构建提供理论支撑。

二、绿色技术创新制度体系的构建

1. 绿色技术创新的市场引导机制

为促进绿色技术创新的高质量发展，厘清发展目标，发挥政策与资金对关键产业、关键主体、关键技术的针对性作用，政府可发布指导目录作为绿色技术创新发展的标准与基石。利用文献研究萃取、专家访谈、实地调查和样本统计等研究方法遴选具有长期发展前景的绿色产业，并利用聚类分析、相似匹配等大数据分类方法，细分产业目录，进一步完善绿色产业目录；采用国际比较、价值综合评估等研究方法拟定技术推广目录与技术淘汰目录，调整市场绿色技术创新发展的导向；采用比较案例分析、实地调查等方法优化绿色技术投资标准行为准则，规范绿色技术创新金融市场，减少各主体间的利益冲突与风险；利用比较分析总结不同类型环境规制对绿色技术创新的激励作用，并与中国特有的体制特点结合，为绿色技术创新的发展确定方向，并拟定适用于不同创新阶段的规制工具组合。

2. 绿色技术创新的市场激励机制

市场导向下为促进绿色技术创新，政府需利用政策工具进行激励，避免市场失灵。（1）绿色技术创新的政府补贴机制。分析不同类型企业的有效差异化补贴额度，帮助政府建立合理的企业补贴力度核准制度体系，避免补贴过多使企业绿色技术创新边际作用下降；利用机制设计理论，设计考虑企业将本来用于研发活动的资金转投其他项目的道德风险行为的政府补贴机制，减少政府补贴对企业绿色技术创新的挤出效应。（2）绿色技术创新的政府税收体系。政府应进一步完善税收政策的具体设计，根据不同的企业技术创新投资的不同阶段设计适当的税收优惠政策以推动绿色技术创新，并分析不同税收工具的适配行业特点，规避税收扭曲的负面影响，更好地发挥税收杠杆的调节作用。（3）绿色技术创新的公共采购制度。政府需落实绿色采购制度要求，督促采购人严格执行节能环保强制采购和优先采购政策规定。（4）绿色技术创新人才的体制机制。建立与绿色技术创新发展相适应的人才计划、人才流动体系，建立有利于培养绿色技术创造力和创新精神的高等教育制度；优化科技人员薪酬制度与评价制度，并运用情景模拟对不同人才组合政策进行演练，利用组合政策促使人才优势转化为技术创新优势。（5）绿色技术创新的收益分配政策。对绿色技术创新市场的收益分配方案进行优化，秉持收益共享与风险共担原则激发市场创新活力。

3. 绿色技术创新的开放合作机制

绿色技术创新的市场化发展涉及多个主体的参与，政府需要设计开放的多主体合作机制，促进协同创新，加深国际交流。（1）绿色技术协同创新治理机制。建立协同创新风险共担机制，并引入第三方利益协调机构，建立完善的冲突协调机制与风险补偿机制，促进"产学研金介"的高效协同发展；利用不完全信息博弈理论考察政府参与协同创新中的企业"寻租"问题，设定相应约束机制避免企业管理者的道德风险问题，加强引导政治关联对绿色技术创新的正向激励作用。同时，为解决协同创新涉及的跨区域利益分配问题，建立跨区域财税转移补贴机制，依据成果转化贡献率，分配资源共享带来的税收收入，设计分成激励机制保障各协同主体的收益，达到促进不同区域政府部门合作、增强跨区域创新效率的目的。（2）国际绿色技术创新合作机制。推进绿色技术创新在供应链各个环节的发展与合作，加强绿色供应链国际合作与示范，带动产业链上下游采取技术创新手段，提高供应链的合作效率与生态能力。通过"一带一路"倡议、上海合作组织、中国-东盟等区域合作机制、南南合作，以及亚洲基础设施投资银行和金砖国家新开发银行，推动各国社会大众对绿色技术创新的投资作用，并通过大数据收集不同地区民众的投资意向，发展有针对性的区域性技术合作联盟，促进合作共赢。

4. 绿色技术创新的市场服务机制

绿色技术创新服务的发展能够激发创新活力，政府可利用平台服务集成性、互动性、资源共享性，促进技术、资金、人才等要素的高效融合，提高技术创新能力与成果转化效率。（1）构建并完善技术创新平台、成果转化交易平台、绿色资源共享平台。采用国际比较、案例分析，考察以美国、欧盟、加拿大等为代表的政府引导型共性技术创新平台建设模式和以日本、韩国为代表的政府主导型产业共性技术创新平台建设模式的优劣，并根据全国各地产业集群实际情况、实际特点来选择创新平台的治理模式，制定针对性的平台战略发展计划；通过实地调研、扎根理论分析刺激企业开展成果转化与产业化的政策、环境规制手段，基于传统成果转化交易模式，融合平台服务的特点，构建成果转化交易平台、绿色资源共享平台，利用平台交易模式提高绿色技术资源、绿色技术创新成果的供需匹配与协调交流，实现绿色创新技术的高效转移。（2）跨区域平台服务激励机制。由于部分绿色技术创新资源难移动、成果转化产出绩效地域性鲜明，平台服务范围成为政府设计激励机制时需考虑的关键因素。绿色技术创新平台的引入允许资源投资者所在地区与成果转化受益地区之间存在差异，因而平台服务存在跨区域特性。政府在出台针对绿色技术创新的补贴政策时，应充分考虑地方政府的收益外溢现象，设计考虑负外部性的转移支付激励机制，以激励跨区域的平台服务。（3）健全绿色技术创新的金融服务支持体系。采用国际经验借鉴，针对从绿色技术创新供给至绿色产品需求整个产业链建立系统的绿色金融体系的作用，解决绿色技术发展面临的一系列融资问题；采用历史比较、实证对比分析探究绿色技术创新信贷、绿色技术创新基金、绿色技术创新担保等对绿色技术创新的激励作用；采用问卷调查收集消费者的绿色消费行为数据，分析推行绿色储蓄项目、促进绿色产品消费信贷等个人绿色金融手段对技术创新的需求推动作用。

5. 绿色技术创新的市场规范机制

规范的市场秩序是促进绿色技术创新蓬勃发展的根本保障。（1）完善绿色技术创新法律法规。采用体制比较知识产权法规，知识产权优化转移机制，明确不同协同创新主体在知识产权分配方面应承担和享有的义务和权利，并构建符合国际要求的知识产权制度，以减少国际合作的贸易摩擦。（2）健全绿色技术创新评价体系。借鉴发达国家绿色技术标准规范体系，健全绿色认证评级制度，建立政府认证的专业绿色评估机构，完善绿色认证评级体系，实现事前的高效评估、事中的有效监督、事后的公平检验。（3）优化绿色技术创新管理制度。采用因素比较、案例分析方法优化产业管理制度，加强对绿色技术管理中心、开发中心的构建，健全技术信息传递机制与网络治理机制，增强企业的绿色管理理念，促进绿色技术创新管理水平的进步。（4）建立绿色技术信息披露系统。借助国外政府数据开放平台的维护模式，构建完善的信息披露系统，实现政府数据开放，提高创新资源的流动性与整合性，特别是注重"一带一路"和其他对外投资项目中各区域信息披露水平，加强环境风险、投资风险的管理，降低本土企业的金融风险、投资风险与绿色技术创新风险。

三、区块链在绿色创新制度保障体系的应用

区块链技术的集成应用在政府现代化治理中发挥着重要作用，将区块链技术嵌入绿色技术创新制度体系，可以更高效地发挥政府的引导、激励、服务、规范、监管的作用。

（1）打造"目录区块链"系统。政府可利用区块链公开、不可篡改的特性，建立以创新技术分类为根的区块链目录体系，建立实时公开的目录系统，便于市场主体企业对绿色技术创新类型的自主选择，实现政府对市场主体的全面监控，并适时调整。

（2）构建"区块链+税务"系统。利用区块链的分布式记账功能以及不可篡改的特性进行税务管理改革，加强发票管理、纳税行为治理，有效避免虚假发票、一票多报问题，实现税收体系的现代化治理。

（3）设计区块链协同创新治理机制。利用区块链赋能知识产权保护，形成区块链知识产权保护"云基地"，通过对技术创新所有权的明晰划分协调与完善创新主体间的利益划分与风险承担机制；同时区块链技术去中心化与开放性的特点能够促进政府参与对协同创新的正向激励作用，提高协同创新效率。利用企业"上链"的数据，分析、核实各创新主体的资金流，对针对地提供给金融服务支持，减少主体资金链断裂导致的协同创新合作中断或中止问题，促进创新合作的高质量完成。

（4）建立区块链政务共享系统。首先，借助区块链技术实现智慧政务管理，提升政府内部信息传递的可靠性、普遍性与快捷性，实现政府内部的跨部门协同，促进政府对市场主体管理把控的灵活性，并与具体创新业务结合，打造创新区块链业务支持系统，推进政府服务效率的提升。其次，利用区块

链技术实现政府数据的全面、系统、精准共享，提升政府数据开放的安全性与普及性。

四、绿色创新制度体系构建制约因素与政策建议

当前我国绿色技术创新体系构建过程中仍存在一些方面的制度障碍，亟待进行制度完善：（1）健全完善绿色法律法规制度。虽然我国已陆续颁布了一些环境法律法规，但还没有制定专门的涉及绿色技术创新领域的条款。地方政府虽然也有各种环保条例，但现条例的可操作性、执法力度、执法手段等都有待提高。（2）提升绿色创新激励政策实施效果。例如，当前的绿色技术创新项目资金主要来源于财政支出，支持力度不足；对绿色技术创新的税收优惠政策往往分散于其他环保政策中，针对性不强、协调压力大；缺乏针对长周期、大规模的绿色技术创新项目的债券、基金的开发管理，这些因素制约了绿色技术创新项目的投融资。（3）健全政府的绿色采购制度。一方面，政府公共采购主要集中在办公产品和公共设施等，对绿色技术产品支持力度不足；另一方面，由于采购标准的缺失，政府人员对采购对象是否为"绿色"产品的关注度不够。（4）健全完善绿色技术专利制度。虽然我国已越来越重视专利制度并陆续颁布一些法规条例，但仍缺乏与绿色技术专利相关的具体内容。系统梳理我国当下绿色技术创新制度体系构建的制度构成，把握制度体系的制约因素，能够为促进绿色技术创新体系构建对策建议的提出打下基础。

结　语

　　进入 20 世纪，工业化的急速发展导致环境的不断恶化，能源枯竭、全球变暖等问题逐渐凸显，引起世界各国政府和人民的高度重视。中国作为制造大国，重视节能减排与循环经济，这不仅能促进绿色可持续发展目标的实现，还能提升资源回收再利用效率，因此，政府、供应链中的企业与消费者三方合作下的碳减排行动刻不容缓：首先，政府制定碳配额和交易、碳标签等碳政策对企业的排放行为进行约束；其次，在碳约束下，越来越多企业的环保意识和社会责任意识逐步加强，碳减排也从被动要求转变为主动实施；最后，在政府提倡绿色经济、企业进行绿色生产的背景下，更多消费者开始关注绿色产品，进行购买决策时会将产品的低碳特性考虑在内。

　　虽然碳政策约束和消费者绿色偏好能有效推动企业减排的主动性，但仍不能激励供应链上的所有企业都愿意付出额外成本、参与减排。主要原因在于研发和生产低碳产品需要企业投入大量的前期设备、研发成本等，导致企业经济效益下降。然而，由于绿色产品消费市场的不确定性提高，企业与消费者间的信息不对称被放大，导致企业难以将所有投入成本通过提高售价的方式进行弥补；供应链下游制造商具有减排压力，但上游企业往往主动性较低，供应链中的联合减排效率低下；当制造商考虑废弃产品的回收再利用时，多级闭环供应链中各企业的独立决策导致协调性较差，使供应链效率降低；在同时考虑供应渠道竞争、回收渠道垄断、政府碳约束和消费者绿色偏好的情况下，供应链各企业的减排决策和协调优化较为复杂。

　　因此，如何在兼顾经济效益、政府政策约束和消费者需求的前提下达到既定的减排目标，是政府、企业目前亟待解决的问题。

本书针对绿色供应链下企业减排契约优化决策进行研究，能够合理并有效地引导绿色企业、政府和消费者分别进行低碳生产、碳约束制定和产品选择决策，在促进社会经济效益提高的基础上，提升全社会的减排水平和回收再利用水平，推动实现绿色可持续经济的发展。

本书的研究结论和未来的研究展望总结如下。

第一节　研究结论

一、绿色供应链下政府的碳政策机制设计

研究发现，政府只有在考虑绿色供应链内部各企业的决策的前提下，制定并实施碳政策，才能更好地实现社会碳减排水平的提升、合理分配企业减排任务，在确保企业经济效益的同时，实现环境效益最大化。目前，中国现行的碳政策主要有两种，碳标签政策和碳配额-交易政策：绿色产品认证的碳标签政策，是指以一定的标准评估产品并授予不同等级的碳标签，辅助企业解决与消费者偏好差异化之间的信息不对称问题。碳标签政策实施后的效果明显，电子电器、粮油生鲜等日常消费品上的低碳标签有效刺激了绿色消费。政府针对不同低碳产品授予相应的碳标签是需首要研究的问题。对于碳配额-交易政策，国内外已有不少学者将其与绿色供应链企业决策结合，进行了深度研究，但很少研究同时考虑消费者差异化和信息不对称问题，在低碳供应链环境下分析企业最优减排决策和政府调控决策的优化问题。

因此，本书在信息不对称情形下考虑多种碳政策组合、消费者绿色偏好差异化和政府碳政策决策行为等因素的共同影响，将政府调控碳政策作为决策变量引入研究，设计了由差异化偏好消费者、减排企业与碳政策制定方组成的带约束的两阶段博弈模型，优化企业减排定价决策和碳政策组合制定决策，拓展模型并根据市场中实际的消费者分布情况，构建不同偏好市场类型，分析不同模式下关键参数对均衡利润和社会福利的影响，指导政府设计并实施合理有效的碳政策。

二、绿色供应链企业合作减排的决策优化

在企业的实际运营中，除了需求市场差异化和政府碳政策约束的影响，

供应链中上下游企业间的纵向合作减排也是影响企业绿色发展的关键因素。针对少有研究将政府碳政策、消费者绿色偏好与企业合作减排决策优化问题同时考虑的现状，本书在消费者绿色偏好和政府碳强度目标约束下，重点分析绿色供应链内部上下游企业间的合作减排决策，为上游供应商和政府的最优决策提供指导意见。首先，针对上游核心企业主导绿色供应链的情况，下游非主导制造商如何提升自身减排效果，以满足市场需求、主导企业要求和政府的约束。其次，政府应如何制定碳政策对企业进行约束，以提高供应链全体成员对碳减排行为的重视程度，以同时实现碳排放总量下降和社会福利上升的目标。

本书同时考虑政府碳政策、消费者绿色偏好与上下游合作减排契约，在消费者绿色偏好和政府碳强度目标约束下，重点研究绿色供应链内部上下游企业的协同减排策略。构建了由上游核心技术企业主导、下游制造商实施减排的二级供应链体系，分别探讨环保意识、政府碳政策对企业减排策略和利润的影响。设计契约协同机制，对企业减排决策进行优化，分析不同情形下企业减排水平、利润和社会福利的变化，归纳出可供企业和政府借鉴的策略建议。

三、绿色闭环供应链的减排决策与契约优化

随着供应链合作紧密度、分工细致化的加强，影响企业利润的不仅仅是其直接上下游的合作企业，跨级合作企业的影响力也在逐渐加强，多级供应链间的合作协调问题越来越被实业界和学术界重视。同时，在研究供应链的绿色可持续发展时，除了制造企业在生产过程中的节能减排投入，废弃产品中的可重复利用材料、关键零部件等的回收再利用，也是影响绿色发展绩效的关键因素。已有研究较少关注渠道竞争对回收渠道造成的影响，也没有同时考虑双源供货、消费者绿色偏好、闭环回收和碳政策约束的多重影响。

因此，本书综合考虑多级供应链协调和闭环回收问题，构建相应模型并设计契约协调机制。研究由非主导制造商、主导竞争型供应商构成的绿色闭环供应链，由主导供应商和竞争回收渠道构成的多级绿色闭环供应链，其中制造商受政府碳政策的约束，需考虑生产过程中的减排行为，回收零件供应商制定回收策略。对竞争决策、合作决策等不同模式下的各企业减排、定价

决策进行优化和比较分析，设计不同的契约机制对供应链进行协调优化。

四、绿色供应链运营模式的策略选择

传统供应链向绿色供应链的发展与改革，是我国实现节能减排目标的重要方向和途径，我国原有的制造业发展模式下，企业生产、回收和定价策略组合难以适应环境导向下政府提出的新的要求，导致资源浪费与污染现象严重。传统供应链的管理模式也难以促进企业向面向绿色消费者的生产方式转型，导致市场需求大量流失，不仅损害了企业自身的利润空间，也阻碍了全社会绿色化的发展进程。因此，在考虑政府碳约束、消费者绿色偏好、企业减排决策优化等多方因素的基础上，本书研究绿色供应链运营模式的策略选择问题、优化供应链决策水平，能够有效促进低碳生产科学、可持续地发展，提高供应链中各个参与企业的利润，满足消费者差异化的需求，从而实现绿色供应链的长久发展。

五、绿色创新协同体系的构建与优化

针对绿色创新问题，要解决的关键科学问题主要是对绿色技术创新在市场导向下的创新路径、创新机制和产业转化效果的具体设计依据。因此界定市场主导、政府引导下绿色技术创新体系内涵的外延大小和特征识别就成为研究的关键，这是开展研究的前提条件，为后续绿色技术创新体系的指标选取、测度评价、组织运行、政策保障和应用实践提供理论依据。目前，多主体之间技术创新合作模式单一、主体间缺乏有效信任、利益分配的权责不对等，影响了多主体合作效率和效益，本书探寻科创主体网络化关系的协同治理，分析识别其主要因素及其作用机理是治理成效的关键所在。进而，借鉴国际上基于科创联盟、网络集群、区块链技术的理论与经验，设计适用于中国国情的多主体绿色技术创新合作模式，通过科创平台实现资源共享，设计园区实体平台与跨组织智慧云平台的运行服务激励机制，以提高绿色技术创新的效率和总体水平。

第二节　研究展望

在绿色供应链的发展中，企业决策受到许多不确定因素的影响，虽然绿色供应链管理这一概念的提出已有一段时间，但该领域内仍有许多机理机制设计研究尚未明晰，需要进一步的探讨与研究。基于本书已经进行的研究，未来可从以下几个方面做进一步的深化与拓展。

首先，本书结合企业决策、政府政策制定和低碳产品市场特性，研究了不同情形、市场结构下的最优决策和政策制定并分析关键参数变动，后续研究可以从以下几个方面进行拓展：其一，考虑政府作为碳标签的授权方，其与制造商之间容易产生的道德风险问题；其二，纵向拓展制造商上下游企业，构建绿色供应链模型，同时考虑供应商和零售商的决策问题；其三，横向拓展制造商同级企业，考虑企业间的竞争与契约合作问题。

其次，本书同时考虑消费者绿色偏好和碳强度目标约束的影响下，制造企业与其上游主导供应商之间的协同减排供应链模型，分别探讨环保意识、政府碳政策对企业减排策略和利润的影响，后续研究可以从以下几个方面进行拓展：其一，考虑政府作为碳政策制定方，进行政策制定与调整。其二，将两级供应链纵向拓展至多级，考虑下游分销商或零售商的销售服务对碳减排水平的影响，也可考虑多个制造商或品牌商间的同级竞争对供应链绩效的影响。其三，将供应链运作过程中可能面临的产品质量、需求和研发投入回报等因素的随机性考虑在内。

最后，本书探讨了绿色供应链中的闭环回收问题，构建绿色闭环供应链模型并进行系统性的研究，设计相应的协调机制，在未来的研究中，可以从几个方向进行扩展：第一，在研究竞争型零件供应商在正向供应渠道竞争、回收渠道垄断的博弈模型中，可对回收渠道进行拓展，同时研究竞争回收的情况，如引入第三方回收商或二手市场的竞争；第二，进一步考虑信息不对称和消费市场需求不确定的影响；第三，同时考虑多种契约协调机制，如二部定价契约、数量柔性契约和回购契约等；第四，拓展模型至多期决策优化、多竞争制造商的博弈问题。

参考文献

一、外文文献

[1] Agrawal V. V. , et al. , "Is Leasing Greener than Selling?", *Management Science*, Vol. 58, No. 3, 2012.

[2] Amrouche N. , Yan R. ,"Can a Weak Retailer Benefit From Manufacturer-Dominant Retailer Alliance", *Journal of Retailing and Consumer Services*, Vol. 20, No. 1, 2013.

[3] An S. et al. , "Green Credit Financing Versus Trade Credit Financing in a Supply Chain With Carbon Emission Limits", *European Journal of Operational Research*, Vol. 292, No. 1, 2021.

[4] Atasu A. et al. , "Remanufacturing as a Marketing Strategy", *Management Science*, Vol. 54, No. 10, 2008.

[5] Atasu A. et al. , "How Collection Cost Structure Drives a Manufacturer's Reverse Channel Choice", *Production and Operations Management*, Vol. 22, No. 5, 2013.

[6] Avci B. et al. , "Electric Vehicles with a Battery Switching Station: Adoption and Environmental Impact", *Management Science*, Vol. 61, No. 4, 2013.

[7] Akbar Z. , Bell G. G. , "Benefiting from Network Position: Firm Capabilities, Structural Holes, and Performance", *Strategic Management Journal*, Vol. 26, No. 9. , 2005.

[8] Anderson C. , "The Long Tail: How Endless Choice is Creating Unlimited Demand. The New Economics of Culture and Commerce ", *Journal of Cultural Economics*, Vol. 31, No. 3. , 2007.

[9] Armstrong M. , "Competition in Two-Sided Markets", *The RAND Journal of Economics*, Vol. 37, No. 3. , 2006.

[10] Autio E. , Thomas L. D. W. , "Innovation Ecosystems: Implications for Innovation Management", *The Oxford Handbook of Innovation Management*, 2014.

［11］ Bai Q. et al. , "Emission Reduction Decision and Coordination of a Make-To-Order Supply Chain With Two Products Under Cap-And-Trade Regulation", *Computers & Industrial Engineering*, Vol. 119, No. 1, 2018.

［12］ Beer S. et al. , "An Economic Analysis of Used Electric Vehicle Batteries Integrated Into Commercial Building Microgrids", *IEEE Transactions on Smart Grid*, Vol. 3, No. 1, 2012.

［13］ Benjaafar S. et al. , "Carbon Footprint and the Management of Supply Chains: Insights from Simple Models", IEEE Transactions on Automation Science and Engineering, Vol. 10, No. 1, 2013.

［14］ Bernstein S. , Cashore B. , "Can Non-State Global Governance be Legitimate? An Analytical Framework", *Regulation & Governance*, Vol. 1, No. 4, 2007.

［15］ Bertrandias, L, Elgaaied-Gambier L. , "Others' Environmental Concern as a Social Determinant of Green Buying", *Journal of Consumer Marketing*, Vol. 31, No. 6/7, 2014.

［16］ Bonney M. , Jaber M. , "Environmentally Responsible Inventory Models: Non–Classical Models for a Non-Classical Era", *International Journal of Production Economics*, Vol. 133, No. 1. , 2011.

［17］ Bonroy O. , Constantatos C. , "On the Economics of Labels: How Their Introduction Affects the Functioning of Markets and the Welfare of All Participants", *American Journal of Agricultural Economics*, Vol. 97, No. 1. , 2015.

［18］ Bowen F. E. et al. , "The Role of Supply Management Capabilities in Green Supply", *Production and Operations Management*, Vol. 10, No. 2. , 2009.

［19］ Boyabatli O. et al. , "Crop Planning in Sustainable Agriculture: Dynamic Farmland Allocation in the Presence of Crop Rotation Benefits", *Management Science*, Vol. 65, No. 5. , 2019.

［20］ Bresnahan T. F. , Reiss P. C. , "Entry in Monopoly Market", *The Review of Economic Studies*, Vol. 57, No. 4. , 1900.

［21］ Cachon G. P. , "Supply Chain Coordination with Contracts", *Handbooks in Operations Research and Management Science*, Vol. 11, 2003.

［22］ Cachon G. P. , Lariviere M. A. , "Supply Chain Coordination with Revenue–Sharing Contracts: Strengths and Limitations", *Management Science*, Vol. 51, No. 1. , 2005.

［23］ Cachon G. P. , Zipkin P. H. , "Competitive and Cooperative Inventory Policies in a Two-Stage Supply Chain", *Management Science*, Vol. 45, No. 7. , 1999.

［24］ Cao K. et al. , "Optimal Production and Carbon Emission Reduction Level under Cap-and-Trade and Low Carbon Subsidy Policies", *Journal of Cleaner Production*, Vol. 167, 2017.

［25］ Caro F. et al. , "Double–Counting in Supply Chain Carbon Footprinting", *Manufacturing &*

Service Operations Management, Vol. 15, No. 4. , 2013.

[26] Carter C. R. , Carter J. R. , "Interorganizational Determinants of Environmental Purchasing: Initial Evidence from the Consumer Products Industries", Decision Sciences, Vol. 29, No. 3. , 1998.

[27] Carter C. R. et al. , "Environmental Purchasing and Firm Performance: an Empirical Investigation", *Transportation Research Part E: Logistics and Transportation Review*, Vol. 36, No. 3. , 2000.

[28] Chai Q. et al. , "Can Carbon Cap and Trade Mechanism be Beneficial for Remanufacturing?", *International Journal of Production Economics*, Vol. 203, 2018.

[29] Chao F. , Wang M. , "The Heterogeneity of China's Pathways to Economic Growth, Energy Conservation and Climate Mitigation", *Journal of Cleaner Production*, Vol. 228, 2019.

[30] Chao G. H. et al. , "Quality Improvement Incentives and Product Recall Cost Sharing Contracts", *Management Science*, Vol. 55, No. 7. , 2009.

[31] Chauhan S. et al. , "Approximation of the Supply Scheduling Problem", *Operations Research Letters*, Vol. 33, No. 3, 2005.

[32] Chen H. et al. , "Costs and Potentials of Energy Conservation in China's Coal-Fired Power Industry: a Bottom-Up Approach Considering Price Uncertainties", *Energy Policy*, Vol. 104, 2017.

[33] Chen X. , "A model of Trade Credit in a Capital-Constrained Distribution Channel", *International Journal of Production Economics*, Vol. 159, 2015.

[34] Chen Z. et al. , "Potential Output Gap in China's Regional Coal-Fired Power Sector Under the Constraint of Carbon Emission Reduction", *Energy Policy*, Vol. 148, 2021.

[35] Cho R. K. , Gerchak Y. , "Supply Chain Coordination With Downstream Operating Costs: Coordination and Investment to Improve Downstream Operating Efficiency", *European Journal of Operational Research*, Vol. 162, No. 3. , 2005.

[36] Cho Y. N. , "Different Shades of Green Consciousness: The Interplay of Sustainability Labeling and Environmental Impact on Product Evaluations", *Journal of Business Ethics*, Vol. 128, No. 1. , 2015.

[37] Kim Y. , Choi S. M. , "Antecedents of Green Purchase Behavior: An Examination of Collectivism, Environmental Concern, and PCE", *Advances in consumer research*, Vol. 32, 2005.

[38] Choi T. M. et al. , "Channel Leadership, Performance and Coordination in Closed Loop Supply Chains", *International Journal of Production Economics*, Vol. 146, No. 1. , 2013.

[39] Cui L. et al. , "Investigation of RFID Investment in a Single Retailer Two-Supplier Supply Chain with Random Demand to Decrease Inventory Inaccuracy", *Journal of Cleaner Produc-*

tion, Vol. 142, 2017.

[40] Caillaud B., Jullien B., "Chicken & Egg: Competition among Intermediation Service Providers", *The RAND Journal of Economics*, Vol. 34, No. 2., 2003.

[41] Dai R. et al., "Cartelization or Cost-Sharing? Comparison of Cooperation Modes in a Green Supply Chain", *Journal of Cleaner Production*, Vol. 156, 2017.

[42] Debo L. G. et al., "Market Segmentation and Product Technology Selection for Remanufacturable Products", *Management Science*, Vol. 51, No. 8., 2005.

[43] Delmas M. A., Lessem N., "Eco-Premium or Eco-Penalty? Eco-Labels and Quality in the Organic Wine Market", Business & Society, Vol. 56, No. 2., 2015.

[44] Simpson D. et al., "Greening the Automotive Supply Chain: a Relationship Perspective", *International Journal of Operations & Production Management*, Vol. 27, No. 1., 2007.

[45] Draganska M. et al., "A Larger Slice or a Larger Pie? An Empirical Investigation of Bargaining Power in the Distribution Channel", *Marketing Science*, Vol. 29, No. 1., 2010.

[46] Du S. F. et al., "Low-Carbon Supply Policies and Supply Chain Performance With Carbon Concerned Demand", *Annals of Operations Research*, Vol. 255, No. 1.-2., 2017.

[47] Du S. F. et al., "Game-Theoretical Analysis for Supply Chain With Consumer Preference to Low Carbon", *International Journal of Production Research*, Vol. 53, No. 12., 2015.

[48] Du S. et al., "Game-Theoretic Analysis for an Emission-Dependent Supply Chain in a 'cap-and-trade' System", *Annals of Operations Research*, Vol. 228, 2015.

[49] Du S. et al., "Low-Carbon Production With Low-Carbon Premium in Cap-and-tradeRregulation," *Journal of cleaner production*, Vol. 134, 2016.

[50] Du S. et al., "Emission-dependent Supply Chain and Environment-Policy-Making in the 'Cap-and-Trade' System", *Energy Policy*, Vol. 57, 2013.

[51] Emberger-Klein A., Menrad K., "The Effect of Information Provision on Supermarket Consumers' Use of and Preferences for Carbon Labels in Germany", *Journal of Cleaner Production*, Vol. 172, 2018.

[52] Fang L., Xu S., "Financing Equilibrium in a Green Supply Chain with Capital Constraint", *Computers & Industrial Engineering*, Vol. 143, 2020.

[53] Fatemeh Z. et al., "Impacts of Government Direct Limitation on Pricing, Greening Activities and Recycling Management in an Online to Offline Closed Loop Supply Chain", *Journal of Cleaner Production*, Vol. 215, 2019.

[54] Ferrer G., Swaminathan J., "Managing New and Remanufactured Products", *Management Science*, Vol. 52, No. 1., 2006.

[55] Figueres C. et al., "Emissions Are Still Rising: Ramp Up the Cuts", *Nature*,

Vol. 564, 2018.

[56] Fisher C., Fox A. K., "Output-Based Allocation of Emissions Permits for Mitigating Tax and Trade Interactions", *Land Economics*, Vol. 83, No. 4., 2007.

[57] Filippetti A., Archibugi D., "Innovation in Times of Crisis: National Systems of Innovation, Structure, and Demand", *Research Policy*, Vol. 40, No. 2., 2011.

[58] Freeman C., "The National System of Innovation in Historical Perspective", *Cambridge Journal of Economics*, Vol. 19, No. 1., 1995.

[59] Friedrich D., "Welfare Effects from Eco-labeled Crude Oil Preserving Wood-polymer Composites: A Comprehensive Literature Review and Case Study", *Journal of Cleaner Production*, Vol. 188, 2018.

[60] Gaines L., Singh M., "Energy and Environmental Impacts of Electric Vehicle Battery Production and Recycling", *SAE Technical Paper*, 1995.

[61] Galarraga Gallastegui I, "The Use of Eco-Labels: A Review of the Literature", *European Environment*, Vol. 12, No. 6, 2002.

[62] Gao J. et al., "Pricing and Effort Decisions in a Closed-Loop Supply Chain Under Different Channel Power Strctures", *Journal of Cleaner Production*, Vol. 112, 2016.

[63] Gao J. et al., "Dual-Channel Green Supply Chain Management with Eco-label Policy: A Perspective of Two Types of Green Products", *Computers & Industrial Engineering*, Vol. 146, 2020.

[64] Gao Y. et al., "Evaluation of Effectiveness of China's Carbon Emissions Trading Scheme in Carbon Mitigation", *Energy Economics*, Vol. 90, 2020.

[65] Gerchak Y., Wang, Y., "Revenue-Sharing vs. Wholesale-Price Contracts in Assembly Systems with Random Demand", *Production and Operations Management*, Vol. 13, No. 1., 2009.

[66] Gerlach H., Zheng X., "Preferences for Green Electricity, Investment and Regulatory Incentives", *Energy Economics*, Vol. 69, 2017.

[67] Ghosh D. et al., "Strategic Decisions, Competition and Cost-sharing Contract Under Industry 4.0 and Environmental Considerations", *Resources, Conservation and Recycling*, Vol. 162, 2020.

[68] Ghosh D. Shah J., "A Comparative Analysis of Greening Policies Across Supply Chain Structures", *International Journal of Production Economics*, Vol. 135, No. 2., 2012.

[69] Ghosh D., Shah J., "Supply Chain Analysis Under Green Sensitive Consumer Demand and Cost Sharing Contract", *International Journal of Production Economics*, Vol. 164, 2015.

[70] Giannoccaro I., Pontrandolfo P., "Supply Chain Coordination by Revenue Sharing Con-

tracts", *International Journal of Production Economics*, Vol. 89, No. 2. , 2004.

[71] Giovanni P. D. , Zaccour G. , "A Two-Period Game of a Closed-Loop Supply Chain", *European Journal of Operational Research*, Vol. 232, No. 1. , 2014.

[72] Giri B. C. et al. , "Coordinating a Two-Echelon Supply Chain Through Different Contracts Under Price and Promotional Effort-Dependent Demand", *Journal of Systems Science and Systems Engineering*, Vol. 22, No. 3. , 2013.

[73] Giri B. C. et al. , "Pricing and Return Product Collection Decisions in a Closed-loop Supply Chain with Dual - Channel in Both Forward and Reverse Logistics ", *Journal of Manufacturing Systems*, Vol. 42, 2017.

[74] Girod B. D. , Haan P. , "More or Better? A Model for Changes in Household Greenhouse Gas Emissions due to Higher Income ", *Journal of Industrial Ecology*, Vol. 14, No. 1. , 2010.

[75] Gold S. et al. , "Sustainable Supply Chain Management and Inter-Organizational Resources: a Literature Review ", *Corporate Social Responsibility and Environmental Management*, Vol. 17, No. 4. , 2010.

[76] Goldthau A. , Hughes L. , "Protect Global Supply Chains for Low-Carbon Technologies", *Nature*, Vol. 585, No. 7823. , 2020.

[77] Gong X. , Zhou S. X. , "Optimal Production Planning With Emissions Trading", *Operations Research*, Vol. 61, No. 4. , 2013.

[78] Gossling S. , Buckley R. , "Carbon Labels in Tourism: Persuasive Communication?", *Journal of Cleaner Production*, Vol. 111, 2016.

[79] Gu F. et al. , "An Investigation of the Current Status of Recycling Spent Lithium-Ion Batteries from Consumer Electronics in China", *Journal of Cleaner Production*, Vol. 161, 2017.

[80] Guide V. Wassenhove L. , "The Reverse Supply Chain", *Harvard Business Review*, Vol. 80, No. 2, 2002.

[81] Gupta S. , Palsule - Desai O. , "Sustainable Supply Chain Management: Review and Research Opportunities", *IIMB Management Review*, Vol. 23, No. 4. , 2011.

[82] Guerzoni M. , Raiteri E. , "Demand - Side vs. Supply - Side Technology Policies: Hidden Treatment and New Empirical Evidence on the Policy Mix", *Research Policy*, Vol. 44, No. 3. , 2015.

[83] Gulati R. et al. , "How do Networks Matter? The Performance Effects of Interorganizational Networks", *Research in Organizational Behavior*, Vol. 31, 2011.

[84] Handfield R. B. , Nichols Jr E. L. , *Introduction to Supply Chain Management*, Prentice Hall, 1998.

［85］ Handfield R. B. et al. , " 'Green' Value Chain Practices in the Furniture Industry", *Journal of Operations Management*, Vol. 15, No. 4. , 1997.

［86］ Hao H. et al. , "Impact of Recycling on Energy Consumption and Greenhouse Gas Emissions from Electric Vehicle Production: The China 2025 Case", *Resources, Conservation and Recycling*, Vol. 122, 2017.

［87］ He P. et al. , "Optimal Production Planning and Cap Setting Under Cap−and−Trade Regulation", *Journal of the Operational Research Society*, Vol. 68, 2017.

［88］ He P. et al. , "Channel Structure and Pricing in a Dual−Channel Closed−Loop Supply Chain with Government Subsidy", *International Journal of Production Economics*, Vol. 213, 2019.

［89］ He Q. et al. , "Competitive Collection Under Channel Inconvenience in Closed−Loop Supply Chain", *European Journal of Operational Research*, Vol. 275, No. 1. , 2019.

［90］ Hong X. et al. , "Decision Models of Closed − Loop Supply Chain with Remanufacturing Under Hybrid Dual − channel Collection", *The International Journal of Advanced Manufacturing Technology*, Vol. 68, 2013.

［91］ Hu B. , Feng Y. , "Optimization and Coordination of Supply Chain with Revenue Sharing Contracts and Service Requirement Under Supply and Demand Uncertainty", *International Journal of Production Economics*, Vol. 183, 2017.

［92］ Huang M. et al. , "Analysis for Strategy of Closed−Loop Supply Chain with Dual Recycling Channel", *International Journal of Production Economics*, Vol. 144, No. 2. , 2013.

［93］ Huo T. et al. , "China's Energy Consumption in the Building Sector: A Statistical Yearbook−Energy Balance Sheet Based Splitting Method", *Journal of Cleaner Production*, Vol. 185, 2018.

［94］ Hagiu A. , "Two−Sided Platforms: Product Variety and Pricing Structures", *Journal of Economics & Management Strategy*, Vol. 18, No. 4. , 2009.

［95］ Horbach J. , "Determinants of Environmental Innovation—New Evidence from German Panel Data Sources", *Research Policy*, Vol. 37, No. 1. , 2008.

［96］ Ilgin M. A. , Gupta S. M. , "Environmentally Conscious Manufacturing and Product Recovery (ECMPRO): A Review of the State of the Art", *Journal of environmental management*, Vol. 91, No. 3. , 2010.

［97］ Jiang Y. et al. , "A Green Vendor−Managed Inventory Analysis in Supply Chains Under Carbon Emissions Trading Mechanism", *Clean Technologies and Environmental Policy*, Vol. 18, No. 5. , 2016.

［98］ Jungst R. G. , "Recycling of Electric Vehicle Batteries", *Industrial Chemistry Library*, Vol. 10, 2001.

［99］ JohnsonD., "Success in Innovation Implementation", *Journal of Communication Management*, *Vol.* 5, No. 4., 2001.

［100］ Cramton P., Kerr S., "Tradeable Carbon Permit Auctions: How and Why to Auction Not Grandfather", *Energy Policy*, Vol. 30, No. 4., 2002.

［101］ Khan S. A. R., Qianli D., "Impact of Green Supply Chain Management Practices on Firms' Performance: an Empirical Study from the Perspective of Pakistan", *Environmental Science and Pollution Research*, Vol. 24, 2017.

［102］ Kouvelis P., Zhao W., "Supply Chain Contract Design Under Financial Constraints and Bankruptcy Costs", *Management Science*, Vol. 62, No. 8., 2016.

［103］ Kuiti M. R. et al., "Integrated Product Design, Shelf−Space Allocation and Transportation Decisions in Green Supply Chains", *International Journal of Production Research*, Vol. 57, No. 19., 2019.

［104］ Kunter M., "Coordination Via Cost and Revenue Sharing in Manufacturer−Retailer Channels", *European Journal of Operational Research*, Vol. 216, No. 2, 2012.

［105］ Kiese M., "Stand Und Perspektiven Der Regionalen Clusterforschung", *Cluster und Regionalentwicklung: Theorie, Beratung und praktische Umsetzung*, 2008.

［106］ Lariviere M. A., "Supply Chain Contracting and Coodination With Stochastic Demand", *Quantitative Models for Supply Chain Management*, Vol. 17, 1999.

［107］ Lee K. J., *Closed Loop Supply Chains with Variable Remanufacturability and the Impact of Subsidy and Penalty by Government*, Iowa State University, 2008.

［108］ Li B. et al., "Pricing Policies of a Competitive Dual−Channel Green Supply Chain", *Journal of Cleaner Production*, Vol. 112, 2016.

［109］ Li J. et al., "Competition and Cooperation in a Single−Retailer Two−Supplier Supply Chain with Supply Disruption", *International Journal of Production Economics*, Vol. 124, No. 1., 2010.

［110］ Li J. et al., "Coordination Strategies in a Three−Echelon Reverse Supply Chain for Economic and Social Benefit", *Applied Mathematical Modelling*, Vol. 49, 2017.

［111］ Li P. et al., "Pricing Strategies and Profit Coordination Under a Double Echelon Green Supply Chain", *Journal of Cleaner Production*, Vol. 278, 2021.

［112］ Li Q. et al., "Empirical Study of the Willingness of Consumers to Purchase Low−carbon Products by Considering Carbon Labels: A Case Study", *Journal of Cleaner Production*, Vol. 161, 2017.

［113］ Li T. et al., "Low Carbon Strategy Analysis Under Revenue−Sharing and Cost−Sharing Contracts", *Journal of Cleaner Production*, Vol. 212, 2019.

［114］ Li Y. et al. , "Coordinating the Retail Supply Chain with Item Level RFID and Excess Inventory Under a Revenue - Cost - Sharing Contract", *International Transactions in Operational Research*, Vol. 28, 2018.

［115］ Lin B. , Jia Z. , "Supply Control vs. Demand Control: Why Is Resource Tax More Effective Than Carbon Tax in Reducing Emissions?", *Humanities and Social Sciences Communications*, Vol. 7, No. 1. , 2020.

［116］ Lippmann S. , "Supply Chain Environmental Management: Elements for Success", *Corporate Environmental Strategy*, Vol. 6, No. 2. , 1999.

［117］ Liu L. et al. , "Collection Effort and Reverse Channel Choices in a Closed-Loop Supply Chain", *Journal of Cleaner Production*, Vol. 144, 2017.

［118］ Liu T. et al. , "A Review of Carbon Labeling: Standards, Implementation, and Impact", *Renewable and Sustainable Energy Reviews*, Vol. 53, 2016.

［119］ Lund P. , "Impacts of EU Carbon Emission Trade Directive on Energy-Intensive Industries — Indicative Micro-Economic Analyses", *Ecological Economics*, Vol. 63, No. 4. , 2007.

［120］ Luo Z. et al. , "The Role of Co - opetition in Low Carbon Manufacturing", *European Journal of Operational Research*, Vol. 253, No. 2. , 2016.

［121］ Leydesdorff L. , Meyer M. , "The Triple Helix of University-Industry-Government Relations", *Scientometrics*, Vol. 58, 2003.

［122］ Lin C. et al. , "The Alliance Innovation Performance of R&D Alliances—The Absorptive Capacity Perspective", *Technovation*, Vol. 32, No. 5. , 2012.

［123］ Lundvall B-A. , "National Systems of Innovation: Towards a Theory of Innovation and Interactive Learning", *Anthem Press*, 1992.

［124］ Ma W. M. et al. , "Dual-Channel Closed-Loop Supply Chain with Government Consumption -subsidy", *European Journal of Operational Research*, Vol. 226, No. 2. , 2013.

［125］ Ma Z. J. et al. , "Managing Channel Profits of Different Cooperative Models in Closed-loop Supply Chains", *Omega*, Vol. 59, 2016.

［126］ Mainieri T. et al. , "Green Buying: the Influence of Environmental Concern on Consumer Behavior", *The Journal of Social Psychology*, Vol. 137, No. 2. , 1997.

［127］ Majerova J. , "Analysis of Slovak Consumer's Perception of the Green Marketing Activities", *Procedia Economics & Finance*, Vol. 26, 2015.

［128］ Mantovani A. , Vergari C. , "Environmental vs Hedonic Quality: Which Policy Can Help in Lowering Pollution Emissions", *Environment and Development Economics*, Vol. 22, No. 3. , 2017.

［129］ McDonald S. , Poyago - Theotoky J. , " Green Technology and Optimal Emissions

Taxation", *Journal of Public Economic Theory*, Vol. 19, No. 2. , 2016.

[130] Min H. , Galle W. P. , "Green Purchasing Strategies: Trends and Implications", *International Journal of Purchasing and Materials Management*, Vol. 33, No. 2. , 1997.

[131] Mitra S. , Webster S. , "Competition in Remanufacturing and the Effects of Government Subsidies", *International Journal of Production Economics*, Vol. 111, No. 2, 2008.

[132] Motoshita M. et al. , "Potential Impacts of Information Disclosure Designed to Motivate Japanese Consumers to Reduce Carbon Dioxide Emissions on Choice of Shopping Method for Daily Foods and Drinks", *Journal of Cleaner Production*, Vol. 101, 2015.

[133] Nagel M. H. , "Environmental Supply–Chain Management Versus Green Procurement in the Scope of a Business and Leadership Perspective", *Proceedings of the 2000 IEEE International Symposium on Electronics and the Environment*, No. 00CH37082. , 2000.

[134] Nematollahi M. et al. , "Coordinating a Socially Responsible Pharmaceutical Supply Chain Under Periodic Review Replenishment Policies", *Journal of Cleaner ProdUction*, Vol. 172, 2018.

[135] Niu B. et al. , "Coordination of Channel Members' Efforts and Utilities in Contract Farming Operations", *European Journal of Operational Research*, Vol. 255, No. 3. , 2016.

[136] Nouira I. et al. , "Design of Forward Supply Chains: Impact of a Carbon Emissions–Sensitive Demand", *International Journal of Production Economics*, Vol. 173, 2016.

[137] Park S. Y. , Keh H. T. , "Modelling Hybrid Distribution Channels: A Game–Theoretic Analysis", *Journal of Retailing and Consumer Services*, Vol. 10, No. 3. , 2003.

[138] Paulraj A. , "Understanding the Relationships Between Internal Resources and Capabilities, Sustainable Supply Management and Organizational Sustainability", *Journal of Supply Chain Management*, Vol. 47, No. 1. , 2011.

[139] Plambeck E. L. , "Reducing Greenhouse Gas Emissions Through Operations and Supply Chain Management", *Energy Economics*, Vol. 34, 2012.

[140] Pomegbe, W. W. K. et al. , "Firm Performance and Competitive Advantage: the Role of Green Supply Chain Management Practices", *Journal of Business Management and Economics*, Vol. 7, 2019.

[141] Porter M. , Van der Linde C. , "Green and Competitive: Ending the Stalemate", *Harvard Business Review*, Vol. 33, 1995.

[142] Padmore T. , Gibson H. , "Modelling Systems of Innovation: II. A Framework for Industrial Cluster Analysis in Regions", *Research Policy*, Vol. 26, No. 6. , 1998.

[143] Qi X. et al. , "Supply Chain Coordination with Demand Disruptions", *Omega*, Vol. 32, No. 4. , 2004.

[144] Rao P. , "Greening the Supply Chain: A New Initiative in South East Asia", *International Journal of Operations and Production Management*, Vol. 22, No. 6. , 2002.

[145] Ren J. et al. , "Allocation of Product-Related Carbon Emission Abatement Target in a Make-to-Order Supply Chain", *Computers and Industrial Engineering*, Vol. 80, 2015.

[146] Rubio S. et al. , "Characteristics of the Research on Reverse Logistics (1995-2005)", *International Journal of Production Research*, Vol. 46, No. 4, 2007.

[147] Rampersad G. , "Managing Innovation Clusters: A Network Approach", *Journal of Management and Strategy*, Vol. 6, No. 3. , 2015.

[148] Salanié B. , "The Economics of Contracts: A Primer", *MIT Press*, 2005.

[149] Sarkis J. , "A Strategic Decision Framework for Green Supply Chain Management", *Journal of Cleaner Production*, Vol. 11, No. 4. , 2003.

[150] Sarkis J. et al. , "An Organizational Theoretic Review of Green Supply Chain Management Literature", *International Journal of Production Economics*, Vol. 130, No. 1. , 2011.

[151] Sasikumar P. , Kannan G. , "Issues in Reverse Supply Chains, Part II: Reverse Distribution Issues – an Overview", *International Journal of Sustainable Engineering*, Vol. 1, No. 4. , 2008.

[152] Sasikumar P. , Kannan G. , "Issues in Reverse Supply Chain, Part III: Classification and Simple Analysis", *International Journal of Sustainable Engineering*, Vol. 2, No. 1. , 2009.

[153] Sathre R. et al. , "Energy and Climate Effects of Second-Life Use of Electric Vehicle Batteries in California through 2050", *Journal of Power Sources*, Vol. 288, 2015.

[154] Savaskan R. C. et al. , "Closed – Loop Supply Chain Models with Product Remanufacturing", *Management Science*, Vol. 50, No. 2. , 2004.

[155] Savaskan R. C. , Van Wassenhove L. N. , "Reverse Channel Design: The Case of Competing Retailers", *Management Science*, Vol. 52, No. 1. , 2006.

[156] Schlegelmilch B. B. et al. , "The Link Between Green Purchasing Decisions and Measures of Environmental Consciousness", *European Journal of Marketing*, Vol. 30, No. 5. , 1996.

[157] Shafique M. N. et al. , "Effect of LoT Capabilities and Energy Consumption Behavior on Green Supply Chain Integration", *Applied Sciences*, Vol. 8, No. 12. , 2018.

[158] Sharma A. , Jain D. , "Game-Theoretic Analysis of Green Supply Chain Under Cost-Sharing Contract With Fairness Concerns", *International Game Theory Review*, Vol. 23, No. 2. , 2021.

[159] Sheu J. B. , Chen Y. J. , "Impact of Government Financial Intervention on Competition Among Green Supply Chains", *International Journal of Production Economics*, Vol. 138, No. 1. , 2012.

[160] Shewmake S. et al., "Predicting Consumer Demand Responses to Carbon Labels", *Ecological Economics*, *Vol.* 119, 2015.

[161] Bin S., Dowlatabadi H., "Consumer Lifestyle Approach to US Energy Use and the Related CO2 Emissions", *Energy Policy*, Vol. 33, No. 2., 2005.

[162] Mallapaty S., "How China Could be Carbon Neutral by Mid-century", *Nature*, Vol. 586, 2020.

[163] Song J., Leng M., "Analysis of the Single-Period Problem Under Carbon Emissions Policies", *Handbook of Newsvendor Problems*, Vol. 176, 2012.

[164] Srivastava S. K., "Green Supply Chain Management: A State-of-the-Art Literature Review", *International Journal of Management Reviews*, Vol. 9, No. 1., 2007.

[165] Stern N., "The Economics of Climate Change", *American Economic Review*, Vol. 98, No. 2., 2008.

[166] Stole L. A., "Price Discrimination and Competition", *Handbook of Industrial Organization*, Vol. 3, 2007.

[167] Subramanian R. et al., "Compliance Strategies Under Permits for Emissions", *Production and Operations Management*, Vol. 16, No. 6., 2007.

[168] Sakakibara, M., "Formation of R&D Consortia: Industry and Company Effects", *Strategic Management Journal*, Vol. 23, No. 11., 2002.

[169] Seebode D. et al., "Managing Innovation for Sustainability", *R&D Management*, Vol. 42, No. 3., 2012.

[170] Sepulveda F., Gabrielsson M., "Network Development and Firm Growth: A Resource-based Study of B2B Born Globals", *Industrial Marketing Management*, Vol. 42, No. 5., 2013.

[171] Slaughter E. S., "Implementation of Construction Innovations", *Building Research & Information*, Vol. 28, 2000.

[172] Tian F. et al., "Manufacturers' Competition and Cooperation in Sustainability: Stable Recycling Alliances", *Management Science*, Vol. 65, No. 10., 2019.

[173] Tian L. et al., "Marketplace, Reseller, or Hybrid: Strategy Analysis of an Emerging E-commerce Model", *Production and Operations Management*, Vol. 27, No. 8., 2018.

[174] Tian L., Jiang B., "Comment on 'Strategic Information Management Under Leakage in a Supply Chain'", *Management Science*, Vol. 63, No. 12., 2016.

[175] Tian Y. et al., "A System Dynamics Model Based on Evolutionary Game Theory for Green Supply Chain Management Diffusion Among Chinese Manufacturers", *Journal of Cleaner Production*, Vol. 80, 2014.

［176］Toktaş-Palut P. ，"An Integrated Contract for Coordinating a Three-Stage Green Forward and Reverse Supply Chain Under Fairness Concerns"，*Journal of Cleaner Production*，Vol. 279，2021.

［177］Toptal A. ，Çetinkaya B. ，"How Supply Chain Coordination Affects the Environment：A Carbon Footprint Perspective"，*Annals of Operations Research*，Vol. 250，2017.

［178］Tsao Y. C. ，Sheen G. J. ，"Effects of Promotion Cost Sharing Policy with the Sales Learning Curve on Supply Chain Coordination"，*Computers and Operations Research*，Vol. 39，No. 8. ，2012.

［179］Tully S. M. ，Winer R. S. ，"The Role of the Beneficiary in Willingness to Pay for Socially Responsible Products：A Meta-Analysis"，*Journal of Retailing*，Vol. 90，No. 2. ，2014.

［180］Vachon S. ，Klassen R. D. ，"Environment Management and Manufacturing Performance：The Role of Collaboration in the Supply Chain"，*International Journal of Production Economics*，Vol. 111，No. 2. ，2008.

［181］Vedantam A. ，Iyer A. ，"Revenue-Sharing Contracts Under Quality Uncertainty in Remanufacturing"，*Production and Operations Management*，Vol. 30，No. 7. ，2021.

［182］Vlosky R. P. et al. ，"A Conceptual Model of Us Consumer Willingness-to-Pay for Environmentally Certified Wood Products"，*Journal of Consumer Marketing*，Vol. 16，No. 2. ，1999.

［183］Walton，S. V. et al. ，"The Green Supply Chain：Integrating Suppliers into Environmental Management Processes"，International Journal of Purchasing and Materials Management，Vol. 34，No. 1. ，2006.

［184］Wan N. ，Hong，D. ，"The Impacts of Subsidy Policies and Transfer Pricing Policies on the Closed-Loop Supply Chain With Dual Collection Channels"，*Journal of Cleaner Production*，Vol. 224，2019.

［185］Wang C. et al. ，"Supply Chain Enterprise Operations and Government Carbon Tax Decisions Considering Carbon Emissions"，*Journal of Cleaner Production*，Vol. 152，2017.

［186］Wang Q. et al. ，"Inventory Control and Supply Chain Management：A Green Growth Perspective"，*Resources，Conservation and Recycling*，Vol. 145，2019.

［187］Wang Q. et al. ，"Contracting Emission Reduction for Supply Chains Considering Market Low-Carbon Preference"，*Journal of Cleaner Production*，Vol. 120，2016.

［188］Wang S. et al. ，"Exploring the Effect of Cap-and-Trade Mechanism on Firm's Production Planning and Emission Reduction Strategy"，*Journal of Cleaner Production*，Vol. 172，2018.

［189］Webb L. L. ，"Green Purchasing：Forging a New Link in the Supply Chain"，*Resouree：*

Engineering and Technology for Sustainable World, Vol. 1, No. 6. , 1994.

[190] Wei J. , Zhao J. , "Pricing and Remanufacturing Decisions in Two Competing Supply Chains", *International Journal of Production Research*, Vol. 53, No. 1. , 2015.

[191] Wang C. et al. , "Evaluating Firm Technological Innovation Capability under Uncertainty", *Technovation*, Vol. 28, No, 6. , 2008.

[192] WeiX. , "Acquisition of Technological Capability Through Special Economic Zones: The Case of Shenzhen Sez", *Industry and Innovation*, Vol. 7, No, 2. , 2000.

[193] Xia L. et al. , "Carbon Emission Reduction and Promotion Policies Considering Social Preferences and Consumers' Low-carbon Awareness in the Cap-and-Trade System", *Journal of Cleaner Production*, Vol. 195, 2018.

[194] Xia X. et al. , "Game Analysis for the Impact of Carbon Trading on Low-Carbon Supply Chain", *Journal of Cleaner Production*, Vol. 276, 2020.

[195] Xie J. et al. , "Dynamic Acquisition Pricing Policy Under Uncertain Remanufactured-Product Demand", *Industrial Management and Data Systems*, Vol. 115, No. 3. , 2015.

[196] Xie J. et al. , "Coordination Contracts of Dual-channel With Cooperation Advertising in Closed-Loop Supply Chains", *International Journal of Production Economics*, Vol. 183, 2017.

[197] Xie J. et al. , "The Revenue and Cost Sharing Contract of Pricing and Servicing Policies in a Dual-Channel Closed-Loop Supply Chain", *Journal of Cleaner Production*, Vol. 191, 2018.

[198] Xiong Y. et al. , "Manufacturer-Remanufacturing vs Supplier-Remanufacturing in a Closed-Loop Supply Chain", *International Journal of Production Economics*, Vol. 176, 2016.

[199] Xu J. et al. , "A Two-Echelon Sustainable Supply Chain Coordination Under Cap-and-Trade Regulation", *Journal of Cleaner Production*, Vol. 135, 2016.

[200] Xu L. et al. , "Decision and Coordination in the Dual-Channel Supply Chain Considering Cap-and-Trade Regulation", *Journal of Cleaner Production*, Vol. 197, 2018.

[201] Xu X. et al. , "Production and Pricing Problems in Make-to-Order Supply Chain With Cap-and-Trade Regulation", *Omega*, Vol. 66, 2017.

[202] Xu Y. et al. , "Global Warming Will Happen Faster Than We Think", *Nature*, Vol. 564, 2018.

[203] Xu Z. T. et al. , "Emission Policies and Their Analysis for the Design of Hybrid and Dedicated Closed-Loop Supply Chains", *Journal of Cleaner Production*, Vol. 142, 2017.

[204] Yang H. , Chen W. , "Retailer-Driven Carbon Emission Abatement With Consumer Environmental Awareness and Carbon Tax: Revenue-Sharing Versus Cost-Sharing", *Omega*, Vol. 78, 2017.

[205] Yang L. et al., "Remanufacturing and Promotion in Dual-Channel Supply Chains Under Cap-and-Trade Regulation", *Journal of Cleaner Production*, Vol. 204, 2018.

[206] Yao Z. et al., "The Effectiveness of Revenue-Sharing Contract to Coordinate the Price-setting Newsvendor Products' Supply Chain", *Supply Chain Management*, Vol. 13, No. 4., 2008.

[207] Yao Z. et al., "Manufacturer's Revenue – Sharing Contract and Retail Competition", *European Journal of Operational Research*, Vol. 186, No. 2., 2008.

[208] Yenipazarli A., "Managing New and Remanufactured Products to Mitigate Environmental Damage Under Emissions Regulation", *European Journal of Operational Research*, Vol. 249, No. 1., 2016.

[209] Young W. et al., "Sustainable Consumption: Green Consumer Behaviour When Purchasing Products", *Sustainable Development*, Vol. 18, No. 1., 2009.

[210] Zand F. et al., "Impacts of Government Direct Limitation on Pricing, Greening Activities and Recycling Management in an Online to Offline Closed Loop Supply Chain", *Journal of Cleaner Production*, Vol. 215, 2019.

[211] Zhang B., Xu L., "Multi-Item Production Planning With Carbon Cap and Trade Mechanism", *International Journal of Production Economics*, Vol. 144, No. 1., 2013.

[212] Zhang J., Chen J., "Externality of Contracts on Supply Chains With Two Suppliers and a Common Retailer", *Journal of Industrial and Management Optimization*, Vol. 6, No. 4., 2010.

[213] Zhang Q. et al., "Manufacturer's Product Choice in the Presence of Environment-Conscious Consumers: Brown Product or Green Product", *International Journal of Production Research*, Vol. 57, No. 23., 2019.

[214] Zhang S. et al., "Governmental Cap Regulation and Manufacturer's Low Carbon Strategy in a Supply Chain with Different Power Structures", *Computers and Industrial Engineering*, Vol. 134, 2019.

[215] Zhang X., Bai X., "Incentive Policies from 2006 to 2016 and New Energy Vehicle Adoption in 2010-2020 in China", *Renewable & Sustainable Energy Reviews*, Vol. 70, 2017.

[216] Zhang X. et al., "Coordination of Closed-loop Supply Chain with Government Incentive", in *2013 International Conference on Management Science and Engineering and Engineering 20th Annual Conference Proceedings*, IEEE, 2013.

[217] Zhao J. et al., "The Shelf Space and Pricing Strategies for a Retailer-Dominated Supply Chain with Consignment Based Revenue Sharing Contracts", *European Journal of Operational Research*, Vol. 280, No. 3., 2020.

[218] Zhao R. et al., "Consumers' Perception, Purchase Intention, and Willingness to Pay for Carbon-Labeled Products: A Case Study of Chengdu in China", *Journal of Cleaner Production*, Vol. 171, 2018.

[219] Zheng X. et al., "Cooperative Game Approaches to Coordinating a Three-Echelon Closed-Loop Supply Chain With Fairness Concerns", *International Journal of Production Economics*, Vol. 212, 2019.

[220] Zheng Y. et al., "Application of Modified Shapley Value in Gains Allocation of Closed-Loop Supply Chain Under Third-Party Reclaim", *Energy Procedia*, Vol. 5, 2011.

[221] Zhou S. et al., "Carbon Labels and 'Horizontal Location Effect': Can Carbon Labels Increase the Choice of Green Product?", *Global Ecology and Conservation*, Vol. 18, 2019.

[222] Zhou Y. et al., "Co-Op Advertising and Emission Reduction Cost Sharing Contracts and Coordination in Low-Carbon Supply Chain Based on Fairness Concerns", *Journal of cleaner production*, Vol. 133, 2016.

[223] Zhu Q., Sarkis, J., "Relationships Between Operational Practices and Performance Among Early Adopters of Green Supply Chain Management Practices in Chinese Manufacturing Enterprises", *Journal of Operations Management*, Vol. 22, No. 3., 2004.

[224] Zhu X. et al., "Remanufacturing Subsidy or Carbon Regulation? An Alternative Toward Sustainable Production", *Journal of Cleaner Production*, Vol. 239, 2019.

[225] Zsidisin G. A., Siferd S. P., "Environmental Purchasing: A Framework for Theory Development", European Journal of Purchasing and Supply Management, Vol. 7, No. 1., 2001.

二、中文文献

[1] 毕功兵等:《不公平厌恶下供应链的批发价格契约与协调》,载《系统工程理论与实践》2013年第1期。

[2] 毕克新等:《创新资源投入对绿色创新系统绿色创新能力的影响——基于制造业FDI流入视角的实证研究》,载《中国软科学》2014年第3期。

[3] 毕克新等:《跨国公司技术转移对绿色创新绩效影响效果评价——基于制造业绿色创新系统的实证研究》,载《中国软科学》2015年第11期。

[4] 毕克新等:《中国绿色工艺创新绩效的地区差异及影响因素研究》,载《中国工业经济》2013年第10期。

[5] 曹细玉、张杰芳:《碳减排补贴与碳税下的供应链碳减排决策优化与协调》,载《运筹与管理》2018年第4期。

[6] 陈军、田大钢:《闭环供应链模型下的产品回收模式选择》,载《中国管理科学》2017

年第 1 期。

[7] 陈林、万攀兵：《〈京都议定书〉及其清洁发展机制的减排效应——基于中国参与全球环境治理微观项目数据的分析》，载《经济研究》2019 年第 3 期。

[8] 程永伟：《考虑消费者偏好的再制造决策》，载《中国管理科学》2012 年第 S1 期。

[9] 蔡莉等：《创业研究回顾与资源视角下的研究框架构建——基于扎根思想的编码与提炼》，载《管理世界》2011 年第 12 期。

[10] 蔡翔、赵娟：《大学—企业—政府协同创新效率及其影响因素研究》，载《软科学》2019 年第 2 期。

[11] 曹俊浩等：《基于双边市场理论的 B2B 垄断平台自网络外部性分类及其强度研究》，载《上海交通大学学报》2010 年第 12 期。

[12] 曹钰华、袁勇志：《我国区域创新人才政策对比研究——基于政策工具和"系统失灵"视角的内容分析》，载《科技管理研究》2019 年第 10 期。

[13] 曾刚等：《长三角科技人才区域一体化障碍及其因应之道》，载《科技中国》2019 年第 12 期。

[14] 曾诗钦等：《区块链技术研究综述：原理、进展与应用》，载《通信学报》2020 年第 1 期。

[15] 常爱华等：《价值链、创新链与创新服务链——基于服务视角的科技中介系统的理论框架》，载《科学管理研究》2011 年第 2 期。

[16] 陈劲、阳银娟：《协同创新的驱动机理》，载《技术经济》2012 年第 8 期。

[17] 陈启杰等：《"市场—政策"双重导向对农业企业绩效的影响机制研究——以泛长三角地区农业龙头企业为例》，载《南开管理评论》2010 年第 5 期。

[18] 陈威如、王节祥：《依附式升级：平台生态系统中参与者的数字化转型战略》，载《管理世界》2021 年第 10 期。

[19] 陈永泰等：《面向企业绿色创新的政府 R&D 补贴契约设计》，载《系统管理学报》2019 年第 4 期。

[20] 程华、廖中举：《中国区域环境创新绩效评价与研究》，载《中国环境科学》2011 年第 3 期。

[21] 崔永华、王冬杰：《区域民生科技创新系统的构建——基于协同创新网络的视角》，载《科学学与科学技术管理》2011 年第 7 期。

[22] 丁雪峰等：《考虑奢侈与环保偏好的再制造品最优定价策略》，载《中国管理科学》2013 年第 5 期。

[23] 杜少甫等：《考虑排放许可与交易的生产优化》，载《中国管理科学》2009 年第 3 期。

[24] 戴静等：《银行业竞争、创新资源配置和企业创新产出——基于中国工业企业的经验

证据》，载《金融研究》2020 年第 2 期。

[25] 党兴华、肖瑶：《基于跨层级视角的创新网络治理机理研究》，载《科学学研究》
2015 年第 12 期。

[26] 党兴华等：《风险投资机构专业化与投资绩效——来自中国风险投资业的经验证
据》，载《科技进步与对策》2014 年第 12 期。

[27] 狄增如、樊瑛：《多元主体合作共治的组织与模式创新》，载《工程研究-跨学科视
野中的工程》2015 年第 2 期。

[28] 翟静、卢毅：《科技资源市场化配置中的规矩与意识研究》，载《科学管理研究》
2015 年第 5 期。

[29] 杜斌、李斌：《市场导向对协同创新绩效的影响机理：基于复杂网络的动静态比
较》，载《中国科技论坛》2017 年第 5 期。

[30] 段文奇、柯玲芬：《基于用户规模的双边平台适应性动态定价策略研究》，载《中国
管理科学》2016 年第 8 期。

[31] 付秋芳等：《惩罚机制下供应链企业碳减排投入的演化博弈》，载《管理科学学报》
2016 年第 4 期。

[32] 付小勇等：《基于逆向供应链间回收价格竞争的回收渠道选择策略》，载《中国管理
科学》2014 年第 10 期。

[33] 高举红等：《市场细分下考虑消费者支付意愿差异的闭环供应链定价决策》，载《系
统工程理论与实践》2018 年第 12 期。

[34] 高良谋、马文甲：《开放式创新：内涵、框架与中国情境》，载《管理世界》2014 年
第 6 期。

[35] 高晓宁等：《政府委托下应急物资生产能力代储系统激励契约设计》，载《管理工程
学报》2019 年第 1 期。

[36] 葛鹏飞等：《科研创新提高了"一带一路"沿线国家的绿色全要素生产率吗》，载
《国际贸易问题》2017 年第 9 期。

[37] 宫建华、周远祎：《浅析供应链金融的时代特征及发展策略》，载《征信》2018 年第
6 期。

[38] 郭丕斌、刘宇民：《创新政策效果评价：基于行业和区域层面的分析》，载《中国软
科学》2019 年第 9 期。

[39] 胡本勇、王性玉：《考虑努力因素的供应链收益共享演化契约》，载《管理工程学
报》2010 年第 2 期。

[40] 黄帝等：《配额-交易机制下动态批量生产和减排投资策略研究》，载《中国管理科
学》2016 年第 4 期。

[41] 何小钢：《绿色技术创新的最优规制结构研究——基于研发支持与环境规制的双重互

动效应》，载《经济管理》2014 年第 11 期。

[42] 洪闯等：《基于链接分析的企业开放式创新平台网络影响力评价研究》，载《情报理论与实践》2018 年第 12 期。

[43] 洪银兴：《科技创新中的企业家及其创新行为——兼论企业为主体的技术创新体系》，载《中国工业经济》2012 年第 6 期。

[44] 胡泉峰：《产业技术创新战略联盟研究评述》，载《商场现代化》2010 年第 20 期。

[45] 华中生：《网络环境下的平台服务及其管理问题》，载《管理科学学报》2013 年第 12 期。

[46] 黄鲁成：《宏观区域创新体系的理论模式研究》，载《中国软科学》2002 年第 1 期。

[47] 黄明田、储雪俭：《我国供应链金融业务运作模式梳理与发展对策建议》，载《金融理论与实践》2019 年第 2 期。

[48] 黄晓杏等：《区域绿色创新系统成熟度指标体系的构建与评价》，载《统计与决策》2019 年第 21 期。

[49] 霍光峰、张换兆：《中国科技发展国际合作战略的评价与建议》，载《中国科技论坛》2010 年第 4 期。

[50] 姬小利：《伴随销售商促销努力的供应链契约设计》，载《中国管理科学》2006 年第 4 期。

[51] 江世英、李随成：《考虑产品绿色度的绿色供应链博弈模型及收益共享契约》，载《中国管理科学》2015 年第 6 期。

[52] 焦建玲等：《碳减排奖惩机制下地方政府和企业行为演化博弈分析》，载《中国管理科学》2017 年第 10 期。

[53] 纪汉霖、管锡展：《双边市场及其定价策略研究》，载《外国经济与管理》2006 年第 3 期。

[54] 纪汉霖、管锡展：《纵向一体化结构下的双边市场定价策略》，载《系统工程理论与实践》2008 年第 9 期。

[55] 纪汉霖：《双边市场定价方式的模型研究》，载《产业经济研究》2006 年第 4 期。

[56] 贾军、张伟：《绿色技术创新中路径依赖及环境规制影响分析》，载《科学学与科学技术管理》2014 年第 5 期。

[57] 姜浩、郭顿：《新型供应链金融模式在小微企业融资中的应用研究》，载《西南金融》2019 年第 4 期。

[58] 解学梅、曾赛星：《科技产业集群持续创新能力体系评价——基于因子分析法的模型构建和实证研究》，载《系统管理学报》2008 年第 3 期。

[59] 解学梅等：《高新技术企业科技研发投入与新产品创新绩效——基于面板数据的比较研究》，载《工业工程与管理》2013 年第 3 期。

［60］黎宇科、高洋：《德国动力电池回收利用经验及启示》，载《资源再生》2013 年第
10 期。

［61］康健、胡祖光：《基于区域产业互动的三螺旋协同创新能力评价研究》，载《科研管
理》2014 年第 5 期。

［62］孔令丞等：《科创网络推动区域创新的作用机理及实证分析——来自省级面板数据的
证据》，载《上海经济研究》2019 年第 4 期。

［63］李剑等：《碳排放约束下供应链的碳交易模型研究》，载《中国管理科学》2016 年第
4 期。

［64］李友东、谢鑫鹏：《考虑消费者低碳偏好的供应链企业减排成本分摊比较研究》，载
《运筹与管理》2017 年第 10 期。

［65］李友东等：《两种分成契约下供应链企业合作减排决策机制研究》，载《中国管理科
学》2016 年第 3 期。

［66］李媛、赵道致：《收益共享寄售契约下考虑碳减排的供应链绩效》，载《管理工程学
报》2016 年第 3 期。

［67］李长胜等：《基于两阶段博弈模型的钢铁行业碳强度减排机制研究》，载《中国管理
科学》2012 年第 2 期。

［68］李广乾、陶涛：《电子商务平台生态化与平台治理政策》，载《管理世界》2018 年第
6 期。

［69］李国武：《政府调控下的竞争与合作——中国高速列车的创新体系及其演进》，载
《南开学报（哲学社会科学版）》2019 年第 3 期。

［70］李浩：《社会资本视角下的网络知识管理框架及进展研究》，载《管理世界》2012 年
第 3 期。

［71］李佳等：《大数据时代区域创新服务平台间科技资源共享行为的演化博弈研究》，载
《情报科学》2018 年第 1 期。

［72］李昆：《绿色技术创新的平台效应研究——以新能源汽车技术创新及商业化为例》，
载《外国经济与管理》2017 年第 11 期。

［73］李梅芳等：《产学研合作成效关键影响因素研究——基于合作开展与合作满意的视
角》，载《科学学研究》2012 年第 12 期。

［74］李美洲等：《美国州政府支持绿色金融发展的主要做法及对我国的启示》，载《西南
金融》2017 年第 3 期。

［75］李全升、苏秦：《市场导向、迭代式创新与新产品开发》，载《管理学报》2019 年第
12 期。

［76］李树：《环保产业发展中"政府与市场"合作模式研究》，载《经济纵横》2013 年
第 9 期。

[77] 李维安等：《网络治理研究前沿与述评》，载《南开管理评论》2014 年第 5 期。

[78] 李晓冬、王龙伟：《市场导向、政府导向对中国企业创新驱动的比较研究》，载《管理科学》2015 年第 6 期。

[79] 李延朋：《垂直专业化、企业签约与知识型技术创新体系构建》，载《中国工业经济》2014 年第 9 期。

[80] 李延喜等：《金融合作提升"一带一路"区域创新能力研究》，载《科研管理》2019 年第 9 期。

[81] 李正风、张成岗：《我国创新体系特点与创新资源整合》，载《科学学研究》2005 年第 5 期。

[82] 梁玲等：《汽车逆向物流的回收渠道策略》，载《当代经济管理》2015 年第 1 期。

[83] 梁圣蓉、罗良文：《国际研发资本技术溢出对绿色技术创新效率的动态效应》，载《科研管理》2019 年第 3 期。

[84] 廖中举等：《国家创新体系研究进展与述评》，载《技术经济与管理研究》2019 年第 4 期。

[85] 林云华等：《论我国排污权交易体系的构建》，载《现代商贸工业》2008 年第 2 期。

[86] 林志炳等：《损失厌恶下的供应链收益共享契约研究》，载《管理科学学报》2010 年第 8 期。

[87] 林润辉、李维安：《网络组织——更具环境适应能力的新型组织模式》，载《南开管理评论》2000 年第 3 期。

[88] 林润辉等：《基于网络组织的协作创新研究综述》，载《管理评论》2013 年第 6 期。

[89] 刘东霞、谭德庆：《基于消费者效用模型的耐用品垄断商回购与再制造决策研究》，载《中国管理科学》2014 年第 4 期。

[90] 刘琦铀等：《公平关切及低碳视角下供应链两部定价契约问题研究》，载《中国管理科学》2016 年第 10 期。

[91] 刘学勇等：《线性需求下的产品召回成本分担和质量激励》，载《系统工程理论与实践》2012 年第 7 期。

[92] 刘宇熹等：《再制造下基于努力程度的产品租赁服务系统收益共享契约研究》，载《管理工程学报》2018 年第 1 期。

[93] 刘丹、闫长乐：《协同创新网络结构与机理研究》，载《管理世界》2013 年第 12 期。

[94] 刘和旺等：《所有制类型、技术创新与企业绩效》，载《中国软科学》2015 年第 3 期。

[95] 刘瑞明、赵仁杰：《国家高新区推动了地区经济发展吗？——基于双重差分方法的验证》，载《管理世界》2015 年第 8 期。

[96] 刘生远：《新常态下中国国际技术合作框架建设的研究》，载《创新科技》2016 年第

3 期。

［97］刘志春：《国家创新体系概念、构成及我国建设现状和重点研究》，载《科技管理研究》2010 年第 15 期。

［98］柳瑞禹、秦华：《基于公平偏好和长期绩效的委托代理问题研究》，载《系统工程理论与实践》2015 年第 10 期。

［99］柳卸林等：《什么是国家创新体系》，载《数量经济技术经济研究》1999 年第 5 期。

［100］龙勇等：《战略联盟中交易成本、联盟能力对效率边界影响的实证研究》，载《管理评论》2012 年第 12 期。

［101］楼高翔等：《非对称信息下供应链减排投资策略及激励机制》，载《管理科学学报》2016 年第 2 期。

［102］陆瑶、李艳冰：《供应链下考虑环保偏好的再制造策略研究》，载《中国工程机械学报》2015 年第 4 期。

［103］马秋卓等：《碳配额交易体系下企业低碳产品定价及最优碳排放策略》，载《管理工程学报》2014 年第 2 期。

［104］马祖军：《绿色供应链管理的集成特性和体系结构》，载《南开管理评论》2002 年第 6 期。

［105］马骏等：《构建支持绿色技术创新的金融服务体系》，载《金融理论与实践》2020 年第 5 期。

［106］彭志强等：《基于顾客选择行为的再制造产品价格歧视策略》，载《工业工程与管理》2011 年第 3 期。

［107］石敏俊等：《碳减排政策：碳税、碳交易还是两者兼之？》，载《管理科学学报》2013 年第 9 期。

［108］士明军等：《政府补贴下绿色供应链需求预测信息共享研究》，载《管理工程学报》2020 年第 4 期。

［109］孟韬：《网络治理与集群治理》，载《产业经济评论》2006 年第 1 期。

［110］宁靓、李纪琛：《财税政策对企业技术创新的激励效应》，载《经济问题》2019 年第 11 期。

［111］牛冲槐等：《科技型人才聚集对智力资本积累与技术创新影响的实证分析》，载《科技进步与对策》2015 年第 10 期。

［112］牛冲槐等：《人才聚集效应及其评判》，载《中国软科学》2006 年第 4 期。

［113］牛盼强：《基于产业知识基础与制度匹配的上海区域创新体系构建研究》，载《科技进步与对策》2016 年第 3 期。

［114］欧光军等：《国家高新区产业集群创新生态能力评价研究》，载《科研管理》2018 年第 8 期。

[115] 彭星、李斌：《贸易开放、FDI 与中国工业绿色转型——基于动态面板门限模型的实证研究》，载《国际贸易问题》2015 年第 1 期。

[116] 齐善鸿、周桂荣：《我国科技人才流动的特征与机制选择》，载《天津商业大学学报》2008 年第 6 期。

[117] 齐亚伟、陶长琪：《环境约束下要素集聚对区域创新能力的影响——基于 GWR 模型的实证分析》，载《科研管理》2014 年第 9 期。

[118] 邵朝对等：《国内价值链与区域经济周期协同：来自中国的经验证据》，载《经济研究》2018 年第 3 期。

[119] 邵云飞等：《我国战略性新兴产业创新能力评价及政策研究》，载《科技进步与对策》2020 年第 2 期。

[120] 沈能、周晶晶：《技术异质性视角下的我国绿色创新效率及关键因素作用机制研究：基于 Hybrid DEA 和结构化方程模型》，载《管理工程学报》2018 年第 4 期。

[121] 盛宇华、朱赛林：《高技术企业多元化战略对创新持续性的影响——动态能力的调节作用》，载《科技进步与对策》2020 年第 17 期。

[122] 史修松等：《中国区域创新效率及其空间差异研究》，载《数量经济技术经济研究》2009 年第 3 期。

[123] 苏朝晖、苏梅青：《科技创新平台服务质量评价——对福州、厦门、泉州三地的实证研究》，载《科技进步与对策》2015 年第 4 期。

[124] 苏屹等：《现代化经济体系创新要素结构测度与关键影响因素识别研究》，载《科学管理研究》2020 年第 6 期。

[125] 孙国强、范建红：《网络组织治理机制与绩效的典型相关分析》，载《经济管理》2005 年第 12 期。

[126] 孙淑生、刘会颖：《供应链管理中有效实现信息共享的对策分析》，载《商业经济研究》2016 年第 21 期。

[127] 孙艳：《欧盟参与科技创新国际合作的机制和经验》，载《国际经济合作》2014 年第 12 期。

[128] 孙永磊等：《合作组织惯例形成影响因素研究述评与未来展望》，载《外国经济与管理》2014 年第 3 期。

[129] 孙永磊等：《企业战略导向对创新活动的影响——来自苹果公司的案例分析》，载《科学学与科学技术管理》2015 年第 2 期。

[130] 唐震等：《EIT 产学研协同创新平台运行机制案例研究》，载《科学学研究》2015 年第 1 期。

[131] 陶长琪、周璇：《环境规制与技术溢出耦联下的省域技术创新能力评价研究》，载《科研管理》2016 年第 9 期。

［132］田红宇等：《政府主导、地方政府竞争与科技创新效率》，载《软科学》2019 年第 2 期。

［133］王道平等：《联合促销下双渠道 VMI 供应链的竞争与协调》，载《中国管理科学》2016 年第 3 期。

［134］王明喜等：《碳排放约束下的企业最优减排投资行为》，载《管理科学学报》2015 年第 6 期。

［135］王能民等：《绿色供应链管理的研究进展及趋势》，载《管理工程学报》2007 年第 2 期。

［136］王芹鹏等：《供应链企业碳减排投资策略选择与行为演化研究》，载《管理工程学报》2014 年第 3 期。

［137］王文宾、达庆利：《零售商与第三方回收下闭环供应链回收与定价研究》，载《管理工程学报》2010 年第 2 期。

［138］汪明月等：《绿色技术创新产学研金介协同的内在机理研究——一个分析框架》，载《生态经济》2021 年第 11 期。

［139］汪明月等：《绿色技术创新政产学研用金协同的现状、问题与对策》，载《科学管理研究》2020 年第 6 期。

［140］汪明月等：《市场导向的绿色技术创新机理与对策研究》，载《中国环境管理》2019 年第 3 期。

［141］汪明月等：《市场导向驱动企业绿色技术创新模型构建与路径分析》，载《科技进步与对策》2019 年第 20 期。

［142］汪秀婷、胡树华：《基于"三力模型"的产业技术创新平台集成运行模式》，载《科学学与科学技术管理》2009 年第 10 期。

［143］王崇锋：《知识溢出对区域创新效率的调节机制》，载《中国人口·资源与环境》2015 年第 7 期。

［144］王海龙等：《绿色技术创新效率对区域绿色增长绩效的影响实证分析》，载《科学学与科学技术管理》2016 年第 6 期。

［145］王宏起等：《基于平台的科技资源共享服务范式演进机理研究》，载《中国软科学》2019 年第 11 期。

［146］王宏起等：《科技成果转化的双边市场属性及其政策启示——基于成果转化平台的视角》，载《科学学与科学技术管理》2018 年第 2 期。

［147］王宏起等：《区域科技资源共享平台服务绩效评价指标体系研究》，载《科学管理研究》2015 年第 2 期。

［148］王卫东：《产业集群的网络组织结构与风险研究综述》，载《工业技术经济》2010 年第 3 期。

[149] 王小宁、周晓唯:《西部地区环境规制与技术创新——基于环境规制工具视角的分析》，载《技术经济与管理研究》2014 年第 5 期。

[150] 王小勇:《国际科技合作模式的研究——文献综述与来自浙江的实践》，载《科技管理研究》2014 年第 5 期。

[151] 王正新、朱洪涛:《创新效率对高技术产业出口复杂度的非线性影响》，载《国际贸易问题》2017 年第 6 期。

[152] 武春友等:《绿色供应链管理与企业可持续发展》，载《中国软科学》2001 年第 3 期。

[153] 谢家平等:《闭环供应链下收益共享契约机制策略研究》，载《管理工程学报》2017 年第 2 期。

[154] 谢鑫鹏、赵道致:《低碳供应链企业减排合作策略研究》，载《管理科学》2013 年第 3 期。

[155] 徐春秋等:《上下游联合减排与低碳宣传的微分博弈模型》，载《管理科学学报》2016 年第 2 期。

[156] 闫冰倩等:《碳交易机制对中国国民经济各部门产品价格及收益的影响研究》，载《中国管理科学》2017 年第 7 期。

[157] 杨宽、刘信钰:《基于消费者低碳偏好和内部融资的供应链碳减排决策》，载《系统工程》2016 年第 11 期。

[158] 杨磊等:《碳交易机制下供应链渠道选择与减排策略》，载《管理科学学报》2017 年第 11 期。

[159] 杨仕辉、王平:《基于碳配额政策的两级低碳供应链博弈与优化》，载《控制与决策》2016 年第 5 期。

[160] 叶同等:《考虑消费者低碳偏好和参考低碳水平效应的供应链联合减排动态优化与协调》，载《中国管理科学》2017 年第 10 期。

[161] 游达明、朱桂菊:《低碳供应链生态研发、合作促销与定价的微分博弈分析》，载《控制与决策》2016 年第 6 期。

[162] 于辉等:《批发价契约下的供应链应对突发事件》，载《系统工程理论与实践》2006 年第 8 期。

[163] 禹爱民、刘丽文:《随机需求和联合促销下双渠道供应链的竞争与协调》，载《管理工程学报》2012 年第 1 期。

[164] 魏江、徐蕾:《知识网络双重嵌入、知识整合与集群企业创新能力》，载《管理科学学报》2014 年第 2 期。

[165] 伍格致、游达明:《环境规制对技术创新与绿色全要素生产率的影响机制：基于财政分权的调节作用》，载《管理工程学报》2019 年第 1 期。

［166］武春友、吴荻：《市场导向下企业绿色管理行为的形成路径研究》，载《南开管理评论》2009 年第 6 期。

［167］肖文、林高榜：《政府支持、研发管理与技术创新效率——基于中国工业行业的实证分析》，载《管理世界》2014 年第 4 期。

［168］谢家平等：《科创平台的网络特征、运行治理与发展策略——以中关村、张江园科技创新实践为例》，载《经济管理》2017 年第 5 期。

［169］徐晋、张祥建：《平台经济学初探》，载《中国工业经济》2006 年第 5 期。

［170］许冠南等：《关系嵌入性对技术创新绩效作用机制案例研究》，载《科学学研究》2011 年第 11 期。

［171］许强、应翔君：《核心企业主导下传统产业集群和高技术产业集群协同创新网络比较——基于多案例研究》，载《软科学》2012 年第 6 期。

［172］许庆瑞、王毅：《绿色技术创新新探：生命周期观》，载《科学管理研究》1999 年第 1 期。

［173］许庆瑞、吴志岩：《企业技术创新体系建设战略的理论初探》，载《管理工程学报》2014 年第 4 期。

［174］许庆瑞：《应用全面创新管理提高中小型企业创新能力研究》，载《管理工程学报》2009 年第 S1 期。

［175］许治、陈丽玉：《国家级创新型城市创新能力的动态演进——基于技术成就指数的研究》，载《管理评论》2016 年第 10 期。

［176］阳晓伟、闭明雄：《德国制造业科技创新体系及其对中国的启示》，载《技术经济与管理研究》2019 年第 5 期。

［177］杨虹：《破解企业自主创新障碍之策》，载《商场现代化》2008 年第 8 期。

［178］杨磊、侯贵生：《联盟知识异质性、知识协同与企业创新绩效关系的实证研究——基于知识嵌入性视角》，载《预测》2020 年第 4 期。

［179］易朝辉：《网络嵌入、创业导向与新创企业绩效关系研究》，载《科研管理》2012 年第 11 期。

［180］殷春武：《基于模糊灰度的学科集群和产业集群协同创新能力评价方法研究》，载《科技管理研究》2013 年 21 期。

［181］殷俊杰、邵云飞：《创新搜索和惯例的调节作用下联盟组合伙伴多样性对创新绩效的影响研究》，载《管理学报》2017 年第 4 期。

［182］尹思敏：《关于构建绿色技术创新体系的思考与建议》，载《中国经贸导刊》2019 年第 23 期。

［183］尤喆等：《构建市场导向的绿色技术创新体系：重大意义与实践路径》，载《学习与实践》2019 年第 5 期。

[184] 游达明、朱桂菊：《不同竞合模式下企业生态技术创新最优研发与补贴》，载《中国工业经济》2014 年第 8 期。

[185] 于文浩：《改革开放 40 年中国国家创新体系的路径选择与启示》，载《南京社会科学》2018 年第 9 期。

[186] 郁培丽等：《技术创新、溢出效应与最优环境政策组合》，载《运筹与管理》2014 年第 5 期。

[187] 袁丹等：《国际贸易、国内居民消费与产业结构——基于 SVAR 模型的实证分析》，载《工业技术经济》2016 年第 8 期。

[188] 张福安等：《考虑双向主导相异的闭环供应链物流策略与补贴机制研究》，载《中国管理科学》2016 年第 10 期。

[189] 张国兴等：《京津冀节能减排政策措施的差异与协同研究》，载《管理科学学报》2018 年第 5 期。

[190] 张秀萍、徐琳：《绿色供应链研究评述》，载《经济管理》2009 年第 2 期。

[191] 张芸荣、陈志祥：《基于消费者环保意识偏好的合作再制造生产模式研究》，载《中国管理科学》编辑部主编：《第十九届中国管理科学学术年会论文集》，中山大学管理学院 2017 年版。

[192] 张丹宁、唐晓华：《网络组织视角下产业集群社会责任建设研究》，载《中国工业经济》2012 年第 3 期。

[193] 张红霞、王丹阳：《"一带一路"区域合作网络的新经济空间效应》，载《甘肃社会科学》2016 年第 1 期。

[194] 张辉、赵琳：《我国地方政府高层次创新人才引进政策研究》，载《企业改革与管理》2015 年第 2 期。

[195] 张景兰等：《大型仪器设备使用管理研究》，载《实验技术与管理》2002 年第 5 期。

[196] 张嫚：《环境规制与企业行为间的关联机制研究》，载《财经问题研究》2005 年第 4 期。

[197] 张永恒、郝寿义：《高质量发展阶段新旧动力转换的产业优化升级路径》，载《改革》2018 年第 11 期。

[198] 赵道致等：《低碳环境下供应链纵向减排合作的动态协调策略》，载《管理工程学报》2016 年第 1 期。

[199] 赵爱武、关洪军：《企业环境技术创新激励政策优化组合模拟与分析》，载《管理科学》2018 年第 6 期。

[200] 赵喜仓、安荣花：《江苏省科技成果转化效率及其影响因素分析——基于熵值和随机前沿的实证分析》，载《科技管理研究》2013 年第 9 期。

[201] 赵雨涵、宋旭光：《我国区域创新空间关联的测度与分析——兼论区域创新网络结

构的动态特征》，载《西南民族大学学报（人文社科版）》2017 年第 7 期。

［202］郑传均、邢定银：《知识型联盟中知识共享效率的影响因素分析》，载《情报杂志》2007 年第 2 期。

［203］郑建、周曙东：《"一带一路"沿线贸易协定的贸易促进效应——基于 PSM 模型的实证分析》，载《经济经纬》2019 年第 6 期。

［204］郑胜华、池仁勇：《核心企业合作能力、创新网络与产业协同演化机理研究》，载《科研管理》2017 年第 6 期。

［205］支帮东等：《碳限额与交易机制下基于成本共担契约的两级供应链协调策略》，载《中国管理科学》2017 年第 7 期。

［206］周艳菊等：《促进低碳产品需求的供应链减排成本分担模型》，载《中国管理科学》2015 年第 7 期。

［207］周海涛、张振刚：《政府科技经费对企业创新决策行为的引导效应研究——基于广东高新技术企业微观面板数据》，载《中国软科学》2016 年第 6 期。

［208］周思凡等：《国内创新集群研究进展》，载《全球科技经济瞭望》2017 年第 3 期。

［209］朱泽钢：《治理机制对绿色技术创新的驱动作用》，载《中国软科学》2022 年第 12 期。

［210］朱振中、吕廷杰：《具有负的双边网络外部性的媒体市场竞争研究》，载《管理科学学报》2007 年第 6 期。

［211］卓志衡等：《绿色科技创新对实体经济发展影响的动态互动分析——基于 1990—2017 年湖北省数据分析》，载《长江技术经济》2019 年第 3 期。

［212］宗凡等：《国家创新体系包容性视角下高校与外资研发机构合作模式演进研究》，载《科技进步与对策》2017 年第 4 期。

附　录

附录 A

证明非对称信息下消费者对制造商提供的私有偏好信息即为其真实信息。

消费者剩余函数为 $u(q(\tilde{\theta}), p(\tilde{\theta}), \theta) = v(q, \theta) - p(\theta)$，其中 θ 为消费者的真实偏好强度，$\tilde{\theta}$ 为其向企业所提供的偏好信息。制造商可利用产品碳标签，对消费者偏好进行预测估计，假设预估范围满足 $\theta \in [\underline{\theta}, \bar{\theta}]$。

当企业的减排和价格策略组合满足 $\dfrac{\partial^{2} u(q(\theta), p(\theta), \theta)}{\partial \theta^{2}} \leqslant 0$，$u(q(\theta),$

$p(\theta), \theta) \geqslant u(q(\tilde{\theta}), p(\tilde{\theta}), \theta)$ 条件时，消费者只有向企业传递其真实偏好信息才能获得唯一最优效用。当 $\dfrac{\partial u(q(\theta), p(\theta), \theta)}{\partial \theta} = 0$ 时，$\dfrac{\partial v(q(\theta), \theta)}{\partial q}$

$\dfrac{dq(\theta)}{d\theta} = \dfrac{dp(\theta)}{d\theta}$，进一步求导，$\dfrac{\partial^{2} v(q(\theta), \theta)}{\partial q^{2}} \Big[\dfrac{dq(\theta)}{d\theta} \Big]^{2} + \dfrac{\partial v(q(\theta), \theta)}{\partial q}$

$\dfrac{d^{2} q(\theta)}{d \theta^{2}} \leqslant \dfrac{d^{2} p(\theta)}{d \theta^{2}}$，$\dfrac{\partial^{2} v(q(\theta), \theta)}{\partial q^{2}} \Big[\dfrac{dq(\theta)}{d\theta} \Big]^{2} + \dfrac{\partial^{2} v(q(\theta), \theta)}{\partial q \partial \theta} \dfrac{dq(\theta)}{d\theta} +$

$\dfrac{\partial v(q(\theta), \theta)}{\partial q} \dfrac{d^{2} q(\theta)}{d \theta^{2}} = \dfrac{d^{2} p(\theta)}{d \theta^{2}}$。得到 $\dfrac{\partial^{2} v(q(\theta), \theta)}{\partial q \partial \theta} \dfrac{dq(\theta)}{d\theta} \geqslant 0$，此时约束

条件可化简为，$\begin{cases} \dfrac{\partial^2 v(q(\theta),\theta)}{\partial q \partial \theta} \dfrac{dq(\theta)}{d\theta} \geq 0 \\ \dfrac{\partial v(q(\theta),\theta)}{\partial q} \dfrac{dq(\theta)}{d\theta} = \dfrac{dp(\theta)}{d\theta} \end{cases}$。根据 Spence–Mirrlees 定理，

得 $\dfrac{\partial^2 v(q(\theta),\theta)}{\partial q \partial \theta} > 0$，结合假设 $\dfrac{dq(\theta)}{d\theta} \geq 0$，$\dfrac{\partial^2 v(q(\theta),\theta)}{\partial q^2} < 0$，保证了局部最优解的唯一性。

当消费者向企业传递的偏好信息不等于自身真实偏好时，

$$\dfrac{\partial u(q(\tilde{\theta}),p(\tilde{\theta}),\theta)}{\partial \theta} = \dfrac{\partial v(q(\tilde{\theta}),\theta)}{\partial q} \dfrac{dq(\tilde{\theta})}{d\theta} - \dfrac{dp(\tilde{\theta})}{d\theta}$$。从而根据约束条件得

到 $\dfrac{dp(\tilde{\theta})}{d\theta} = \dfrac{\partial v(q(\tilde{\theta}),\tilde{\theta})}{\partial q} \dfrac{dq(\tilde{\theta})}{d\theta}$，替换 $\dfrac{dp(\tilde{\theta})}{d\theta}$ 后，得到 $\dfrac{\partial u(q(\tilde{\theta}),p(\tilde{\theta}),\theta)}{\partial \theta} =$

$$\dfrac{\partial v(q(\tilde{\theta}),\theta)}{\partial q} \dfrac{dq(\tilde{\theta})}{d\theta} - \dfrac{\partial v(q(\tilde{\theta}),\tilde{\theta})}{\partial q} \dfrac{dq(\tilde{\theta})}{d\theta}$$。

根据中值定理，$\dfrac{\partial^2 v(q(\tilde{\theta}),\theta^*)}{\partial q \partial \theta}(\theta - \tilde{\theta}) = \dfrac{\partial v(q(\tilde{\theta}),\theta)}{\partial q} - \dfrac{\partial v(q(\tilde{\theta}),\tilde{\theta})}{\partial q}$，

$\dfrac{\partial u(q(\tilde{\theta}),p(\tilde{\theta}),\theta)}{\partial \theta} = \dfrac{\partial^2 v(q(\tilde{\theta}),\theta^*)}{\partial q \partial \theta}(\theta - \tilde{\theta}) \dfrac{dq(\tilde{\theta})}{d\theta}$。因此，当 $\theta > \tilde{\theta}$ 且

$dq(\tilde{\theta})/d\theta > 0$ 时，消费者效用随偏好强度而递增，$\partial u(q(\tilde{\theta}),p(\tilde{\theta}),\theta)/\partial$

$\theta > 0$，而当 $\theta < \tilde{\theta}$ 时递减，即在一定条件下，真实偏好信息 θ 是消费者剩余

$u(q(\tilde{\theta}),p(\tilde{\theta}),\theta)$ 的全局最优解。

附录 B

根据条件 $\theta_2 > \theta_1$，$q_1 \geq 0$，可得 $\theta_2 q_1 - p_1 \geq \theta_1 q_1 - p_1$，结合公式（3.5）中的约束条件 $\theta_2 q_2 - p_2 \geq \theta_2 q_1 - p_1$，可得 $\theta_2 q_2 - p_2 > \theta_2 q_1 - p_1 \geq \theta_1 q_1 - p_1 \geq 0$，即 $\theta_2(q_2 - q_1) \geq p_2 - p_1$。当 $p_1 = p_1 + \varepsilon$ 且 $p_2 = p_2 + \varepsilon$，$\varepsilon \to 0$ 时，制造商利润在满足约束的情况下，仍有提升空间。因此，制造商达到最优利润的边界

条件包括 $\theta_1 q_1 = p_1$ 且 $\theta_2(q_2 - q_1) = p_2 - p_1$。

根据约束条件 $\theta_2 q_2 - p_2 \geq \theta_2 q_1 - p_1$ 且 $\theta_1 q_1 - p_1 \geq \theta_1 q_2 - p_2$，得到 $\theta_2 q_2 - \theta_2 q_1 \geq p_2 - p_1$ 且 $\theta_1 q_1 - \theta_1 q_2 \geq p_1 - p_2$，得出关系 $\theta_2(q_2 - q_1) \geq p_2 - p_1 \geq \theta_1(q_2 - q_1)$，根据假设 $\theta_2 \geq \theta_1$，得到 $q_2 \geq q_1$。

此外，当 $C'(q_2) = 2\delta q_2 - p_c < \theta_2$ 时，存在策略组合 (q_1, p_1)，$(\tilde{q_2}, \tilde{p_2}) = (q_2 + \varepsilon, p_2 + \varepsilon\theta_2)$，有 $\theta_2 \tilde{q_2} - \tilde{p_2} = \theta_2 q_2 - p_2$，$\theta_1 \tilde{q_2} - \tilde{p_2} = \theta_1 q_2 - p_2 - \varepsilon(\theta_2 - \theta_1)$，因此该策略可以满足约束条件。

由 $\tilde{p_2} - C(\tilde{q_2}) - [p_2 - C(q_2)] = \varepsilon \theta_2 - C(\tilde{q_2}) + C(q_2)$，$\lim\limits_{\varepsilon \to 0} \dfrac{\varepsilon \theta_2 - [C(q_2 + \varepsilon) - C(q_2)]}{\varepsilon} = \theta_2 - C'(q_2) > 0$，因此该策略可进一步提高企业利润，与最优解条件矛盾，反之当 $C'(q_2) > \theta_2$ 时也与条件矛盾。因此约束的边界条件需包含 $2\delta q_2 - p_c = \theta_2$。

进一步根据约束条件转化制造商目标利润函数中的 p_2，使 $p_2 = \theta_2(q_2 - q_1) + \theta_1 q_1 = (\theta_1 - \theta_2) q_1 + \theta_2 q_2$。

附录 C

根据 $\partial \pi_m^S / \partial p_c = (p_c + \theta_1) / 2\delta - (q_0 - q_G)$，$\partial^2 \pi_m^S / \partial p_c^2 = 1/2\delta > 0$，$\partial \pi_m^S / \partial p_c = 0$ 条件下取得最小值点 $p_c = 2\delta(q_0 - q_G) - \theta_1$，代入企业利润，当 $\pi_m^S < 0$，即 $\delta(q_0 - q_G)[2(q_0 - q_G) - 1] > \theta_1 + (1 - \varphi)(\theta_2 - \theta_1)^2 / 4\varphi\delta(q_0 - q_G)$ 时，企业生产销售产品的利润为负。

政府为保证制造商减排的积极性，需调控碳交易价格满足 $p_c \leq p_c^{LS} = 2\delta(q_0 - q_G) - \theta_1 - I$ 或 $p_c \geq p_c^{US} = 2\delta(q_0 - q_G) - \theta_1 + I$，$I = \sqrt{[\theta_1 - 2\delta(q_0 - q_G)]^2 - \dfrac{\theta_1^2 + (1 - \varphi)\theta_2^2 - 2\theta_1\theta_2(1 - \varphi)}{\varphi}}$，$\partial I / \partial \varphi > 0$。

比较对称信息下与非对称信息下的可变碳价区间，令 $\Delta p_c^L = p_c^L - p_c^{LS} = I - H/2 - \delta(q_0 - q_G) - (\theta_2 - \theta_1)/2$，$\Delta p_c^U = p_c^{US} - p_c^U = \delta(q_0 - q_G) + (\theta_2 - \theta_1)/2 - H/2 + I$；$\partial \Delta p_c^{L(U)} / \partial \varphi > 0$。当 $I > (H + \theta_2 - \theta_1)/2 + \delta(q_0 - q_G)$ 时，$\Delta p_c^L > 0$ 且 $\Delta p_c^U > 0$，区间关系满足 $(p_c^L, p_c^U) \subseteq (p_c^{LS}, p_c^{US})$。

根据（3.8）得到最优碳交易价格 $p_c^{*S} = \delta(q_0 - q_G + \beta) - [\theta_1 - (1 - 2\varphi)\theta_2]/2\varphi$，在约束下 β 满足 $\beta \in [(q_0 - q_G) - \theta_1 + [\theta_1 - (1 - 2\varphi)\theta_2]/2\delta\varphi + I/\delta, B]$，最优碳交易价格的上限为 $p_c^{*SU} = \delta(q_0 - q_G + B) - [\theta_1 - (1 - 2\varphi)\theta_2]/2\varphi$，下限为 $p_c^{*SL} = 2\delta(q_0 - q_G) - \delta\theta_1 + I$。当 $\varphi \leqslant 0.5$ 时，$\partial p_c^{*S}/\partial \theta_2 = (1 - 2\varphi)/2\varphi \geqslant 0$；当 $\varphi > 0.5$ 时，$\partial p_c^{*S}/\partial \theta_2 < 0$；当 $\varphi \in (0, 1)$ 时，$\partial p_c^{*S}/\partial \theta_1 < 0$，$\partial p_c^{*S}/\partial \varphi < 0$，$\partial p_c^{*S}/\partial q_G < 0$。

附录 D

将 p_c^{*S} 代入（3.7）中，可得制造商的最优减排和定价策略、利润和社会福利分别为：

$$q_i^{*S} = \frac{q_0 - q_G + \beta}{2} + \frac{\theta_i - \theta_{-i}}{4\delta\varphi}$$

$$p_2^{*S} = \frac{2\theta_2^2 + \theta_1^2 - 3\theta_1\theta_2}{4\delta\varphi} + \frac{\theta_1(q_0 - q_G + \beta)}{2}$$

$$p_1^{*S} = \frac{\theta_1[2\delta\varphi(q_0 - q_G + \beta) + \theta_1 - \theta_2]}{4\varphi\delta}$$

$$\pi_m^{*S} = \frac{(\theta_1 - \theta_2)^2 + 2\varphi\theta_1\theta_2 - \varphi\theta_2^2}{4\varphi\delta} +$$

$$\frac{(2\theta_1 - \theta_2)[2\varphi\delta(\beta + q_0 - q_G) + (\theta_2 - \theta_1) - 2\varphi\theta_2]}{8\varphi\delta} -$$

$$\frac{[6\varphi\delta(q_0 - q_G) - 2\varphi\delta\beta - (\theta_2 - \theta_1)][2\varphi\delta(\beta + q_0 - q_G) + (\theta_2 - \theta_1) - 2\varphi\theta_2]}{16\varphi^2\delta}$$

$$SW^{*S} = \frac{[2\delta(q_0 - q_G) - 2\theta_1 + \theta_2][2\delta\varphi(\beta + q_0 - q_G) + (1 - 2\varphi)\theta_2 - \theta_1]}{4\varphi\delta} -$$

$$\frac{(\theta_2 - \theta_1)^2 - \varphi\theta_2^2}{4\varphi\delta} + \frac{[2\delta\varphi(\beta + q_0 - q_G) - \theta_1 + \theta_2 - 2\varphi\theta_2]^2}{16\delta\varphi^2}$$

满足假设条件时，制造商最优决策和利润符合：$\partial q_i^{*S}/\partial \theta_i > 0$，$\partial q_i^{*S}/\partial \theta_{-i} < 0$，$\partial q_i^{*S}/\partial q_G < 0$，$\partial \pi_m^{*S}/\partial q_G > 0$；当 $\varphi > \varphi' = \frac{\theta_2 - \theta_1}{4\varphi\delta(q_0 - q_G + \beta)} -$

$$\frac{q_0 - q_G - \beta}{2\left(q_0 - q_G + \beta\right)}时，\partial \pi_m^{*S}/\partial \theta_1 > 0，当 \varphi < \varphi'' = \frac{\theta_2 - \theta_1}{4\delta\varphi\left(q_0 - q_G - \beta\right)} + \frac{1}{2}时，\partial \pi_m^{*S}/\partial \theta_2 > 0。$$

比较两种信息条件下的产品策略组合决策，根据假设条件，得 $q_1^{*S} \leqslant q_1^{*F}$，$p_1^{*S} \leqslant p_1^{*F}$，$u_1^{*S} = 0$，$q_2^{*S} \geqslant q_2^{*F}$，$u_2^{*S} > 0$；当一般消费者规模满足 $\varphi > \varphi''' = \dfrac{2\theta_2 - \theta_1}{\theta_2 + 2\delta\left(q_0 - q_G + \beta\right)}$ 时，$p_2^{*S} < p_2^{*F}$。

附录 E

在激励相容和个体理性约束下，存在 $\widehat{\theta} \neq \theta$，使 $u(q(\theta)，\theta) \geqslant 0$，$u(q(\theta)，p(\theta)，\theta) \geqslant u(q(\widehat{\theta})，p(\widehat{\theta})，\theta)$，已有研究证明目标最优的边界条件需满足 $\partial u/\partial \theta = 0$ 且 $\partial^2 u/\partial \theta^2 \leqslant 0$。

根据一阶、二阶条件，得到 $\dfrac{dp}{d\theta} = \dfrac{\partial v}{\partial q}\dfrac{dq}{d\theta}$，$\dfrac{d^2p}{d\theta^2} \geqslant \dfrac{\partial^2 v}{\partial q^2}\left(\dfrac{dq}{d\theta}\right)^2 + \dfrac{\partial v}{\partial q}\dfrac{d^2q}{d\theta^2}$，化简得约束条件满足 $\dfrac{dp}{d\theta} = \dfrac{\partial v}{\partial q}\dfrac{dq}{d\theta}$ 和 $\dfrac{\partial^2 v}{\partial q\partial \theta}\dfrac{dq}{d\theta} \geqslant 0$。根据包络定理和等式 $u(\theta) = v(q(\theta)，\theta) - p(\theta)$，可得 $\dfrac{du(\theta)}{d\theta} = \dfrac{\partial v(q(\theta)，\theta)}{\partial q(\theta)}\dfrac{dq(\theta)}{d\theta} + \dfrac{\partial v(q(\theta)，\theta)}{\partial \theta} - \dfrac{dp(\theta)}{d\theta}$，根据约束条件 $\dfrac{dp}{d\theta} = \dfrac{\partial v}{\partial q}\dfrac{dq}{d\theta}$ 化简可得 $\dfrac{du(\theta)}{d\theta} = \dfrac{\partial v(q(\theta)，\theta)}{\partial \theta}$。

假设存在 $\widetilde{\theta} < \theta$，当 θ 偏好类型的消费者购买 $\widetilde{\theta}$ 类型的产品时，其消费剩余为 $X(\theta，\widetilde{\theta}) = v(q(\widetilde{\theta})，\theta) - p(\widetilde{\theta}) = u(\widetilde{\theta}) + v(q(\widetilde{\theta})，\theta) - v(q(\widetilde{\theta})，\widetilde{\theta})$。根据 $\partial v/\partial \theta > 0$，得 $v(q(\widetilde{\theta})，\theta) > v(q(\widetilde{\theta})，\widetilde{\theta})$，$X(\theta，\widetilde{\theta}) > u(\widetilde{\theta})$。即当绿色消费者购买一般产品的剩余更高时，其会购买减排程度和价格均较低的产品。企业为了避免这种情况并同时提高自身利润，会给予绿色消费者一定的消费补贴以维持其购买行为。

消费者个体理性约束下，其购买产品的剩余应不小于零 $u(\underline{\theta}) \geqslant 0$，根据边界条件将 $u(\theta)$ 展开，$u(\theta) = \int_{\underline{\theta}}^{\theta} \dfrac{\partial v(q(t)，t)}{\partial \theta} dt$，此时 $p(\theta) = v(q(\theta)，\theta) -$

$u(\theta) = v(q(\theta), \theta) - \int_{\underline{\theta}}^{\theta} \dfrac{\partial v(q(t), t)}{\partial \theta} dt$。进一步，制造商目标利润函数 $\pi_m =$

$\int_{\underline{\theta}}^{\bar{\theta}} [p(t) - \delta q(t)^2 + q(t) p_c] f(t) dt - (q_0 - q_G) p_c$，将 $p(\theta)$ 替换后可写作 π_m

$= \int_{\underline{\theta}}^{\bar{\theta}} \left[v(q(t), t) - \int_{\underline{\theta}}^{\theta} \dfrac{\partial v(q(x), x)}{\partial \theta} dx - \delta q(t)^2 + q(t) p_c \right] f(t) dt - (q_0 - q_G)$

p_c。其中，$\int_{\underline{\theta}}^{\theta} \dfrac{\partial v(q(x), x)}{\partial \theta} dx$ 即为信息不对称影响下，制造商为了维持绿色

偏好消费者的购买行为而付出的补贴成本。

令 $r(\theta) = f(\theta) / [1 - F(\theta)]$，根据 Fubini 定理，可化简 $\int_{\underline{\theta}}^{\theta} \dfrac{\partial v(q(t), t)}{\partial \theta} dt$

$= \dfrac{\partial v(q(\theta), \theta)}{\partial \theta} \dfrac{1 - F(\theta)}{f(\theta)} = \dfrac{1}{r(\theta)} \dfrac{\partial v(q(\theta), \theta)}{\partial \theta}$，其随 θ 的增加而不断提高，

利用一阶条件 $\dfrac{\partial \pi_m}{\partial q} = 0$ 求解，得到制造商的最优减排努力 $q^G(\theta)$ 满足

$\dfrac{\partial u(q^G(\theta), \theta)}{\partial q} = \dfrac{\partial^2 v(q^G(\theta), \theta)}{\partial q \partial \theta} \dfrac{1}{r(\theta)} + 2\delta q^G(\theta) - p_c$。

附录 F

对制造商的目标利润函数关于减排努力和价格分别求二阶导数，得到 $\dfrac{\partial^2 \pi_M}{\partial p^2}$

$= -2\alpha < 0$，$\dfrac{\partial^2 \pi_M}{\partial q^2} = -k < 0$，Hessian 矩阵 $\begin{vmatrix} \dfrac{\partial^2 \pi_M}{\partial p^2} & \dfrac{\partial \pi_M}{\partial q \partial p} \\ \dfrac{\partial \pi_M}{\partial p \partial q} & \dfrac{\partial^2 \pi_M}{\partial q^2} \end{vmatrix} = 2k\alpha - \beta^2$。在满

足约束条件 $2k\alpha > \beta^2$ 的情况下，制造商的目标利润函数关于 p 和 q 为联合凹函数，

利用一阶最优条件求解均衡决策，根据 $\dfrac{\partial \pi_M}{\partial q} = 0$，$\dfrac{\partial \pi_M}{\partial p} = 0$，得到，$q =$

$\dfrac{d\beta - \alpha\beta [w + (1 - \theta) c_n + \theta c_o]}{2k\alpha - \beta^2}$，$p = \dfrac{kd + (k\alpha - \beta^2) [w + (1 - \theta) c_n + \theta c_o]}{2k\alpha - \beta^2}$。将

其代入供应商的目标函数，并对批发价格和回收努力分别求二阶导数，得到 $\dfrac{\partial^2 \pi_N}{\partial w^2} = -\dfrac{2k\alpha^2(1-\theta)^2}{2k\alpha - \beta^2} < 0$，$\dfrac{\partial^2 \pi_O}{\partial \theta^2} = -b - \dfrac{2k\alpha^2(w - a_o)(c_o - c_n)}{2k\alpha - \beta^2} < 0$。竞争模型下，两个供应商的目标利润函数关于各自的决策变量均为凹函数，利用一阶最优条件求解均衡决策，根据 $\dfrac{\partial \pi_N}{\partial w} = \dfrac{\partial \pi_O}{\partial \theta} = 0$，得 $w^{*d} = \dfrac{d - \alpha[(1 - \theta^*) c_n + \theta^* c_o - sc_n]}{2\alpha}$，$\theta^{*d} = \dfrac{k\alpha[d - \alpha(c_n + w^*)](w^* - a_o)}{b(2k\alpha - \beta^2) - 2k\alpha^2(w^* - a_o)(c_n - c_o)}$。

将上式代入制造商的最优减排和价格决策，得到最优减排和价格决策，

$$q^{*d} = \dfrac{\beta[d - \alpha(1 - \theta^*) c_n - \alpha(\theta^* c_o + sc_n)]}{4k\alpha - 2\beta^2}，p^{*d} =$$

$$\dfrac{2\alpha dk + (k\alpha - \beta^2)\{d + \alpha[(1 - \theta^*) c_n + \theta^* c_o + sc_n]\}}{2\alpha(2k\alpha - \beta^2)}$$

对最优批发价格求解关于回收率的一阶导数，$\dfrac{\partial w^{*d}}{\partial \theta} = \dfrac{c_n - c_o}{2}$。由于回收零件的单位制造成本低于新零件，$c_n > c_o$，得到 $\dfrac{\partial w^{*d}}{\partial \theta} > 0$。同时，得到制造商的最优定价和减排决策关于回收率的变化满足 $\dfrac{\partial p^{*d}}{\partial \theta} = -$

$$\dfrac{(k\alpha - \beta^2)(c_n - c_o)}{4k\alpha - 2\beta^2} < 0，\dfrac{\partial q^{*d}}{\partial \theta} = \dfrac{\alpha\beta(c_n - c_o)}{4k\alpha - 2\beta^2} > 0。$$

根据假设条件，得到 $\dfrac{\partial \pi_M^{*d}}{\partial \theta} = \dfrac{k\alpha(c_n - c_o)[d - \alpha(1 - \theta) c_n - \alpha(\theta c_o + sc_n)]}{8k\alpha - 4\beta^2} >$

0，$\dfrac{\partial \pi_N^{*d}}{\partial \theta} = -$

$$\dfrac{k(d - 3\alpha(1 - \theta) c_n + \alpha(2 - 3\theta) c_o - \alpha sc_n)[d - \alpha(1 - \theta) c_n - \alpha(\theta c_o + sc_n)]}{8k\alpha - 4\beta^2}$$

< 0。当 Δ 提高时，π_M^{*d} 随回收率的递增幅度、π_N^{*d} 随回收率的递减幅度均会加剧。

附录 G

供应链总利润函数关于决策变量的联合凹性，可根据 $\dfrac{\partial^2 \pi_S}{\partial p^2} = -2\alpha < 0$,

$\dfrac{\partial^2 \pi_S}{\partial q^2} = -k < 0$, $\dfrac{\partial^2 \pi_S}{\partial \theta^2} = -b < 0$, Hessian 矩阵 $\begin{vmatrix} \dfrac{\partial^2 \pi_M}{\partial p^2} & \dfrac{\partial \pi_M}{\partial q \partial p} \\ \dfrac{\partial \pi_M}{\partial p \partial q} & \dfrac{\partial^2 \pi_M}{\partial q^2} \end{vmatrix} = 2k\alpha - \beta^2$

> 0, $\begin{vmatrix} \dfrac{\partial^2 \pi_S}{\partial p^2} & \dfrac{\partial \pi_M}{\partial p \partial q} & \dfrac{\partial \pi_M}{\partial p \partial \theta} \\ \dfrac{\partial \pi_M}{\partial q \partial p} & \dfrac{\partial^2 \pi_S}{\partial q^2} & \dfrac{\partial \pi_M}{\partial q \partial \theta} \\ \dfrac{\partial \pi_M}{\partial \theta \partial p} & \dfrac{\partial \pi_M}{\partial \theta \partial q} & \dfrac{\partial^2 \pi_S}{\partial \theta^2} \end{vmatrix} = -2k\alpha b + b\beta^2 + k\alpha^2 (c_n - c_o + sc_n - a_o)^2 <$

0, 得证，最优解存在。利用一阶最优条件求解均衡决策，根据 $\dfrac{\partial \pi_S}{\partial p} = 0$,

$\dfrac{\partial \pi_S}{\partial q} = 0$ 和 $\dfrac{\partial \pi_S}{\partial \theta} = 0$，得到最优产品售价、减排水平和回收率为，

$$p^{*c} = \frac{b(c_n + sc_n)(k\alpha - \beta^2) + dkb - dk\alpha(c_n - c_o + sc_n - a_o)^2}{b(2k\alpha - \beta^2) - k\alpha^2 (c_n - c_o + sc_n - a_o)^2}$$

$$q^{*c} = \frac{b\beta[d - \alpha(c_n + sc_n)]}{b(2k\alpha - \beta^2) - k\alpha^2 (c_n - c_o + sc_n - a_o)^2}$$

$$\theta^{*c} = \frac{k\alpha(c_n - c_o + sc_n - a_o)[d - \alpha(c_n + sc_n)]}{b(2k\alpha - \beta^2) - k\alpha^2 (c_n - c_o + sc_n - a_o)^2}$$

将上式代入目标利润函数，得到，

$$\pi_S^{*c} = \frac{bk[d - \alpha(c_n + sc_n)]^2}{b(4k\alpha - 2\beta^2) - 2k\alpha^2 (c_n - c_o + sc_n - a_o)^2}$$

将最优回收率代入售价、减排和利润函数中，进行比较，得到，

$$\pi_S^{*c} - \pi_S^{*d} = \frac{k[d - \alpha(c_n + sc_n) + \alpha\theta(2sc_n - 2a_o + c_n - c_o)]^2}{16k\alpha - 8\beta^2} > 0$$

$$p^{*c} - p^{*d} = -\frac{(k\alpha - \beta^2)[d - \alpha(c_n - \theta(2sc_n - 2a_o + c_n - c_o) + sc_n)]}{2\alpha(2k\alpha - \beta^2)} < 0$$

$$q^{*c} - q^{*d} = \frac{\beta[d - \alpha(c_n - \theta(2sc_n - 2a_o + c_n - c_o) + sc_n)]}{4k\alpha - 2\beta^2} > 0$$

然后，分析不同决策变量对于回收率的变化趋势，$\dfrac{\partial q^{*c}}{\partial \theta} =$

$\dfrac{\alpha\beta(c_n - c_o + sc_n - a_o)}{2k\alpha - \beta^2} > 0$，$\dfrac{\partial p^{*c}}{\partial \theta} = -\dfrac{(k\alpha - \beta^2)(c_n - c_o + sc_n - a_o)}{2k\alpha - \beta^2} < 0$。

附录 H

首先根据二阶条件证明目标函数在定义域内，关于决策变量为联合凹函

数，存在最优解，$\partial^2 \pi_T / \partial p^2 = -2 < 0$，$\begin{bmatrix} \dfrac{\partial^2 \pi_T}{\partial p^2} & \dfrac{\partial^2 \pi_T}{\partial p \partial q} \\ \dfrac{\partial^2 \pi_T}{\partial q \partial p} & \dfrac{\partial^2 \pi_T}{\partial q^2} \end{bmatrix} = 2\theta - (p_c + \rho)^2 >$

0。再由一阶条件 $\dfrac{\partial \pi_T}{\partial p} = -2p + a + \rho q + (c_s + c_m) + p_c(q_0 - q - q_G) = 0$，$\dfrac{\partial \pi_T}{\partial q} = -$

$\theta q + \rho(p - c_s - c_m) + p_c(a - p + \rho q) - \rho p_c(q_0 - q - q_G)$，得到最优决策，

$$q^{RA} = \frac{(\rho + p_c)[a - (c_m + c_s) - p_c(q_o - q_G)]}{2\theta - (p_c + \rho)^2},$$

$$p^{RA} = \frac{(\theta - 2\rho p_c)[a + (c_m + c_s) + p_c(q_o - q_G)]}{2\theta - (p_c + \rho)^2} +$$

$\dfrac{(\rho - p_c)[p_c(a - \rho q_o + \rho q_G) - \rho(c_m + c_s)]}{2\theta - (p_c + \rho)^2}$，进一步代入 (5.1) 得到最优销

量 和 利 润 $Q^{*RA} = \dfrac{\theta[a - (c_s + c_m) - p_c(q_0 - q_G)]}{2\theta - (\rho + p_c)^2}$，$\pi_T^{*RA} =$

$\dfrac{\theta[a - (c_s + c_m) - p_c(q_0 - q_G)]^2}{2[2\theta - (\rho + p_c)^2]}$。

附录 I

根据（5.2）中制造商的目标利润函数，求解其对决策变量 p 和 q 的一阶导数，

$$\frac{\partial \pi_M}{\partial p} = -2p + a + \rho q + (w + c_m) + p_c(q_0 - q - q_G)$$

$$\frac{\partial \pi_M}{\partial q} = -\theta q + \rho(p - w - c_m) + p_c(a - p + \rho q) - \rho p_c(q_0 - q - q_G)$$

根据假设条件，得到二阶导数和 Hessian 矩阵满足，$\dfrac{\partial^2 \pi_M}{\partial p^2} = -2 < 0$，

$$\begin{bmatrix} \dfrac{\partial^2 \pi_M}{\partial p^2} & \dfrac{\partial^2 \pi_M}{\partial p \partial q} \\ \dfrac{\partial^2 \pi_M}{\partial q \partial p} & \dfrac{\partial^2 \pi_M}{\partial q^2} \end{bmatrix} = 2\theta - (p_c + \rho)^2 > 0。$$ 因此制造商利润函数对决策变量为

凹函数，在定义域内存在最优解，得到定价和减排决策、市场需求分别为，

$$p = \frac{(\theta - 2\rho p_c)[a + (c_m + w) + p_c(q_0 - q_G)]}{2\theta - (p_c + \rho)^2} +$$

$$\frac{(\rho - p_c)[p_c(a - \rho q_0 + \rho q_G) - \rho(c_m + w)]}{2\theta - (p_c + \rho)^2}$$

$$q = \frac{(\rho + p_c)[a - (c_m + w) - p_c(q_0 - q_G)]}{2\theta - (p_c + \rho)^2}$$

$$Q = \frac{\theta[a - (c_m + w) - p_c(q_0 - q_G)]}{2\theta - (\rho + p_c)^2}$$

将上式代入供应商的利润函数，由二阶条件 $d^2 \pi_S / d w^2 = (-2\theta)/[2\theta - (\rho + p_c)^2] < 0$ 证得最优解的存在，根据一阶条件 $\dfrac{d \pi_S}{dw} = \dfrac{\theta(c_s - w) + \theta[a - (c_m + w) - p_c(q_0 - q_G)]}{2\theta - (\rho + p_c)^2}$，得到最优批发价决策为，

$$w^{NC} = \frac{a + (c_s - c_m) - p_c(q_0 - q_G)}{2}$$

进一步，将最优解代入后得到最优售价、减排决策和市场需求分别为，

$$p^{NC} = \frac{a(3\theta - 2p_c^2 - 3\rho p_c - \rho^2) - [\rho(p_c + \rho) - \theta][(c_s + c_m) + p_c(q_0 - q_G)]}{2[2\theta - (\rho + p_c)^2]}$$

$$q^{NC} = \frac{(\rho + p_c)[a - (c_s + c_m) - p_c(q_0 - q_G)]}{2[2\theta - (\rho + p_c)^2]}$$

$$Q^{NC} = \frac{\theta[a - (c_s + c_m) - p_c(q_0 - q_G)]}{2[2\theta - (\rho + p_c)^2]}$$

最优供应商、制造商和供应链总利润分别为，

$$\pi_S^{NC} = \frac{\theta[a - (c_s + c_m) - p_c(q_0 - q_G)]^2}{4[2\theta - (\rho + p_c)^2]}$$

$$\pi_M^{NC} = \frac{\theta[a - (c_s + c_m) - p_c(q_0 - q_G)]^2}{8[2\theta - (\rho + p_c)^2]}$$

$$\pi_T^{NC} = \frac{3\theta[a - (c_s + c_m) - p_c(q_0 - q_G)]^2}{8[2\theta - (\rho + p_c)^2]}$$

当 $q_0 - q^{NC} - q_G = 0$ 时，有 $q_G^* = q_0 - \frac{(a - c_s + c_m)(\rho + p_c)}{4\theta - (\rho + p_c)(2\rho + p_c)}$。对各最优

决策变量和利润分别求其关于消费者低碳偏好的一阶导数，在必要条件 $2\theta - (\rho + p_c)^2 > 0$，$a - (c_s + c_m) - p_c(q_0 - q_G) > 0$ 下，得到关系，

$$\frac{\partial w^{NC}}{\partial \rho} = 0, \quad \frac{\partial \pi_M^{NC}}{\partial \rho} > 0$$

$$\frac{\partial p^{NC}}{\partial \rho} = \frac{[2\theta\rho - p_c(\rho + p_c)^2][a - (c_s + c_m) - p_c(q_0 - q_G)]}{2[2\theta - (\rho + p_c)^2]^2}$$

$$\frac{\partial q^{NC}}{\partial \rho} = \frac{[2\theta + (\rho + p_c)^2][a - (c_s + c_m) - p_c(q_0 - q_G)]}{2[2\theta - (\rho + p_c)^2]^2} > 0$$

$$\frac{\partial Q^{NC}}{\partial \rho} = \frac{\theta(\rho + p_c)[a - (c_s + c_m) - p_c(q_0 - q_G)]}{[2\theta - (\rho + p_c)^2]^2} > 0$$

$$\frac{\partial \pi_S^{NC}}{\partial \rho} = \frac{\theta(\rho + p_c)[a - (c_s + c_m) - p_c(q_0 - q_G)]^2}{2[2\theta - (\rho + p_c)^2]^2} > 0$$

最后，分析最优决策变量、市场需求和利润关于碳交易价格的变化，

$$\frac{\partial q^{NC}}{\partial q_G} = \frac{p_c(\rho + p_c)}{2[2\theta - (\rho + p_c)^2]} > 0, \quad \frac{\partial w^{NC}}{\partial q_G} = \frac{p_c}{2} > 0$$

$$\frac{\partial p^{NC}}{\partial q_G} = \frac{p_c[\rho p_c + \rho^2 - \theta]}{2[2\theta - (\rho + p_c)^2]}, \quad \frac{\partial Q^{NC}}{\partial q_G} = \frac{\theta p_c}{2[2\theta - (\rho + p_c)^2]} > 0$$

$$\frac{\partial w^{NC}}{\partial p_c} = -\frac{q_0 - q_G}{2} < 0, \quad \frac{\partial \pi_M^{NC}}{\partial q_G} = \frac{\theta p_c[a - (c_s + c_m) - p_c(q_0 - q_G)]}{4[2\theta - (\rho + p_c)^2]} > 0$$

$$\frac{\partial \pi_S^{NC}}{\partial q_G} = \frac{\theta p_c[a - (c_s + c_m) - p_c(q_0 - q_G)]}{2[2\theta - (\rho + p_c)^2]} > 0$$

附录 J

对制造商目标函数求决策变量的一阶导数，得到

$$\frac{\partial \pi_M}{\partial p} = -2p + a + \rho q + (w + c_m) + p_c(q_0 - q - q_G)$$

$$\frac{\partial \pi_M}{\partial q} = -\theta q(1 - \varphi) + \rho(p - w - c_m) + p_c Q - \rho p_c(q_0 - q - q_G)$$

根据二阶条件，$\dfrac{\partial^2 \pi_M}{\partial p^2} = -2 < 0$，Hessian 矩阵 $\begin{bmatrix} \dfrac{\partial^2 \pi_M}{\partial p^2} & \dfrac{\partial^2 \pi_M}{\partial p \partial q} \\ \dfrac{\partial^2 \pi_M}{\partial q \partial p} & \dfrac{\partial^2 \pi_M}{\partial q^2} \end{bmatrix} = 2\theta(1 - $

$\varphi) - (p_c + \rho)^2 > 0$，求得 p 和 q 关于 w 的反应函数为，

$$p = \frac{[\theta(1 - \varphi) - 2\rho p_c][a + (c_m + w) + p_c(q_0 - q_G)]}{2\theta(1 - \varphi) - (p_c + \rho)^2}$$

$$+ \frac{(\rho - p_c)[a p_c - \rho p_c(q_0 - q_G) - \rho(c)_m + p_s)]}{2\theta(1 - \varphi) - (p_c + \rho)^2}$$

$$q = \frac{(\rho + p_c)[a - (c_m + w) - p_c(q_o - q_G)]}{2\theta(1 - \varphi) - (p_c + \rho)^2}$$

产品需求为，

$$Q = \frac{\theta(1 - \varphi)[a - (c_m + p_s) - p_c(q_0 - q_G)]}{2\theta(1 - \varphi) - (\rho + p_c)^2}$$

代入供应商的目标函数，根据假设条件 $\dfrac{d^2 \pi_s}{d w^2} = -\dfrac{2\theta(1 - \varphi)}{2\theta(1 - \varphi) - (\rho + p_c)^2}$

< 0 和一阶条件，求 π_S 关于 w 的一阶导数，得到最优批发价格，

$$w^{CS} = \frac{[a - (c_s + c_m) - p_c(q_0 - q_G)]}{2} + \frac{\varphi(\rho + p_c)^2 [a - (c_s + c_m) - p_c(q_0 - q_G)]}{2[4\theta(1-\varphi)^2 - (2-3\varphi)(\rho + p_c)^2]}$$

最后，将上式代入各决策变量函数，得到最优决策和需求为，

$$p^{CS} = \frac{a[3\theta(1-\varphi)^2 - \rho^2(1-2\varphi)] + (1-\varphi)(c_s + c_m)[\theta(1-\varphi) - \rho^2]}{[4\theta(1-\varphi)^2 - (2-3\varphi)(\rho + p_c)^2]}$$

$$- \frac{p_c\{a\rho(3-5\varphi) + (1-\varphi)[\rho(c_s + c_m) - (q_0 - q_G)\theta(1-\varphi) - \rho^2(q_0 - q_G)]\}}{[4\theta(1-\varphi)^2 - (2-3\varphi)(\rho + p_c)^2]}$$

$$- \frac{p_c^2[a(2-3\varphi) + \rho(1-\varphi)(q_0 - q_G)]}{[4\theta(1-\varphi)^2 - (2-3\varphi)(\rho + p_c)^2]}$$

$$q^{CS} = \frac{(1-\varphi)(\rho + p_c)[a - (c_s + c_m) - p_c(q_0 - q_G)]}{4\theta(1-\varphi)^2 - (2-3\varphi)(\rho + p_c)^2}$$

$$Q^{CS} = \frac{\theta(1-\varphi)^2[a - (c_s + c_m) - p_c(q_0 - q_G)]}{4\theta(1-\varphi)^2 - (2-3\varphi)(\rho + p_c)^2}$$

各企业的最优利润分别为，

$$\pi_S^{CS} = \frac{\theta(1-\varphi)^2[a - (c_s + c_m) - p_c(q_0 - q_G)]^2}{2[4\theta(1-\varphi)^2 - (2-3\varphi)(\rho + p_c)^2]}$$

$$\pi_M^{CS} = \frac{\theta(1-\varphi)^3[a - (c_s + c_m) - p_c(q_0 - q_G)]^2[2\theta(1-\varphi) - (\rho + p_c)^2]}{2[4\theta(1-\varphi)^2 - (2-3\varphi)(\rho + p_c)^2]^2}$$

$$\pi_T^{CS} = \frac{\theta(1-\varphi)^2[a - (c_s + c_m) - p_c(q_0 - q_G)]^2[6\theta(1-\varphi)^2 - (3-4\varphi)(\rho + p_c)^2]}{2[4\theta(1-\varphi)^2 - (2-3\varphi)(\rho + p_c)^2]^2}$$

附录 K

根据契约激励相容约束，为了使成本分担契约有效，当主导供应商通过成本分担合约与制造商合作时，其利润不小于独立减排合作模型的情形，才能使其有动力实施成本分担合作。因此满足条件，

$$\pi_S^{CS} - \pi_S^{NC} \geqslant 0$$

令 $C = \theta[a - (c_s + c_m) - p_c(q_0 - q_G)]^2$，得到

$$\pi_S^{CS} - \pi_S^{NC} = \frac{\varphi(1-2\varphi)(\rho + p_c)^2 C}{4[2\theta - (\rho + p_c)^2][4\theta(1-\varphi)^2 - (2-3\varphi)(\rho + p_c)^2]} > 0$$

得到成本分担比例的合理区间为 $\varphi \in \left[0, \dfrac{2}{3}\right] \cap \left[0, \dfrac{1}{2}\right]$。因此，供应

商的利润在成本分担比例满足区间 $\left[0, \dfrac{1}{2}\right]$ 时递增，在此区间内，供应商根

据一阶条件决策最优成本分担比例。

$$\frac{\partial^2 \pi_S^{CS}}{\partial \varphi^2} = -\frac{C(\rho + p_c)^2 [12\theta\varphi(1-\varphi)^2 - (\rho + p_c)^2]}{[4\theta(1-\varphi)^2 - (2-3\varphi)(\rho + p_c)^2]^3} < 0$$

$$\frac{\partial \pi_S^{CS}}{\partial \varphi} = \frac{C(1-\varphi)(1-3\varphi)(\rho + p_c)^2}{2[4\theta(1-\varphi)^2 - (2-3\varphi)(\rho + p_c)^2]^2}$$

当 $\dfrac{\partial \pi_S^{CS}}{\partial \varphi} = 0$ 时，分担比例满足 $\varphi = \dfrac{1}{3}$ 或 $\varphi = 1$。

在区间 $\left[0, \dfrac{1}{2}\right]$ 内，供应商的利润随着分担比例的递增而先增后减，当

$\varphi = \dfrac{1}{3}$ 时，供应商取得最优利润。当供应商通过实施成本分担契约与制造商进

行合作时，分担比例为 $\varphi^{CS} = \dfrac{1}{3}$ 时，供应商实现最优利润。

然而，对于非主导制造商，其利润随着成本分担比例的增加而先减后增，
同时，递减趋势随着比例的增加而减缓。

$$\frac{\partial^2 \pi_M^{CS}}{\partial \varphi^2}$$

$$= \frac{-C(1-\varphi)(\rho + p_c)^2 [3(\rho + p_c)^4 - 2\theta(\rho + p_c)^2(7-5\varphi) + 16\theta^2(1-\varphi)^3(1+2\varphi)]}{[4\theta(1-\varphi)^2 - (2-3\varphi)(\rho + p_c)^2]^4}$$

$$\frac{\partial \pi_M^{CS}}{\partial \varphi} = \frac{C\varphi(1-\varphi)^2 [3(\rho + p_c)^2 - 8\theta(1-\varphi)](\rho + p_c)^2}{2[4\theta(1-\varphi)^2 - (2-3\varphi)(\rho + p_c)^2]^3}$$

求解决策变量和利润关于分担比例 φ 的一阶条件，根据假设条件 $a > c_s +$

$c_m - p_c(q_0 - q_G)$，$\theta > \dfrac{(\rho + p_c)^2(2-3\varphi)}{4(1-\varphi)^2}$，得到，

$$\frac{\partial q^{CS}}{\partial \varphi} = \frac{(\rho + p_c)[a - b(c_s + c_m) - p_c(q_0 - q_G)][4\theta(1-\varphi)^2 - (\rho + p_c)^2]}{[4\theta(1-\varphi)^2 - (2-3\varphi)(\rho + p_c)^2]^2}$$

$$\frac{\partial \ Q^{CS}}{\partial \ \varphi} = \frac{\theta(1 - \varphi)(1 - 3\varphi)(\rho + p_c)^2 [a - (c_s + c_m) - p_c(q_0 - q_G)]}{[4\theta(1 - \varphi)^2 - (2 - 3\varphi)(\rho + p_c)^2]^2}$$

当 $\varphi \in \left[0, 1 - \frac{\rho + p_c}{2\sqrt{\theta}}\right]$ 时，最优减排提高；当 $\varphi \in \left[0, \frac{1}{3}\right]$ 时，低碳产品的需求随着分担比例的增加而递增。

附录 L

比较分担契约合作减排模式下与独立减排模式下的供应链总利润 π_T^{RA} 和 π_T^{NC}，发现存在帕累托改进空间，

$$\pi_T^{RA} - \pi_T^{NC} = \frac{\theta [a - (c_s + c_m) - p_c(q_0 - q_G)]^2}{8[2\theta - (\rho + p_c)^2]} > 0$$

同样地，在利润分配中必须满足激励相容约束，分担契约合作减排模式下的供应商和制造商的利润，均不能低于独立减排模式下的利润。

$$\pi_M^{RA} - \pi_M^{NC} \geqslant 0, \ \pi_S^{RA} - \pi_S^{NC} \geqslant 0$$

因此，假设供应商获得总利润中的 $\Psi(0 < \Psi < 1)$，制造商获得 $1 - \Psi$，上式可写为，

$$\frac{\Psi\theta [a - (c_s + c_m) - p_c(q_0 - q_G)]^2}{2[2\theta - (\rho + p_c)^2]} \geqslant \frac{\theta [a - (c_s + c_m) - p_c(q_0 - q_G)]^2}{4[2\theta - (\rho + p_c)^2]}$$

$$\frac{(1 - \Psi)\theta [a - (c_s + c_m) - p_c(q_0 - q_G)]^2}{2[2\theta - (\rho + p_c)^2]} \geqslant \frac{\theta [a - (c_s + c_m) - p_c(q_0 - q_G)]^2}{8[2\theta - (\rho + p_c)^2]}$$

化简可得利润分配比例满足 $1/2 \leqslant \Psi \leqslant 3/4$。

附录 M

根据均衡决策结果，得到关系，

$$\frac{\partial \ q^{NC}}{\partial \ q_G} = \frac{p_c(\rho + p_c)}{2[2\theta - (\rho + p_c)^2]}, \ \frac{\partial \ q^{CS}}{\partial \ q_G} = \frac{p_c(p_c + \rho)(1 - \varphi)}{4\theta(1 - (\varphi)^2 - (2 - 3\varphi)(p_c + \rho)^2)},$$

$$\frac{\partial \ q^{RA}}{\partial \ q_G} = \frac{p_c(\rho + p_c)}{2\theta - (\rho + p_c)^2};$$

$$\frac{\partial q^{NC}}{\partial \rho} = \frac{1}{2}\frac{\partial q^{RA}}{\partial \rho} = \frac{[a - (c_s + c_m) - p_c(q_0 - q_G)][2\theta + (p_c + \rho)^2]}{[2\theta - (p_c + \rho)^2]^2};$$

$$\frac{\partial q^{CS}}{\partial \rho} = \frac{[a - (c_s + c_m) - p_c(q_0 - q_G)](1 - \varphi)[4\theta(1 - (\varphi)^2 + (2 - 3\varphi)(p_c + \rho)^2]}{[4\theta(1 - (\varphi)^2 - (2 - 3\varphi)(p_c + \rho)^2]^2};$$

$$\frac{\partial q^{NC}}{\partial p_c} = \frac{1}{2}\frac{\partial q^{RA}}{\partial p_c} =$$

$$\frac{4\theta[a - (c_s + c_m) - p_c(q_0 - q_G)] - [a - (c_s + c_m) + \rho(q_0 - q_G)][2\theta - (p_c + \rho)^2]}{2[2\theta - (p_c + \rho)^2]^2};$$

$$q^{RA} - q^{NC} = \frac{(\rho + p_c)[a - (c_s + c_m) - p_c(q_0 - q_G)]}{2[2\theta - (\rho + p_c)^2]};$$

$$q^{RA} - q^{CS} = \frac{[a - (c_s + c_m) - p_c(q_0 - q_G)](p_c + \rho)}{2\theta - (p_c + \rho)^2} -$$

$$\frac{[a - (c_s + c_m) - p_c(q_0 - q_G)](p_c + \rho)(1 - \varphi)}{4\theta(1 - (\varphi)^2 - (2 - 3\varphi)(p_c + \rho)^2]};$$

$$q^{CS} - q^{NC} = \frac{[a - (c_s + c_m) - p_c(q_0 - q_G)](p_c + \rho)\varphi[4\theta(1 - \varphi) - (p_c + \rho)^2]}{2(2\theta - (p_c + \rho)^2)[4\theta(1 - (\varphi)^2 - (2 - 3\varphi)(p_c + \rho)^2]}。$$

附录 N

根据逆向归纳法，首先分析零售商的最优决策，由 $\partial^2\pi_R/\partial p^2 = -2b < 0$，

Hessian 矩阵 $\begin{vmatrix} \dfrac{\partial^2\pi_R}{\partial p^2} & \dfrac{\partial^2\pi_R}{\partial r_R\partial p} \\ \dfrac{\partial^2\pi_R}{\partial p\partial r_R} & \dfrac{\partial^2\pi_R}{\partial r_R^2} \end{vmatrix} = 4b\beta > 0$，可知 π_R 关于 p，r_R 为联合凹函

数，定义域内存在最大值，根据一阶最优条件 $\dfrac{\partial \pi_R}{\partial p} = 0$，$\dfrac{\partial \pi_R}{r_R} = 0$，得到 r_R，

p 的反应函数为 $r_R = \dfrac{\beta(r_B - c_2) - \alpha}{2\beta}$，$p = \dfrac{a + b(c_R + w_C) + \rho q}{2b}$。将其代入式

(6.1) 制造商利润函数中，同理根据二阶条件证明其凹性，通过一阶条件 $\dfrac{\partial \pi_M}{\partial w_C}$

$= 0$，$\dfrac{\partial \pi_M}{\partial q} = 0$，得到 q，w_C 的反应函数为 $q = \dfrac{a\rho + 4b\,p_c - b\rho(c_C + c_R + w_B)]}{4b\theta - \rho^2 - b\,p_c(2\rho + b\,p_c)}$，

$$w_C = \frac{2b\theta(c_C - c_R + w_B) - \rho^2(c_C + w_B) + 2\theta a + 2\,p_c\rho}{4b\theta - \rho^2}$$ 。将其代入供应商利润函

数中，同理可证目标函数对于决策变量的联合凹性，根据 $\dfrac{\partial \pi_S}{\partial r_B} = 0$，$\dfrac{\partial \pi_S}{\partial w_B} =$

0，得到供应商的最优决策 r_B，w_B 为，

$$w_B^{*R} = \frac{\theta[\,a + b(c_B + c_C - c_R)\,] + \rho\,p_c}{2b\theta}$$

$$r_B^{*R} = \frac{3\alpha + \beta(c_2 + c_B - c_{BZ})}{2\beta}$$

代入各反应函数中后，得到零售商的最优销售和回收价格、制造商的最优批发价格和减排努力分别为，

$$p^{*R} = \frac{(a\theta + \rho\,p_c)(7b\theta - \rho^2) + b\theta(b\theta - \rho^2)(c_B + c_C + c_R)}{2b\theta(4b\theta - \rho^2)}$$

$$r_R^{*R} = \frac{\alpha - \beta(c_2 - c_B + c_{BZ})}{4\beta}\,,\quad q^{*R} = \frac{\theta\rho[\,a - b(c_B + c_C + c_R)\,] + p_c(8b\theta - \rho^2)}{2\theta(4b\theta - \rho^2)}$$

$$w_C^{*R} = \frac{b\theta(2b\theta - \rho^2)(c_B + c_C) + (6b\theta - \rho^2)(a\theta - b\theta c_R + \rho\,p_c)}{2b\theta(4b\theta - \rho^2)}$$

附录 O

采用逆向归纳法，零售商最先做出反应，由 $\dfrac{\partial^2 \pi_R}{\partial p^2} = -2b < 0$，

$$\begin{vmatrix} \dfrac{\partial^2 \pi_R}{\partial p^2} & \dfrac{\partial^2 \pi_R}{\partial r_R \partial p} \\[3mm] \dfrac{\partial^2 \pi_R}{\partial p \partial r_R} & \dfrac{\partial^2 \pi_R}{\partial r_R^2} \end{vmatrix} = 4b(\lambda + \beta) > 0$$，可知 π_R 关于 p，r_R 为凹函数，存在最

大值，因此根据 $\dfrac{\partial \pi_R}{\partial p} = 0$，$\dfrac{\partial \pi_R}{\partial r_R} = 0$，可得反应函数 $r_R =$

$$\frac{(r_B - c_2)(\beta + \lambda) + \lambda r_C - \alpha}{2(\beta + \lambda)}, \quad p = \frac{a + \rho q + b(c_R + w_C)}{2b}。$$

将其代入式（6.2）制造商利润函数 π_M 中，同样依据二阶条件可证其关于决策变量呈联合凹性，根据 $\frac{\partial \pi_M}{\partial r_C} = 0$，$\frac{\partial \pi_M}{\partial w_C} = 0$，$\frac{\partial \pi_M}{\partial q} = 0$，得到反应函数，

$$r_C = \frac{r_B(3\beta + 2\lambda) - \lambda(c_1 + c_2) - \beta(2c_1 + c_2) - \alpha}{2(2\beta + \lambda)}$$

$$q = \frac{a\rho + 4b p_c - b\rho(c_C + c_R + w_B)}{4b\theta - \rho^2}$$

$$w_C = \frac{2b\theta(c_C + c_R) - \rho^2(c_C + w_B) + 2\theta(a + b w_B) + 2 p_c \rho}{4b\theta - \rho^2}$$

将上式代入式（6.2）供应商利润函数 π_S 中，对其决策变量 w_B，r_B 求导，同样二阶条件满足联合凹性。根据 $\frac{\partial \pi_S}{\partial r_B} = 0$，$\frac{\partial \pi_S}{\partial w_B} = 0$ 得到最优决策：

$$w_B^{*R\&M} = \frac{a + b(c_B - c_C - c_R)}{2b} + \frac{\rho p_c}{2b\theta}$$

$$r_B^{*R\&M} = \frac{\lambda(2\beta + \lambda)c_1 + (\beta + \lambda)(4\beta + 3\lambda)c_2}{2(4\beta^2 + 9\beta\lambda + 4\lambda^2)} - \frac{\alpha - \beta\Delta c}{2\beta}$$

最后将上式代入反应函数中，得到零售商、制造商和供应商的最优决策组合分别为，

$$p^{*R\&M} = \frac{(a\theta + \rho p_c)(7b\theta - \rho^2) + (b\theta - \rho^2)b\theta B}{2b\theta(4b\theta - \rho^2)}$$

$$r_R^{*R\&M} = \frac{\Delta c(4\beta^2 + 9\beta\lambda + 4\lambda^2)}{8(\beta + \lambda)(2\beta + \lambda)} - \frac{\alpha(12\beta^2 + 15\beta\lambda + 4\lambda^2)}{8\beta(\beta + \lambda)(2\beta + \lambda)} - \frac{\lambda c_1}{8(\beta + \lambda)} - \frac{(4\beta + 3\lambda)c_2}{8(2\beta + \lambda)}$$

$$w_C^{*R\&M} = \frac{b\theta(2b\theta - \rho^2)(c_B + c_C) + (6b\theta - \rho^2)(a\theta - b\theta c_R + \rho p_c)}{2b\theta(4b\theta - \rho^2)}$$

$$r_C^{*R\&M} = \frac{(3\beta + 2\lambda)r_B^{*R\&M} - \lambda(c_1 + c_2) - \beta(2c_1 + c_2) - \alpha}{2(2\beta + \lambda)}$$

$$q^{*R\&M} = \frac{\theta\rho(a - bB) + (8b\theta - \rho^2)p_c}{2\theta(4b\theta - \rho^2)}$$

比较不同模式下的最优决策，得到，$r_B^{*R} - r_B^{*R\&M} = \frac{2\alpha}{\beta} + \frac{\lambda(2\beta + \lambda)(c_2 - c_1)}{8\beta^2 + 18\beta\lambda + 8\lambda^2}$，

$r_R^{*R} - r_R^{*R\&M} = $

$$\frac{\alpha(16\beta^2 + 21\beta\lambda + 6\lambda^2) + \beta\lambda[(2\beta + \lambda)c_1 + (\beta + \lambda)c_2 - (3\beta + 2\lambda)\Delta c]}{8\beta(\beta + \lambda)(2\beta + \lambda)} \circ$$

当 $c_1 < c_2 + \dfrac{4\alpha(4\beta^2 + 9\beta\lambda + 4\lambda^2)}{\lambda\beta(2\beta + \lambda)}$ 时，$r_B^{*R} > r_B^{*R\&M}$；当 $c' = $

$\dfrac{(2\beta + \lambda)c_1 + (\beta + \lambda)c_2}{3\beta + 2\lambda} > \Delta c$ 时，$r_R^{*R} > r_R^{*R\&M}$。

根据最优决策，可得关系 $\dfrac{\partial r_B^{*R\&M}}{\partial c_1} = \dfrac{\lambda(2\beta + \lambda)}{8\beta^2 + 18\beta\lambda + 8\lambda^2} > 0$，$\dfrac{\partial r_B^{*R\&M}}{\partial c_2} = $

$\dfrac{(\beta + \lambda)(4\beta + 3\lambda)}{8\beta^2 + 18\beta\lambda + 8\lambda^2} > 0$，$\dfrac{\partial r_C^{*R\&M}}{\partial c_1} = -\dfrac{8\beta^2 + 15\beta\lambda + 6\lambda^2}{4(4\beta^2 + 9\beta\lambda + 4\lambda^2)} < 0$，$\dfrac{\partial r_C^{*R\&M}}{\partial c_2} = $

$\dfrac{(\beta + \lambda)(4\beta^2 - \beta\lambda - 2\lambda^2)}{4(2\beta + \lambda)(4\beta^2 + 9\beta\lambda + 4\lambda^2)} > 0$，$\dfrac{\partial r_R^{*R\&M}}{\partial c_1} = -\dfrac{\lambda}{8(\beta + \lambda)} < 0$，$\dfrac{\partial r_R^{*R\&M}}{\partial c_2} = -$

$\dfrac{4\beta + 3\lambda}{8(2\beta + \lambda)} < 0$。

将均衡决策代入企业利润，得到各企业的均衡利润分别为，

$\pi_R^{*R\&M} = [\lambda(2\beta + \lambda)(12\beta^2 + 21\beta\lambda + 8\lambda^2)c_1$

$\qquad - (\beta + \lambda)(16\beta^3 + 56\beta^2\lambda + 41\beta\lambda^2 + 8\lambda^3)c_2 + $

$\qquad (4\beta + 3\lambda)(4\beta^2 + 9\beta\lambda + 4\lambda^2)(\alpha + \beta\Delta c)]^2 / 64(\beta$

$\qquad + \lambda)(2\beta + \lambda)^2(4\beta^2 + 9\beta\lambda + 4\lambda^2)^2 + \dfrac{b(a\theta - b\theta B + \rho p_c)^2}{4(4b\theta - \rho^2)^2}$

$\pi_M^{*R\&M} = \lambda[(2\beta + \lambda)(8\beta^2 + 17\beta\lambda + 8\lambda^2)c_1 - (\beta + \lambda)(12\beta^2 + 21\beta\lambda + 8\lambda^2)$

$\qquad c_2$

$\qquad - (4\beta^2 + 9\beta\lambda + 4\lambda^2)(\alpha + \beta\Delta c)]^2 / 32(\beta + \lambda)(2\beta$

$\qquad + \lambda)(4\beta^2 + 9\beta\lambda + 4\lambda^2)^2 + \dfrac{b(a\theta - b\theta B + \rho p_c)^2}{2(4b\theta - \rho^2)^2} - $

$$\frac{[\theta\rho(a - bB) + (8b\theta - \rho^2) p_c]^2}{8\theta (4b\theta - \rho^2)^2} + \frac{\theta\rho {p_c}^2 (a - bB) - (8b\theta - \rho^2)}{2\theta(4b\theta - \rho^2)} -$$

$$p_c(q_0 - q_G)$$

$$\pi_S^{*R\&M} = \frac{(a\theta - b\theta B + \rho p_c)^2}{4\theta(4b\theta - \rho^2)}$$

$$+ \frac{[\beta\lambda(2\beta + \lambda) c_1 + \beta(\beta + \lambda)(4\beta + 3\lambda) c_2 - (4\beta^2 + 9\beta\lambda + 4\lambda^2)(\alpha + \beta\Delta c)]^2}{16\beta(\beta + \lambda)(2\beta + \lambda)(4\beta^2 + 9\beta\lambda + 4\lambda^2)}$$

根据均衡利润，得 $\dfrac{\partial \pi_S^{*R\&M}}{\partial p_c} = \dfrac{\partial \pi_S^{*R}}{\partial p_c} > 0, \dfrac{\partial \pi_M^{*R\&M}}{\partial p_c} = \dfrac{\partial \pi_M^{*R}}{\partial p_c} > 0,$

$\dfrac{\partial \pi_R^{*R\&M}}{\partial p_c} = \dfrac{\partial \pi_R^{*R}}{\partial p_c} > 0; \dfrac{\partial \pi_M^{*R\&M}}{\partial \rho} = \dfrac{1}{2} \dfrac{\partial \pi_S^{*R\&M}}{\partial \rho} = \dfrac{\partial \pi_M^{*R}}{\partial \rho} > 0, \dfrac{\partial \pi_R^{*R\&M}}{\partial \rho} =$

$\dfrac{\partial \pi_R^{*R}}{\partial \rho} > 0; \dfrac{\partial \pi_M^{*R\&M}}{\partial b} = \dfrac{\partial \pi_S^{*R\&M}}{\partial b} = - \dfrac{[\theta(a - bB) + \rho p_c] [2a\theta + (2b\theta - \rho^2)B]}{4 (4b\theta - \rho^2)^2}$

$< 0, \dfrac{\partial \pi_R^{*R\&M}}{\partial b} = \dfrac{[\theta(a - bB) + \rho p_c] (a\theta + \rho p_c) (4b\theta + \rho^2)}{-4 (4b\theta - \rho^2)^3} < 0_\circ$

附录 P

单渠道回收模式下，目标利润函数为 $\pi_{SC} = (p - c_B - c_C - c_R)(a - bp + \rho q) + (c_B - c_{BZ} - r_R - c_2)(\alpha + \beta r_R) - \theta q^2/2 - (q_0 - q_G - q) p_c_\circ$

与附录 N 中的证明过程相似，由 $\dfrac{\partial^2 \pi_{SC}}{\partial p^2} = -2b < 0, \begin{vmatrix} \dfrac{\partial^2 \pi_{SC}}{\partial p^2} & \dfrac{\partial^2 \pi_{SC}}{\partial q\partial p} \\ \dfrac{\partial^2 \pi_{SC}}{\partial p\partial q} & \dfrac{\partial^2 \pi_{SC}}{\partial q^2} \end{vmatrix} =$

$2b\theta - \rho^2 > 0, \begin{vmatrix} \dfrac{\partial^2 \pi_{SC}}{\partial p^2} & \dfrac{\partial^2 \pi_{SC}}{\partial q\partial p} & \dfrac{\partial^2 \pi_{SC}}{\partial r_R\partial p} \\ \dfrac{\partial^2 \pi_{SC}}{\partial p\partial q} & \dfrac{\partial^2 \pi_{SC}}{\partial q^2} & \dfrac{\partial^2 \pi_{SC}}{\partial r_R\partial q} \\ \dfrac{\partial^2 \pi_{SC}}{\partial p\partial r_R} & \dfrac{\partial^2 \pi_{SC}}{\partial q\partial r_R} & \dfrac{\partial^2 \pi_{SC}}{\partial r_R^2} \end{vmatrix} = -4b\theta\beta - \rho^2 < 0,$ 可得 π_{SC} 关于

p，r_R，q 为联合凹函数，定义域内存在均衡解，因此根据 $\dfrac{\partial \pi_{SC}}{\partial p} = 0$，$\dfrac{\partial \pi_{SC}}{\partial r_R} = 0$，$\dfrac{\partial \pi_{SC}}{\partial q} = 0$，得最优售价、回收价格和减排努力分别为（$B = c_B + c_C + c_R$），

$$p^{*IR} = \frac{a\theta + p_c\rho + (b\theta - \rho^2)B}{2b\theta - \rho^2}, \qquad r_R^{*IR} = \frac{\beta(\Delta c - c_2) - \alpha}{2\beta}, \qquad q^{*IR} =$$

$$\frac{2b p_c + a\rho - b\rho B}{2b\theta - \rho^2}$$

双渠道回收下的目标函数为 $\pi_{SC} = (p - c_B - c_C - c_R)(a - bp + \rho q) + (c_B - c_{BZ} - r_R - c_2)(\alpha + \beta r_R) + (r_R - r_C - c_1 + c_2)[\lambda(r)_C - r_R] - \theta q^2/2 - (q_0 - q_G - q)p_c$。

根据二阶条件 $\dfrac{\partial^2 \pi_{SC}}{\partial p^2} = -2b < 0$，

$$\begin{vmatrix} \dfrac{\partial^2 \pi_{SC}}{\partial p^2} & \dfrac{\partial^2 \pi_{SC}}{\partial p\partial q} & \dfrac{\partial^2 \pi_{SC}}{\partial p\partial r_R} & \dfrac{\partial^2 \pi_{SC}}{\partial p\partial r_C} \\[2mm] \dfrac{\partial^2 \pi_{SC}}{\partial p\partial q} & \dfrac{\partial^2 \pi_{SC}}{\partial q^2} & \dfrac{\partial^2 \pi_{SC}}{\partial r_R\partial q} & \dfrac{\partial^2 \pi_{SC}}{\partial q\partial r_C} \\[2mm] \dfrac{\partial^2 \pi_{SC}}{\partial r_R\partial p} & \dfrac{\partial^2 \pi_{SC}}{\partial q\partial r_R} & \dfrac{\partial^2 \pi_{SC}}{\partial r_R^2} & \dfrac{\partial^2 \pi_{SC}}{\partial r_R\partial r_C} \\[2mm] \dfrac{\partial^2 \pi_{SC}}{\partial p\partial r_C} & \dfrac{\partial^2 \pi_{SC}}{\partial q\partial r_C} & \dfrac{\partial^2 \pi_{SC}}{\partial r_R\partial r_C} & \dfrac{\partial^2 \pi_{SC}}{\partial r_C^2} \end{vmatrix} =$$

$4\beta\lambda(2b\theta - \rho^2) > 0$，可知 π_{SC} 关于 p，q，r_R，r_C 为联合凹函数，定义域内存在均衡解，根据 $\dfrac{\partial \pi_{SC}}{\partial p} = 0$，$\dfrac{\partial \pi_{SC}}{\partial q} = 0$，$\dfrac{\partial \pi_{SC}}{\partial r_R} = 0$，$\dfrac{\partial \pi_{SC}}{\partial r_C} = 0$，得到集中决策下，最优销售价格、回收价格和减排努力分别为，

$$p^{*IR\&M} = \frac{a\theta + p_c\rho + (b\theta - \rho^2)B}{2b\theta - \rho^2}, \quad q^{*IR\&M} = \frac{2b p_c + a\rho - b\rho B}{2b\theta - \rho^2}$$

$$r_C^{*IR\&M} = \frac{\beta(c_B - c_{BZ} - c_1) - \alpha}{2\beta}, \quad r_R^{*IR\&M} = \frac{\beta(c_B - c_{BZ} - c_2) - \alpha}{2\beta}$$

比较决策 $p^{*R\&M} - p^{*IR\&M} = \dfrac{(6b^2\theta^2 - 7b\theta\rho^2 + \rho^4)(a\theta - b\theta B + \rho p_c)}{2b\theta(8b^2\theta^2 - 6b\theta\rho^2 + \rho^4)}$，

$r_R^{*IR\&M} - r_R^{*R\&M} = \dfrac{(4\beta + 3\lambda)(\alpha + \beta\Delta c) - \lambda(2\beta + \lambda)c_1 - (\beta + \lambda)(4\beta + \lambda)c_2}{8(\beta + \lambda)(2\beta + \lambda)}$，

$$q^{*IR\&M} - q^{*R\&M} = \frac{\rho(6b\theta - \rho^2)[\theta(a - bB) + \rho\,p_c]}{2\theta(8\,b^2\,\theta^2 - 6b\theta\rho^2 + \rho^4)}$$ 。在满足约束条件下，$p^{*R\&M}$

$> p^{*IR\&M}$，$r_R^{*IR\&M} > r_R^{*R\&M}$，$q^{*IR\&M} > q^{*R\&M}$。

附录 Q

与无契约协调的分散决策类似，根据逆向归纳法，由式（6.4），首先零售商做根据自身的利润最大化决策，得到反应函数为 $r_R = \dfrac{\beta[r_B(1 - s) - c_2] - \alpha}{2\beta}$，$p = \dfrac{a + q\rho}{2b} + \dfrac{c_R + w_C}{2(1 - t)}$。再对制造商的利润函数 π_M 求最优解，得到反应函数，

$$w_C = \frac{(1 - t)[2(1 - t)(a\theta + \rho\,p_c) + (2b\theta - \rho^2)(w_B + c_C)]}{2b\theta(2 - t) - \rho^2} - \frac{(2b\theta - t\rho^2)c_R}{2b\theta(2 - t) - \rho^2}$$

$$q = \frac{a\rho + 2b(2 - t)p_c - b\rho(c_C + c_R + w_B)}{2b(2 - t)\theta - \rho^2}$$

最后将反应函数代入供应商的利润函数，对其决策变量 w_B，r_B 求导，同样二阶导数满足联合凹性。根据 $\dfrac{\partial\,\pi_S}{\partial\,w_B} = 0$，$\dfrac{\partial\,\pi_S}{\partial\,r_B} = 0$，得到最优决策，

$$r_B^{*CR} = \frac{\beta(c_B - c_{BZ} + c_2) - \alpha}{2\beta(1 - s)}$$

$$w_B^{*CR} = \frac{\theta[a + b(c_B - c_C - c_R)] + \rho\,p_c}{2b\theta}$$

最优销售价格、回收价格、批发价格和减排水平分别为，

$$p^{*CR} = \frac{(a\theta + \rho\,p_c)[b(7 - 4t)\theta - \rho^2] + b\theta(b\theta - \rho^2)B}{2b\theta[2b(2 - t)\theta - \rho^2]}$$

$$r_R^{*CR} = \frac{\beta\,(c_B - c_{BZ} - c_2) - 3\alpha}{4\beta} \qquad w_C^{*CR} = \frac{(1 - t)\,[2\,(1 - t)\,(a\theta + \rho\,p_c) + (2b\theta - \rho^2)\,(w_B^{*CR} + c_C)]}{2b\theta\,(2 - t)\,-\rho^2} -$$

$$\frac{(2b\theta - t\,\rho^2)\,c_R}{2b\theta\,(2 - t)\,-\rho^2}$$

$$q^{*CR} = \frac{\theta\rho(a - bB) + [4b(2 - t)\theta - \rho^2]p_c}{2\theta[2b(2 - t)\theta - \rho^2]}$$

在实施收益共享契约后，此时若能实现供应链的协调，必须满足 $p^{*CR} = p^{*IR}$，$r_R^{*CR} = r_R^{*IR}$，$q^{*IR} = q^{*CR}$，化简得到必要条件 $\beta(\Delta c - c_2) = -\alpha$，不能成立，因此该"单一"共享契约在制造商不进行回收时不能实现供应链协调。

附录 R

在"单一"共享契约的双渠道回收模式下，由式（6.3）各企业的目标利润函数，首先分析零售商决策，其根据自身的利润最大化进行定价，反应函数为 $r_R = \dfrac{(\beta + \lambda)[r_B(1 - s) - c_2] + \lambda r_C - \alpha}{2(\beta + \lambda)}$，$p = \dfrac{a + q\rho}{2b} + \dfrac{c_R + w_C}{2(1 - t)}$。再对制造商的利润函数求最优解，根据 $\dfrac{\partial \pi_M}{\partial w_C} = 0$，$\dfrac{\partial \pi_M}{\partial r_C} = 0$，$\dfrac{\partial \pi_M}{\partial q} = 0$，得到反应函数，

$$w_C = \frac{(1 - t)(2b\theta - \rho^2)c_C - (2b\theta - t\rho^2)c_R}{2b(2 - t)\theta - \rho^2}$$
$$+ \frac{(1 - t)[2(1 - t)(a\theta + \rho p_c) + (2b\theta - \rho^2)w_B]}{2b(2 - t)\theta - \rho^2}$$

$$q = \frac{a\rho + 2b(2 - t)p_c - b\rho(c_C + c_R + w_B)}{2b(2 - t)\theta - \rho^2}$$

$$r_C = \frac{\beta\{r_B[2(1 - k) + (1 - s)] - 2c_1 - c_2\}}{2(2\beta + \lambda)}$$
$$+ \frac{\lambda\{r_B[(1 - k) + (1 - s)] - c_1 - c_2\} - \alpha}{2(2\beta + \lambda)}$$

将上式代入供应商的利润函数 π_S，然后对其决策变量 w_B，r_B 求导，二阶导数满足联合凹性。根据 $\dfrac{\partial \pi_S}{\partial w_B} = 0$，$\dfrac{\partial \pi_S}{\partial r_B} = 0$，得到最优决策为，

$$w_B^{*CR\&M} = \frac{\theta[a + b(c_B - c_C - c_R)] + \rho p_c}{2b\theta}$$

$$r_B^{*CR\&M} = \frac{4\beta^2(1 - s)[\beta(\Delta c + c_2) - \alpha] - \lambda^3(k - s)(c_1 - c_2)}{D + E + 2\lambda^3(k - s)^2}$$

$$+ \frac{\beta \lambda [F + \beta c_2(7 + 2k - 9s) + 2\beta c_1(1 - 2k + s)]}{D + E + 2\lambda^3(k - s)^2} +$$

$$\frac{\lambda^2 [F + 3\beta c_2(1 + k - 2s) + \beta c_1(1 - 4k + 3s)]}{D + E + 2\lambda^3(k - s)^2}$$

其中,$D = 8(1 - s)^2 \beta^3 + 2\beta^2 \lambda [9 + 4k(k - s - 1) - s(14 - 9s)]$,$E = 4\beta \lambda^2 [2(1 + k^2) - 3s(1 - s) - k(1 + 3s)]$,$F = (\beta \Delta c - \alpha)(9 - 2k - 7s)$。

进一步得到最优销售价格、批发价格、回收价格和减排努力分别为:

$$p^{*CR\&M} = \frac{(a\theta + \rho p_c)[b(7 - 4t)\theta - \rho^2] + b\theta(b\theta - \rho^2)B}{2b\theta[2b(2 - t)\theta - \rho^2]}$$

$$q^{*CR\&M} = \frac{\theta\rho(a - bB) + [4b(2 - t)\theta - \rho^2]p_c}{2\theta[2b(2 - t)\theta - \rho^2]}$$

$$w_C^{*CR\&M} = \frac{(1 - t)(2b\theta - \rho^2)c_C - (2b\theta - t\rho^2)c_R}{2b(2 - t)\theta - \rho^2}$$

$$+ \frac{(1 - t)[2(1 - t)(a\theta + \rho p_c) + (2b\theta - \rho^2)w_B^{*CR\&M}]}{2b(2 - t)\theta - \rho^2}$$

$$r_C^{*CR\&M} = r_B^{*CR\&M} \frac{(2\beta + \lambda)(1 - k) + (\beta + \lambda)(1 - s)}{2(2\beta + \lambda)}$$

$$- \frac{\beta(2c_1 + c_2) + \lambda(c_1 + c_2) + \alpha}{2(2\beta + \lambda)}$$

$$r_R^{*CR\&M} = r_B^{*CR\&M} \frac{(4\beta^2 + 7\lambda\beta + 3\lambda^2)(1 - s) + \lambda(2\beta + \lambda)(1 - k)}{4(\beta + \lambda)(2\beta + \lambda)}$$

$$- \frac{c_2(4\beta^2 + 7\lambda\beta + 3\lambda^2) + c_1(2\lambda\beta + \lambda^2) + \alpha(4\beta + 3\lambda)}{4(\beta + \lambda)(2\beta + \lambda)}$$

在利用"单一"收益共享契约进行协调后,此时若能实现供应链的协调,需满足 $p^{*CR\&M} = p^{*IR\&M}$,$q^{*CR\&M} = q^{*IR\&M}$,$r_R^{*CR\&M} = r_R^{*IR\&M} = r_C^{*CR\&M} = r_C^{*IR\&M}$,得到关系等式满足 $(3 - 2t)a = (3 - 2t)bB$,并且有

$$\frac{\beta[(2\beta + \lambda)(c_B - c_{BZ}) + c_2(\beta + \lambda) - \alpha] - \lambda\alpha}{\beta[(2\beta + \lambda)(1 - k) + (\beta + \lambda)(1 - s)]} =$$

$$\frac{\beta[2(\beta + \lambda)(2\beta + \lambda)\Delta c + c_1\lambda(2\beta + \lambda) + c_2\lambda(\beta + \lambda)] - \lambda\alpha(3\beta + 2\lambda)}{\beta[(4\beta^2 + 7\lambda\beta + 3\lambda^2)(1 - s) + \lambda(2\beta + \lambda)(1 - k)]}。$$

因此,收益分成比例满足条件 $t = 3/2$,$N/(1 - s) = M/(1 - k)$,其中,$M =$

$(\beta + \lambda)[2\beta^2(c_2 + c_B - c_{BZ}) + \beta\lambda(2c_2 - c_1 - c_B - c_{BZ}) - \alpha(2\beta + \lambda)]$，$N = (2\beta + \lambda)[2\beta^2(c_B - c_{BZ}) + \beta\lambda(c_B - c_{BZ} + c_1) - \lambda\alpha]$。由于 $t = 1.5$ 且 $t \in [0, 1]$，因此，当制造商不参与正向销售中的收益共享、只参与回收收益共享时，"单一"共享契约不能实现正向销售渠道中的协调。

附录 S

在"联合"共享契约下，单渠道回收下各企业的目标利润函数分别为，

$$\max_{w_B,\, r_B} \pi_S = (w_B - c_B + l\,w_C)D + (c_B - r_B - c_{BZ})Q_R + s\,r_B\,Q_R$$

$$s.t. \max_{w_C,\, q} \pi_M = (tp + w_C - l\,w_C - c_C - w_B)D - \theta q^2/2 - E_P\,p_c$$

$$s.t. \max_{p,\, r_R} \pi_R = (p - tp - w_C - c_R)D + (r_B - r_R - c_2)Q_R - s\,r_B\,Q_R$$

根据逆向归纳法，首先分析零售商的决策，得到反应函数为 $r_R = \dfrac{\beta[r_B(1-s) - c_2] - \alpha}{2\beta}$，$p = \dfrac{a + q\rho}{2b} + \dfrac{c_R + w_C}{2(1-t)}$。再代入制造商的利润函数，求解最优决策，得到批发价格和减排努力的反应函数为，$w_C = \dfrac{a(1-l)(1-t)^2 + b[(c_C + w_B)(1-t) - c_R(1 - l + tl)]}{b[(2-t) - 2l(2-t)]}$，

$$q = \frac{\begin{aligned}&a(l(1-t)-1)^2\rho + b(-(1 + l(-1+t))\rho(c_C + (1-l)c_R) + \\ &2(2 - 2l(1-t) - t)p_c - (1 - l + lt)\rho w_B)\end{aligned}}{2b(2 - 2l(1-t) - t)\theta - (\rho - l(1-t)\rho)^2}。$$

供应商的最优决策为，

$$r_B^{*\,CR} = \frac{\beta(c_B - c_{BZ} + c_2) - \alpha}{2\beta(1-s)}$$

$$w_B^{*\,CR} = \frac{a(2b\theta(2 - t - 2l(1-t)(2 - l - t + tl)) - (\rho + l(-1+t)\rho)^2)}{2b[2b\theta(2 - l + tl - t) - (1 - l + lt)\rho^2]}$$

$$+ \frac{c_B(2b(2 - 2l(1-t) - t)\theta - (\rho + l(-1+t)\rho)^2)}{2[2b\theta(2 - l + tl - t) - (1 - l + lt)\rho^2]}$$

$$+ \frac{c_C(2b(-2 + t)\theta + (1 - l^2(-1+t)^2)\rho^2)}{2[2b\theta(2 - l + tl - t) - (1 - l + lt)\rho^2]}$$

$$+ \frac{c_R(2b\theta(t - 2(1 - l)^2 - 2(1 - l)lt) + \rho^2 - l(2 - l + l\,t^2)\rho^2)}{2[2b\theta(2 - l + tl - t) - (1 - l + lt)\rho^2]}$$

$$- \frac{\rho\,p_c(2b\theta(t - 2 + 2l(1 - t)(2 - l - t + tl)) + (\rho + l(-1 + t)\rho)^2)}{2b\theta[2b\theta(2 - l + tl - t) - (1 - l + lt)\rho^2]}$$

最优销售价格、零售商回收价格和零件批发价格分别为，

$$p^{*CR} = \frac{a\theta(b(7 - 4l(1 - t) - 4t)\theta - (1 - l + lt)\rho^2) + b\theta B(b\theta - (1 - l + lt)\rho^2)}{2b\theta[2b\theta(2 - l + tl - t) - (1 - l + lt)\rho^2]}$$

$$- \frac{\rho\,p_c(b(-7 - 4l(-1 + t) + 4t)\theta + (1 + l(-1 + t))\rho^2)}{2b\theta[2b\theta(2 - l + tl - t) - (1 - l + lt)\rho^2]}$$

$$r_R^{*CR} = \frac{\beta(c_B - c_{BZ} - c_2) - 3\alpha}{4\beta}$$

$$q^{*CR} = \frac{\theta\rho(1 - l + tl)(a - bB) - p_c[4b\theta(l - 2 + t - lt) + \rho^2(1 - l + tl)]}{2\theta[2b\theta(2 - l + tl - t) - (1 - l + lt)\rho^2]}$$

$$w_C^{*CR} = \frac{b\theta(c_B + c_C)(1 - t)[2b\theta - \rho^2(1 - l + tl)]}{2b\theta[2b\theta(2 - l + tl - t) - (1 - l + lt)\rho^2]}$$

$$+ \frac{b\theta\,c_R[2b\theta(2l - 3 - t - 2lt) + \rho^2(1 + t)(1 - l + tl)]}{2b\theta[2b\theta(2 - l + tl - t) - (1 - l + lt)\rho^2]}$$

$$- \frac{(\rho\,p_c + a\theta)(1 - t)[2b\theta(2l - 3 + 2t - 2lt) + \rho^2(1 - l + tl)]}{2b\theta[2b\theta(2 - l + tl - t) - (1 - l + lt)\rho^2]}$$

此时若想实现全供应链的协调，则需满足 $r_R^{*CR} = r_R^{*IR}$，化简得到条件关系 $\beta(c_B - c_{BZ} - c_2) = -\alpha$，不能成立，因此"联合"共享契约在制造商不进行回收时也不能实现供应链协调。

附录 T

在"联合"共享契约下，由式（6.5）可知双渠道回收模式下的各方目标利润函数，根据逆向归纳法，首先零售商根据自身的利润最大化进行决策，得到反应函数分别为 $r_R = \dfrac{\lambda r_C - \alpha - (\beta + \lambda)[c_2 - r_B(1 - s)]}{2(\beta + \lambda)}$，$p = \dfrac{a + q\rho}{2b} + \dfrac{c_R + w_C}{2(1 - t)}$。再对制造商求最优解，得到反应函数分别为，

$$r_C = \frac{r_B\left[\beta(3 - 2k - s) + \lambda(2 - k - s)\right] - \alpha - (2\beta + \lambda)c_1 - (\beta + \lambda)c_2}{2(2\beta + \lambda)}$$

$$q = \frac{a\rho(1 - l + tl)^2 + 2b\,p_c(2 - 2l + 2lt - t)}{2b\theta\left[2 - 2l(1 - t) - t\right] - \rho^2(1 - l + tl)^2}$$

$$+ \frac{\rho(1 - l + tl)\left[c_C + c_R(1 - l) - w_B\right]}{2\theta\left[2 - 2l(1 - t) - t\right] - \rho^2(1 - l + tl)^2}$$

$$w_C = \frac{c_C(1 - t)\left[2b\theta - \rho^2(1 - l + tl)\right] - c_R(1 - l + tl)(2b\theta - t\rho^2)}{2b\theta\left[2 - 2l(1 - t) - t\right] - \rho^2(1 - l + tl)^2}$$

$$+ \frac{(1 - t)\left[2(1 - l)(1 - t)(a\theta + \rho\,p_c) + w_B(2b\theta - \rho^2(1 - l + tl))\right]}{2b\theta\left[2 - 2l(1 - t) - t\right] - \rho^2(1 - l + tl)^2}$$

将上式代入供应商的利润函数 π_B，对其决策变量 w_B，r_B 求导，同样二阶导数满足凹性。根据 $\dfrac{\partial \pi_S}{\partial w_B} = 0$，$\dfrac{\partial \pi_S}{\partial r_B} = 0$，得到最优决策，

$$w_B^{*\,C'R\&M}$$

$$= \frac{(a\theta - \rho\,p_c)\left[2b\theta(2 - t - 2l(1 - t)(2 - l - t + tl)) - \rho^2(1 - l + lt)^2\right]}{2b\theta\left[2b\theta(2 - l + tl - t) - \rho^2(1 - l + lt)\right]}$$

$$+ \frac{b\theta\,c_B\left[2b\theta(2 - 2l + tl - t) - \rho^2(1 - l + lt)^2\right]}{2b\theta\left[2b\theta(2 - l + tl - t) - \rho^2(1 - l + lt)\right]}$$

$$- \frac{b\theta\,c_C\left[2b\theta(2 - t) - \rho^2(1 - l^2(1 - t)^2)\right]}{2b\theta\left[2b\theta(2 - l + tl - t) - \rho^2(1 - l + lt)\right]}$$

$$+ \frac{b\theta\,c_R\left[2b\theta(t - 2(1 - l)^2(1 + lt)) + \rho^2(1 + l(2 - l + l\,t^2))\right]}{2b\theta\left[2b\theta(2 - l + tl - t) - \rho^2(1 - l + lt)\right]}$$

$$r_B^{*\,C'R\&M} = \frac{\lambda\,c_1(2\beta + \lambda)\left[(1 - 2k + s)\beta - (k - s)\lambda\right]}{A + B + 2(k - s)^2\lambda^3}$$

$$+ \frac{c_2(\beta + \lambda)\left[4(1 - s)\beta^2 + (3 + 2k - 5s)\beta\lambda - (s - k)\lambda^2\right]}{A + B + 2(k - s)^2\lambda^3}$$

$$- \frac{\left[4\beta^2(1 - s) + \beta\lambda(9 - 2k - 7s) + \lambda^2(4 - k - 3s)\right](\alpha - \beta c_B + \beta c_{BZ})}{A + B + 2(k - s)^2\lambda^3}$$

其中，$A = 8(1 - s)^2\beta^3 + 2\beta^2\lambda\left[9 + 4k(k - s - 1) - s(14 - 9s)\right]$，$B = 4\beta\lambda^2\left[2(1 + k^2) - 3s(1 - s) - k(1 + 3s)\right]$。

进而得到最优销售价格、批发价格、回收价格分别为：

$$r_C^{*C'R\&M} =$$

$$r_B^{*C'R\&M} = \frac{[\beta(3 - 2k - s) + \lambda(2 - k - s)] - \alpha - (2\beta + \lambda)c_1 - (\beta + \lambda)c_2}{2(2\beta + \lambda)}$$

$$r_R^{*C'R\&M} = \frac{\lambda r_C^{*C'R\&M} - \alpha - (\beta + \lambda)[c_2 - r_B^{*C'R\&M}(1 - s)]}{2(\beta + \lambda)}$$

$$q^{*C'R\&M} = \frac{\theta\rho(1 - l + tl)(a - bB) - p_c[4b\theta(2 - l - t + lt) + \rho^2(1 - l + tl)]}{2\theta[2b\theta(2 - l + tl - t) - \rho^2(1 - l + lt)]}$$

$$p^{*C'R\&M} = \frac{(a\theta - \rho p_c)[b\theta(7 - 4l + 4lt - 4t) - \rho^2(1 - l + lt)]}{2b\theta[2b\theta(2 - l + tl - t) - \rho^2(1 - l + lt)]}$$
$$+ \frac{b\theta B[b\theta - \rho^2(1 - l + lt)]}{2b\theta[2b\theta(2 - l + tl - t) - \rho^2(1 - l + lt)]}$$

$$w_C^{*C'R\&M} = \frac{(a\theta + \rho p_c)(1 - t)[2b\theta(3 - 2l - 2t + 2lt) - (1 - l + tl)\rho^2]}{2b\theta[2b\theta(2 - l + tl - t) - \rho^2(1 - l + lt)]}$$
$$+ \frac{b\theta(c_B + c_C)(1 - t)[2b\theta - (1 - l + tl)\rho^2]}{2b\theta[2b\theta(2 - l + tl - t) - \rho^2(1 - l + lt)]}$$
$$- \frac{b\theta c_R[2b\theta(3 - 2l - 2t + 2lt) - \rho^2(1 + t)(1 - l + tl)]}{2b\theta[2b\theta(2 - l + tl - t) - \rho^2(1 - l + lt)]}$$

由此，通过对逆向回收渠道的分析可得出关于回收契约系数 k, s 在实现协调时的满足条件为 $\frac{N}{1 - s} = \frac{M}{1 - k}$, k, $s \in [0, 1]$。其中 $M = (\beta + \lambda)[2\beta^2(c_2 + c_B - c_{BZ}) + \beta\lambda(2c_2 - c_1 - c_B - c_{BZ}) - \alpha(2\beta + \lambda)]$，$N = (2\beta + \lambda)[2\beta^2(c_B - c_{BZ}) + \beta\lambda(c_B - c_{BZ} + c_1) - \lambda\alpha]$。

同时，在正向销售渠道中，当 $p^{*C'R\&M} = p^{*IR\&M}$ 时，供应链实现协调，此时收益分成比例 t, l 满足 $2 - t = (1 - tl)/(2 - l)$。当供应链通过联合收益共享契约进行协调运作时，能同时在正向销售、逆向回收渠道上达成收益共享。当完全收益共享时，实现协调的充要条件为，

$$\begin{cases} 2 - t = \dfrac{1 - tl}{2 - l} \\[2mm] \dfrac{N}{1 - s} = \dfrac{M}{1 - k} \\[2mm] \pi_{S/M/R}^{*\,C'R\&M} > \pi_{S/M/R}^{*\,R\&M} \\[2mm] k,\ s,\ t \in [0,\ 1] \end{cases}$$

附录 U

在政府碳组合政策约束下的双渠道回收模式中，绿色供应链进行集中决策时的目标利润函数为，

$$\max_{p,\,r_R,\,r_C,\,q}\ \pi_{SC} = (p - c_B - c_C - c_R)D + (c_B - c_{BZ} - r_C - c_1)Q_C -$$

$$h[D - (Q_C + Q_R)] + (c_B - c_{BZ} - r_R - c_2)Q_R - \frac{1}{2}\theta q^2 - (q_0 - q_G - q)p_c$$

因此对整条供应链而言，为获得最大利润，最优决策为：

$$p^{*IE} = \frac{[h + p_c(q_0 - q_G) + B](b p_c \rho + \rho^2 - b\theta) + a[p_c(b p_c + \rho) - \theta]}{b^2 p_c^2 - 2b\theta + 2b p_c \rho + \rho^2}$$

$$r_R^{*IE} = \frac{\beta(c_B + h - c_{BZ} - c_2) - \alpha}{2\beta}, \quad r_C^{*IE} = \frac{\beta(c_B + h - c_{BZ} - c_1) - \alpha}{2\beta}$$

$$q^{*IE} = \frac{(b p_c + \rho)[b(h + p_c(q_0 - q_G)) + bB - a]}{b^2 p_c^2 - 2b\theta + 2b p_c \rho + \rho^2}$$

此时销售量和回收量分别为，

$$D^{*IE} = a - b\,p^{*IE} = \frac{b\theta[b(h + p_c(q_0 - q_G)) + bB - a]}{b^2 p_c^2 - 2b\theta + 2b p_c \rho + \rho^2}$$

$$Q_R^{*IE} + Q_C^{*IE} = \frac{\alpha + \beta(c_B + h - c_{BZ} - c_2)}{2}$$

如果实现完全回收，则需满足条件 $Q^{*IE} = D^{*IE}$，政府的最优征税 h^{*IE} 为：

$$h^{*IE} = \frac{2\theta b^2 p_c(q_0 - q_G) - \alpha[(b p_c + \rho)^2 - 2b\theta] - 2ab\theta}{b[b p_c^2 \beta - 2\theta(b + \beta)] + \beta\rho(2b p_c + \rho)}$$

$$+ \frac{\beta[(b p_c + \rho)^2 - 2b\theta](c_2 - c_B + c_{BZ}) + 2 b^2 \theta B}{b[b p_c^2 \beta - 2\theta(b + \beta)] + \beta\rho(2b p_c + \rho)}$$